上海市绸缎商业同业公会档案研究

武 强 ◎ 著

北京用友公益基金会『商的长城』研究课题（2017-YX11）成果

科学出版社

北京

内 容 简 介

　　作为近代中国丝绸业发展的同业组织代表，上海市绸缎商业同业公会的历史变迁，体现了中国丝绸业的兴衰历程。本书以上海市档案馆所藏民国时期上海市绸缎商业同业公会的档案资料为基础，以时间脉络为线索，探讨了上海市绸缎商业同业公会的发展历程、组织机构、贸易事业、社会公益活动，以及产业现代化时代背景下上海市绸缎商业同业公会在柞蚕生产与茧绸质量方面的改良活动。上海市绸缎商业同业公会独特的组织结构——分组的组织结构，使各组分别保持相对独立的运作模式，这是近代中国丝绸业无法进行大规模工业化生产，受制于国际市场的重要因素。

　　本书可供中国近代史、经济史等相关专业的师生阅读和参考。

图书在版编目（CIP）数据

　　上海市绸缎商业同业公会档案研究 / 武强著. —北京：科学出版社，2022.3

　　ISBN 978-7-03-071677-4

　　Ⅰ.①上… Ⅱ.①武… Ⅲ.①丝绸工业-行业组织-档案研究-上海-近代 Ⅳ.①F426.81

　　中国版本图书馆 CIP 数据核字（2022）第 032807 号

责任编辑：王　媛　夏　霜　杨　静 / 责任校对：王萌萌
责任印制：张　伟 / 封面设计：润一文化

科　学　出　版　社 出版
北京东黄城根北街 16 号
邮政编码：100717
http://www.sciencep.com

北京盛通商印快线网络科技有限公司 印刷
科学出版社发行　各地新华书店经销

*

2022 年 3 月第　一　版　　开本：720×1000　1/16
2023 年 1 月第二次印刷　　印张：18
字数：326 000

定价：138.00 元
（如有印装质量问题，我社负责调换）

自　序

　　本书是北京用友公益基金会"商的长城"研究课题的成果。

　　自博士毕业之后，我的主要研究方向之一便是中国丝绸产业史，尤其是近代中国丝绸产业的演变。我申请并获批了几项国家级和省部级的课题，出版和发表了一系列研究成果。2017年暑期，北京用友公益基金会发布了"商的长城"课题申请公告。在已有研究的基础上，我冒昧申请，并获批了课题。但2018年我前往英国访学一年，使本书的进展稍微中断了一段时间，现在终于到了完成的关口了。

　　之前，我的研究关注的是以野蚕（柞蚕等野外放养的蚕，与家蚕不同）茧丝为原料的茧绸产业。这一产业主要分布在山东、河南、贵州及东北辽宁一线，是北方和西南丘陵地带民众的副业，近代后在国际市场的影响之下成为一项世界性的产业。本书中的府绸公所，即是以茧绸业贸易为主要业务的同业组织。在茧绸业的研究进行到一定程度之后，我的研究逐渐向大的丝织产业拓展，其中的一个切入点即是对同业组织的研究。本书的研究对象上海市绸缎商业同业公会①，就是一个初步的尝试。

　　近代时期，上海是中国的经济和金融中心、航运和贸易的枢纽，在1842年《南京条约》之后开埠通商，逐步发展成为中国乃至远东地区最大的城市。在这一大的历史背景之下，近代上海的工商业同业组织日益发展，并积累了一大批档案史料，其中绝大部分被完整地保留下来，经过上海市档案馆的妥善保管和电子化处理后对外开放，惠及学林，成为经济史研究的一大热点。

　　在上海攻读博士研究生的三年里，我是上海市档案馆的常客。博士二年级之后，我更是每周都前往位于外滩的上海市档案馆，进入当年法国邮船公司富丽堂皇的办公大楼，在可以俯瞰黄浦江和浦东陆家嘴的阅览室中，去体会近代上海发展的伟大历程。虽然博士阶段为毕业论文需要，主要查阅的档案是工部局、浚浦局等与港口建设、生产直接相关的档案，但在这一过程中，我发现了诸如山东河南府绸公所（也称山东河南丝绸业公所，1930年改组后又称山东河南丝绸组，一般简称府绸公所）、上海市绸缎商业同业公会等机构的档案，遂颇为留心了一下，于是也就成了这本书的渊源所在。毕业后工作至今，我经常去

①　又称"上海市绸缎业同业公会""上海绸缎商业同业公会""上海绸缎业同业公会"等，在近代的称呼并不统一。

往上海，主要目的就是赴上海市档案馆查阅历史资料，本书的写作也同样经历了这样的过程。

上海市绸缎商业同业公会，是一个在国家力量主导下成立的同业组织，其基础则是清末民初以来相继成立的几个丝绸产业同业公所。南京国民政府成立后，在江浙地区能够相对顺畅地贯彻自己的政策，"一地一业一同业组织"的政策，就是这一历史背景下的产物。当然，这项政策在执行过程中遭遇了一定的波折，包括上海市绸缎商业同业公会的成立受到了原有各同业公所的抵制，虽然最终在国家力量的主导下实现了合并，但原有各公所以"组"的形式存在，这使该同业公会在之后的运行过程中，并不能深入干涉各组的具体业务，而只能承担起一种上传下达的职能，其领导层的大部分成员往往也是以自己所在各组的利益为出发点，使上海市绸缎商业同业公会的许多工作只能局限于宏观层面。因此，本书在叙述上海市绸缎商业同业公会的情况之后，又以档案资料相对完整的府绸公所（山东河南丝绸组）为研究对象，阐述其在整个发展历程中的变迁，与作为领导层的上海市绸缎商业同业公会可以相互参见。本书作为一项档案整理研究的成果，在书后摘录了一系列档案文献整理的资料，以备同好查阅。

由于研究水平等相关原因，本书难免会有一些不足之处，尚祈同行前辈等不吝指正。

武　强

2021 年 8 月 21 日

目　录

经济史学界对近代中国同业公会的研究，已经形成了大量的成果，几乎社会经济中所有的产业部门同业组织，均被纳入了研究对象之内。丝绸业作为中国传统的代表性产业，在历史上存在过的各类同业组织可谓形形色色，数量众多，丝绸产业的相关研究早已汗牛充栋。

中国古代丝绸产业的重心经历了从北方移向南方的变迁过程，这种空间变迁过程一直持续到近代，并成为近现代中国工业化研究的重要领域之一。自北宋政权南移导致中国丝绸业发展中心随之南移，江南地区的丝绸业开始得到发展。明清两朝，江浙一带的丝绸业得到进一步发展。到近代时期，江南地区成为中国最重要的蚕桑和生丝产地，是丝绸业发展最为兴盛的地区，并辐射至邻近地区。

在对外关系方面，丝绸商品一直作为中国与其他国家之间交流往来的重要商品之一，发挥了重要的作用。尤其是"丝绸之路"促进了中国与世界的政治、文化、技术的交流，无论是对中国还是对世界都做出了重要贡献。实际上，丝绸商品作为国际商品进行贸易已经有很悠久的历史了，但直到近代通商口岸逐渐开放之后才开始进行大规模的对外贸易。自1842年《南京条约》签订之后，上海作为通商口岸开埠，在国内和国际贸易中的地位越来越重要，并在1853年超越广州成为中国第一大进出口贸易港口。上海港日益重要的地位，不断吸引着更多产业集聚于该城市，使上海成为中国的经济中心城市。

按照经济结构变化的规律，流通市场以辐射式和集散转移式两种方式分级。近代中国绸缎业市场以集散转移式分级为主，产品主要是从产地或靠近产地的口岸向上海集中，再由上海分散到其他需求地，上海就成为中国最大的绸缎集散地，也是中国丝绸商品出口的最大港口。各类需求和供给主体集聚上海，使上海成为各类有关绸缎供需的信息中枢。

目前国内关于丝绸贸易的研究相对较多，从近代来看有众多学者对其做过研究。学界多从丝绸业发展历程、粤海关港口及粤海关与上海港口丝绸贸易对比的相关研究角度进行分析。国外对于丝绸贸易的研究较多的主要是日本学者，他们大都是从丝绸贸易史和蚕茧生产成本、生丝价格与国际贸易关系、日本缫丝业相关问题方面进行探讨。[①]

对近代中国丝绸产业的研究，已经有大量前辈学者的成果问世，如王翔的《晚清丝绸业史》（上海人民出版社，2017年）、朱新予的《中国丝绸史（通论）》（纺织工业出版社，1992年）、中国纺织出版社出版的《中国近代纺织史》（上卷、下卷）、王庄穆的《民国丝绸史》（中国纺织出版社，1995年）和《中国丝绸辞典》（中国科学技术出版社，1996年）、徐新吾的《中国近代缫丝工业史》（上海人民出版社，1990年）、刘永连的《近代广东对外丝绸贸易研究》（中华书局，2006年）等著作都为了解近代丝绸业的发展提供了充分的文献资料。

在丝绸产业发展过程中的技术因素研究方面，李明珠在《近代中国蚕丝业及外销》一书中，对近代中国的养蚕缫丝技术、养蚕业的发展、蚕丝的出口贸易和农村经济及机器缫丝业发展的关系进行了研究，最后指出政府对于近代蚕丝业发展的重要作用。[②]王翔对民国前期蚕桑业的发展原因进行了研究，认为蚕桑教育和技术人员对蚕桑业的改良起着重要的作用，从而获得了蚕农对丝绸业的支持和配合，同时政府推行的措施和政策对蚕桑业的改良和蚕业的发展起到了一定的推动作用。[③]孙燕谋对中国近代丝绸业的兴衰史实进行了梳理研究，指出在五口通商的促进下，中国近代丝绸业兴起发展，后来受到日本蚕丝业的激烈挑战，再加上世界经济危机和战争的影响，中国近代丝绸业逐渐衰落。孙燕谋提出中日两国蚕丝业发展的快慢，以及在国际市场上的消长变化，不是偶然的，而是各有其不同的政治、经济、社会背景的深层原因。[④]

就丝绸产业的发展历程进行对比研究的成果，主要集中于中日之间的比较。美国学者李明珠通过对海上丝绸之路上的贸易、技术和中日企业进行对比，认为日本在19世纪下半叶丝绸贸易赶超中国的原因是日本快速成功地实现了"现代化"，现代化不单是产业现代化如引进机器和建立工厂，而更多的是一种政治制度的现代化，同时中国的原材料供应区（农村）和生产区（城市）的相互分离及缺乏相应的政治制度是中国近代丝绸产业衰退的主要原因。[⑤]马德斌基于1850—1937年东亚地区中国生丝和日本生丝出口量和价格对中日两国丝绸产业进行了对比研究，发现日本自明治维新后政府政策、法律、资本、技术、企业家精神等因素促进了日本快速实现政治制度和产业现代化，这是日

① 如中林真幸、刘星滟、沈珺：《日本近代缫丝业的质量控制与组织变迁——以长野诹访缫丝业为例》，《宏观质量研究》2015年第3期；顾国达、滨崎实、宇山满：《近代（1842～1945年）生丝世界市场的发展——以其历史发展过程和需求结构的变化为中心》，《浙江丝绸工学院学报》1993年第3期。
② 〔美〕李明珠：《近代中国蚕丝业及外销》，徐秀丽译，王弼德初校，章克生审定，上海：上海社会科学院出版社，1996年。
③ 王翔：《民国前期蚕桑业发展原因》，《中国农史》1988年第2期。
④ 孙燕谋：《从近代丝绸业兴衰史实到当代发展起伏的鉴析》，《辽宁丝绸》1998年第2期。
⑤ Lillian M Li. Silks by sea: trade, technology, and enterprise in China and Japan, *Business History Review*, Vol. 56, No. 2, 1982, pp. 192-217.

本生丝出口量在 20 世纪初超过中国的原因。[①]王翔对 19 世纪中国和日本的丝绸业近代化问题进行了对比研究，通过对中日两国丝绸生产和贸易发展历程的比较研究，分析了在 19 世纪下半叶中国和日本两国的丝绸业出现了不同结局的原因：中国丝绸业失去了实现现代化的机会，逐渐开始衰落，而日本丝绸业在政治制度现代化和产业技术现代化的促进下，在生产的各个环节全面地实现了近代化。[②]顾国达对 19 世纪中美之间的丝绸贸易进行了研究，并以此介绍了美国丝绸业的兴起，但是他仅就美国生丝进口、中国生丝出口数量进行了分析，并未对丝绸产业的整体发展水平进行研究。[③]

国内关于丝绸进出口贸易方面的研究成果颇多。陈万明和王希贤根据中国生丝在国际市场上地位的变化，将中国近代生丝出口贸易的发展过程划分为三个时期：兴盛时期（1843—1908 年）、挫折时期（1909—1929 年）和衰落时期（1930—1948 年），并在近代时期中国所处的政治、经济和社会文化环境下，分析研究近代中国生丝出口贸易兴衰变化的情况及原因。[④]梁加龙对近代时期中国丝绸对外贸易的发展进行了简单的阐述：一方面因国际市场的空前扩大而获得了大好机会；另一方面日本丝绸业的迅速崛起，对中国在世界蚕丝贸易中的传统支配地位提出了严峻的挑战。[⑤]王翔对中国丝绸业的近代化及对外贸易展开了研究，指出：中国丝绸产业在生产工具、织造原料、经营方式等方面所发生的深刻变革，表明了中国丝绸产业中资本主义的发展，实现了由简单家庭手工生产到工场手工业，再到机器工业生产方式的改变，这构成了中国传统丝绸业走向近代化生产的主要标志。[⑥]

从这些丝绸出口贸易研究文献中可以了解到近代时期国际丝绸市场的发展情况。在近代，中国和日本是生丝的主要供应国，法国和美国是生丝的主要需求国，英国也曾是中国蚕丝的主要销售市场之一。

近代中国的丝绸产业，因受产业集聚机制的影响，一直都是国内外学者研究的热点和重点。国内外关于产业集聚机制和影响因素的研究，多聚焦于工业制造业、高技术产业，机制及影响因素随着时代的发展也在不断变化中。韦伯在其《工业区位论》中论述了交通运输成本、劳动力成本和集聚因子对产业集聚的影响。[⑦]尹希里和刘培森基于信息经济地理学的理论框架，分析了城镇规模、知识密集度、交通运输和固定资产等因素对中国制造业集聚的影响程度，

---

① Debin Ma.Why Japan，not China，was the first to develop in East Asia：lessons from sericulture，1850-1937，*Economic Development and Cultural Change*，Vol. 52，No. 2，2004，pp. 369-394.
② 王翔：《十九世纪中日丝绸业近代化比较研究》，《中国社会科学》1995 年第 6 期。
③ 顾国达：《十九世纪的中美生丝贸易与美国丝绸业的发展》，《浙江学刊》2001 年第 2 期。
④ 陈万明、王希贤：《中国近代生丝出口贸易兴衰探略》，《南京农业大学学报》1986 年第 2 期。
⑤ 梁加龙：《中国近代丝绸外贸片论》，《浙江丝绸工学院学报》1988 年第 4 期。
⑥ 王翔：《对外贸易与中国丝绸业的近代化》，《安徽师范大学学报》（人文社会科学版）1992 年第 1 期。
⑦〔德〕阿尔弗雷德·韦伯：《工业区位论》，李刚剑、陈志人、张英保译，朱立新校，北京：商务印书馆，1997 年。

同时认为城镇规模和交通运输与制造业集聚呈"倒 U 型"关系。[1]国内学者在产业集聚机制及影响因素方面的研究也是硕果累累。王缉慈、姚士谋等经济地理学家率先对产业集聚的相关概念及发生机制进行了研究，认为产业集聚产生的三大重要因素分别为：规模收益递增、流动性的生产要素、较低的运输成本。经典产业集聚理论中经济发展水平、劳动力成本、基础设施、知识溢出、人力资本、市场化水平、政府作用等都是影响产业集聚的重要因素。[2]贺灿飞等学者将这些因素划分为产业特性和区域特征两大类，其中溢出效应、劳动力投入强度、交通成本、产业联系等属于产业特性，经济发展水平、资源禀赋、基础设施、政府作用等属于区域特征。[3]金煜等学者在利用新经济地理学理论的基础上，分析研究了地理和政策等因素对我国工业产业集聚的影响，在分析中利用省级面板数据，对工业所处的地理位置、工业发展的历史条件和市场规模及国家出台的相关政策等影响因素进行了实证研究，发现这些因素对工业的集聚具有较为显著的作用。[4]于敏捷利用产业集群理论，结合湖州实际发展情况，分别从政府和企业的角度分析研究了湖州丝绸的产业集群发展模式及发展途径。[5]研究丝绸产业集聚的文献较少，但是以上产业集聚方面的研究为本书的构思及模型方法的选取提供了很好的思路。

根据牛怡元进行的相关研究[6]，中国丝绸类商品的进出口贸易主要是以出口为主，并且以出口生丝、蚕茧类丝绸原料为主。少数港口也会有小部分的丝绸商品"进口"，但这部分"进口"主要是国内各港口之间的"复出口"，即从国内某一港口运送到国内另一港口。抛开这一部分，仅看从中国港口对国外进出口，丝绸类货物基本全部为出口，没有进口（不包括人造丝，人造丝是进口产品）。张玮也针对近代上海的府绸公所，以经济学的计量分析模式进行了比较深入的研究[7]，为本书的进一步讨论提供了参考。

产业集聚是产业在历史与偶然因素的作用下产生，然后在累积因果效应和路径依赖共同作用下发生的结果。工业革命之后，丝绸产业能在并不生产丝绸原料茧、丝的英国发展起来，并且出现了产业集聚的现象，重要的丝绸制造中

① 尹希里、刘培森：《中国制造业集聚影响因素研究——兼论城镇规模、交通运输与制造业集聚的非线性关系》，《经济地理》2013 年第 12 期。
② 王缉慈：《关于中国产业集群研究的若干概念辨析》，《地理学报》2004 年第 S1 期；姚士谋、王士兰、Williams Y B Chang：《长江三角洲区域经济集聚问题及其前景》，《江南论坛》2003 年第 2 期。
③ 贺灿飞、朱彦刚、朱晟君：《产业特性、区域特征与中国制造业省区集聚》，《地理学报》2010 年第 10 期。
④ 金煜、陈钊、陆铭：《中国的地区工业集聚：经济地理、新经济地理与经济政策》，《经济研究》2006 年第 4 期。
⑤ 于敏捷：《基于产业集群的湖州丝绸产业发展探讨》，《丝绸》2008 年第 2 期。
⑥ 牛怡元：《近代中美丝绸产业布局与行业组织比较研究》，河南大学硕士学位论文，2020 年，第 48—50 页。
⑦ 张玮：《市场·商人组织·产业发展：以上海绸缎业为例（1900—1930）》，北京：人民出版社，2011 年。

心出现在麦克尔斯菲尔德、曼彻斯特、考文垂、都柏林，还产生出了如英国丝绸协会（The Silk Association of Great Britain）等同业组织团体。

综上所述，由于产业集聚等条件的存在，以出口贸易为主要流通途径的丝绸产业也在上海建立了一系列同业公会。本书所分析的即是于1930年成立的上海市绸缎商业同业公会，尤其是该同业公会成立后所从事的事业，同时以其下属的山东河南丝绸组（即府绸公所）为案例，进行相应的对比研究。

近代中国丝绸产业的发展，尤其是上海作为丝绸商品进出口贸易集散地的地位，使在上海成立一个丝绸产业同业组织成为顺理成章的结果。本章即以处于流通领域（相对终端）中的上海市绸缎商业同业公会为例，利用相关档案资料，对上海市绸缎商业同业公会的起源、发展、演变、组织机构和内外功能等进行探讨。

第一节　上海市绸缎商业同业公会的成立及变化

一、上海市绸缎商业同业公会的成立

自 1843 年开埠以来，上海绸缎商业与中国丝绸的对外贸易和丝绸的工业生产一般，兴衰起伏多变，虽进行积极经营，但是由于内外各种原因难以改进发展，尤其是在 20 世纪 30 年代前后，日本帝国主义对中国的经济掠夺和武装侵略，日本人造丝充斥中国丝织市场，制约了江浙一带的丝织生产发展。1925 年 7 月 5 日起，上海绸缎商业界举行了一场以"复兴国产绸缎"为主题的群众运动，"九一八"事变以后，开始发展为爱祖国、爱丝绸，为行业生存而斗争、以实际行动抵制日货为内容的群众运动。1927 年 9 月，上海地区各绸缎业馆所合并组建为上海特别市商民协会绸缎业分会。1929 年 7 月 5 日，8 个绸缎业会馆、公所集会讨论，一致认为丝绸业已经衰落，维护救济刻不容缓。于是议决每一团体推代表 5—9 人，共产生代表 77 人，组成上海市绸缎业分会执行委员暨中华国产绸缎上海救济会。1930 年 8 月因工商社团整顿，改组为上海市绸缎商业同业公会。1934 年 9 月 15 日，上海市绸缎商业同业公会、上海电机丝织厂同业公会联合成立了中国国产绸缎复兴委员会。

在上海市绸缎商业同业公会成立之前，上海特别市商民协会绸缎业分会即

开始筹备建立一个绸缎业的同业组织，并在 1927 年召开会议，各帮公推了一批筹备员（基本上是原来各大地方性绸缎同业组织的负责人），如表 1-1 所示。

表1-1　1927年上海特别市商民协会绸缎业分会各帮筹备员名单

姓名	年岁	原属同业组织	籍贯	绸缎厂家	职务
蔡声白	34	电机公会	吴兴	美亚绸厂	经理
钱选青	46	电机公会	杭县	锦华绸厂	经理
邬志豪	44	锦纶公会	奉化	维大绸缎局	经理
陈韵笙	50	锦纶公会	鄞县	正泰绸缎局	经理
王季蘋	47	丹阳绉业	吴兴	德源绸庄	经理
沈子楼		山东河南丝绸业公所			
孙树棠		山东河南丝绸业公所			
罗仲美		山东河南丝绸业公所			
张鸿荪	51	钱江会馆	嘉定南翔	生记绸庄	经理
鲁正炳	50	钱江会馆	绍兴县	悦昌文绸庄	经理
邵懋章	37	钱江会馆	绍兴县	源章泰绸庄	经理
骆清华	26	杭绍绸业联合会	诸暨	华章永绸庄	经理
沈琴斋	60	绉业公所	吴兴	悦昇绉庄	经理
潘宪□	56	绉业公所	吴兴	老咸章绉庄	经理
汪堃和	44	绪纶公所	吴县	大纶绸缎庄	经理
吕葆元	60	绪纶公所	吴县	老九纶绸缎局	经理
姜麟书	32	绪纶公所	吴县	大盛绸缎局	协理
吴□波	37	盛泾公所	吴县	保泰绸庄	
张和甫	33	盛泾公所	鄞县	绮盛绸庄	
吴星楼	33	盛泾公所	嘉兴	永慎昌绸庄	
蔡绥之	43	盛泾公所	吴县	天福绸缎局	经理
汪星一		云锦公所	吴县	裕泰丰绸庄	经理
鲁炳辉		云锦公所		瑞润协绸庄	经理

资料来源：《上海特别市商民协会绸缎业分会各帮筹备员名单》，S230-1-12-23，上海市档案馆馆藏；《上海特别市商民协会绸缎业公会组织章程、筹备委员、执监委员名单、筹备会和一至二届大会文件以及向上级机关报批的有关文书》，S230-1-12

该同业组织经过召开筹备会议后，向上海特别市农工商局提出备案、注册申请："职会自奉令筹备以来，积极进行，已于九月二十六日正式成立。……兹由上海特别市商民协会颁到图记一颗，文曰'上海特别市商民协会绸缎业业会'，遵于十月三日启用，除呈报中国国民党上海特别市党部商民部暨上海特别市商民协会备案外，理合据情呈报钧局，察（查）核备案。"之后得到的回复是："准予备案，仍候本市政府商业团体注册规则颁布后，再行遵章呈请注册可也。又查，来呈不署具呈人及会所地址，均属不合，以后务须依式办理。"[1]因此，该

---

[1]《上海特别市商民协会绸缎业分会为备案事呈上海市农工商局的文及该局批复》，S230-1-12-43，上海市档案馆馆藏；《上海特别市商民协会绸缎业公会组织章程、筹备委员、执监委员名单、筹备会和一至二届大会文件以及向上级机关报批的有关文书》，S230-1-12。

同业组织基本上没有真正展开工作，仅是一个名义上的松散同业组织。

1930 年，重组绸缎业同业公会的决议又被上海特别市商人团体整理委员会提出。1930 年 2 月 28 日，上海特别市商人团体整理委员会致函上海特别市商民协会绸缎业分会，建议重组绸缎业同业公会：

> 查一区域内一业只准设立一会，《工商同业公会法》第五条之规定，意旨甚为明显。惟同业团体往往有名称相似而实际性质极端不同者，故本会对于整理及组织程序第四项中有经查明确有不能合并之处，得酌量变通之规定，本市绸缎业，除电机丝织业系属设厂制货，与其他绸缎业性质确有不同，应准另行设立公会外，其他钱江会馆、绉业公所、云锦公所、山东河南丝绸业公会、杭绸业公会、杭绍绸业联合会，与贵会等均系绸缎贩卖性质，并无二义，其旧有组织，自应遵照法令办理合并，除经本会指导科拟定组织整理名额，改正名称为"上海特别市绸缎同业公会"。①

这种突然做出的决定，破坏了之前存在的钱江会馆、绉业公所等绸缎业同业组织，自然引起了一系列的抵制。其中，山东河南丝绸业公所（府绸公所）的抵制非常激烈，其主张：

> 敝业经营府绸，与江浙所产家丝绸缎业团体，性质不同，确有不能互相合并之处。兹声（申）述其理由如后：
> （一）敝业品名为山东河南府绸。
> （二）山东河南府绸之原料，系完全野丝。
> （三）敝业营业系完全国际对外贸易，国内销路统计不过千分之一。
> （四）敝公所之设立，原为团结同业团体，图谋对抗帝国主义之经济侵略，以保护同业对外贸易之安全及发展而设。
> 综上四端而论，敝业范围确与江浙所产家丝绸缎业帮别不同，且于业务、原料、性质上均有不能合并之处，是以根据工商同业公会整理及组织程序第四条之规定，认为确有不能合并之处。②

这种反对的声音，几乎将绸缎业同业公会成立的合理性推翻了；但上海特别市商人团体整理委员会秉承南京国民政府的指令，强硬推进这些同业组织的合并，并于 1930 年 4 月 10 日致函绸缎业整理委员会（上海特别市商民协会绸缎业分会重组而成）：

> 查业务相同而历史习惯不同之商业团体，应否合并，为此次办理整理

---

① 上海市档案馆馆藏：《上海特别市商人团体整理委员会为绸缎业各帮合并事致上海特别市商民协会绸缎业分会的函》，S230-1-19-1。

② 上海市档案馆馆藏：《山东河南府绸公所为不同意组织合并事致上海特别市商民协会绸缎业分会》，S230-1-19-14。

中之一大争点。近来浙湖绉业公所等四团体反对本会令其依法合并，呈请工商部主持一事，曾由本会将依法办理情形，分向党政机关陈明，并于本月七日奉上海特别市党部民训会复□，接准大函，为各绸业公所应即合并组织，并指陈误会诸点，希为主持等由。准此，查指陈各节，洵属理由正当，各公所尧尧（哓哓）置辩，未免节外生枝，应请遵照中央明令，切实办理，刻期合并，俾一系统而重组织。①

之后，上海特别市商人团体整理委员会与各同业组织经过了一系列的妥协，直到 1930 年 4 月 18 日，两方最终达成初步协议：

> 经长期之讨论，对于依法合并改组，各方意见已趋一致，惟拟在该绸缎业同业公会章程内，规定参酌原有各公所会馆之业务性质，分设各组，例如湖绉组、苏缎组等，指定委员或会员，研究某一组发生之问题，增进某一组局部之利益，以及保管某一组原有之财产，拟具使用收益举办公共事业等办法，对于同业公会负其责任，其有涉及全体同业之事务，仍应提交该同业公会解决。②

在这种情况下，原有的同业组织基本上保留了各自的组织机构，具体的业务方面也由其主持，绸缎业同业公会则是一个处理"涉及全体同业之事务"的组织。这种强行将各类绸缎同业组织整合起来的组织，埋下了之后无法全面掌控并引导产业发展的隐患。

二、上海市绸缎商业同业公会从传统会馆向现代组织的变化

旧式的丝绸业会馆、会所的组织系统比较分散，内部职能较为简单，分工不精细，而同业公会的组织系统、机构职能、运营机制等较为完善严谨。例如，1927 年成立的上海特别市商民协会绸缎业分会，从总则、会员、组织、会务、大会、任期、纪律、经济和附则等方面详细地制定了分会的章程。总则中规定："遵照中国国民党中央执行委员会批准之《上海特别市商民协会章程》，定名为上海特别市商民协会绸缎业分会。"③章程的通过，使同业公会实现了非法人向法人的地位转变，体现了同业公会的近代化特征。

---

① 上海市档案馆馆藏：《上海特别市商人团体整理委员会为绸缎业各帮合并事致上海特别市商民协会绸缎业分会的函》，S230-1-19-1。
② 上海市档案馆馆藏：《上海特别市商人团体整理委员会为绸缎业各帮合并事致上海特别市商民协会绸缎业分会的函》，S230-1-19-1。
③ 《上海特别市商民协会绸缎业分会章程（1927 年）》，S230-1-12-1，上海市档案馆馆藏：《上海特别市商民协会绸缎业公会组织章程、筹备委员、执监委员名单、筹备会和一至二届大会文件以及向上级机关报批的有关文书》，S230-1-12。

　　传统的会所、会馆并没有对会员的入会资格、手续、权利和义务进行明确的文字规定和保证,《上海特别市商民协会绸缎业分会章程》则对这些方面都进行了详细的规定。章程中对会员的资格规定道:"凡住居上海特别市区域内之本业商民,不论性别,年龄在十六岁以上,依本业分会章程,遵守本业分会纪律,履行本业分会议决案,并奉行上级会之命令者,皆得为本业分会会员。"但"帝国主义者"、"军阀之走狗"及"兼营不正当营业者"不准加入。①1930 年改组为上海市绸缎商业同业公会后,入会资格审查更加严格,要求申请入会的代表人必须是丝绸业出身,要查清其是否是买卖绸缎者及有无囤积绸缎的行为,并要查考经历和查验组织资本。入会的手续为:"一、须有本业分会会员二人以上负责之介绍。二、填写入会志愿书。三、经本业分会会员大会过半数之通过(但在会后与下届大会开会前一个月间,得本业分会执行委员会通过,呈报上级会执行委员会审查认可者,不在此例)。四、缴纳入会费。五、领取会员证书徽章。"规定会员享有基本的经营、生活保障等权利外,赋予会员发言权、建议权、表决权,绸缎业分会职员或上级机关代表享有选举权及被选举权。同时规定会员的义务为:"一、遵守本业分会及上级会之章程。二、遵守本业分会及上级会之议决。三、按月缴纳月费。四、依照时间到会。五、不得勾结帝国主义者、军阀、贪官污吏、土豪劣绅,并不得压迫工人、农民,及一切苦力。六、不得兼营不正当营业。"②规定会员所应履行的相应义务,有利于维护丝绸行业的信誉,保护工人、农民的利益,提高公会的社会地位。

　　上海市绸缎商业同业公会的最高权力机构是会员大会,分为定期会议和临时会议。定期会员大会于每年 5 月举行一次,执行委员会认为有必要或公会会员三分之一以上的人请求时,可以召集举行临时会议。公会的重要事项,如理监事的产生、章程的变更、职员的辞职、会员的处分等,须经会员大会决定。这种章程规定,表明当时同业公会组织形态更加成熟,并具备了近代同业公会的一般特征。

　　在同业公会的内部组织机构职能设置方面,上海市绸缎商业同业公会摒弃了传统会所、会馆采用的会董制,采用"理监事制",公会分为理事会、监事会和分组委员会 3 个部门。

　　理事会由执行委员会组成,执行委员 11 人,执行委员中互选出常务委员 3 人,负责日常会务。执行委员会又分为 7 个部门,分别是秘书处、组织部、宣传部、财务部、仲裁部、教育部和合作部,各部互推主任。执行委员会每星期至少开会一次。

---

① 《上海特别市商民协会绸缎业分会章程(1927 年)》,S230-1-12-1,上海市档案馆馆藏:《上海特别市商民协会绸缎业公会组织章程、筹备委员、执监委员名单、筹备会和一至二届大会文件以及向上级机关报批的有关文书》,S230-1-12。
② 上海市档案馆馆藏:《上海特别市商民协会绸缎业分会章程(1927 年)》,S230-1-12-1。

监事会是同业公会的监督部门，由裁判委员会组成，由会员大会推定纪律裁判委员 7 人。裁判委员会的主要职责是对执行委员会执行的决议、过程进行监察监督，对执行委员及各部职员在职期间的表现进行审查，对执行委员会的财政出入进行稽核及接收公会会员之间不能和解的纠纷案。

分组委员会的设置则是一种妥协的结果，上海市绸缎商业同业公会成立之初，以上海浙湖绉业公所、山东河南丝绸业公所、钱江会馆等为代表的传统同业组织声称，各自的业务性质、原料产地、产品销路、商情习惯、营业规则等不同，不同意组织进行合并。针对此种情况，当时只能参考原有公所、会馆的业务性质等，设立分组委员会，分别为绪纶门市组、杭绸组、湖绉组、盛泾组、山东河南丝绸组、苏缎组委员会。分组委员会设委员 7—13 人，由会员代表推定，由公会在分组委员会委员中指定主任委员 1 人和副主任委员 1—2 人，办理委员会日常事务。这 6 个分组委员会分管不同类型的商业组织，同时各个分组委员会下设总务股、经济股、调查股、公益股和建设股 5 股，实行分科办事制度。

总体来看，上海市绸缎商业同业公会的这种半现代化的组织模式，虽然是一种不完全的机构组织制度，却在妥协中避免了内部组织管理系统的过多内耗。

传统的会馆、公所大都采用推举制，被推举的往往是社会交往广、捐资多或实力雄厚的殷商或为会馆、公所之发起人，导致会员不能在组织内发表个人不同的意见，并且少数实业家长期把持重要位置发布号令，会馆会因少数实业家企业的衰落而消亡。而上海市绸缎商业同业公会采用的是民主选举制，《上海特别市商民协会绸缎业分会章程》中规定："由会员大会选出执行委员十一人，组织执行委员会，执行会务并选出纪律裁判委员七人，组织裁判委员会。""执行委员及纪律裁判委员，任期均为一年，但连选得连任一次。"[1] 这种民主选举制在一定程度上克服了推举制产生的弊端，公会的会员可以反映自己的意见，同时也在很大程度上避免了少数实力比较雄厚的会员垄断公会的权力。

上海市绸缎商业同业公会的经费主要来自会费和房产出租收入等，以会员入会费每人两元至五元及会员月费每人六角至一元的十分之六和特别捐（遇有特别事故，发起特别捐作为经费）作为会费，同时规定会员如果失业，可以请求减免月费。公会制定有严格的会计制度和经费审查制度。

上海市绸缎商业同业公会成立之后，对于上海当地绸缎商业的发展，起到了相当大的推动作用。上海市绸缎商业同业公会秉持"连（联）络批发门售同业，增进公共福利，矫正弊害，振兴丝绸事业之宗旨"[2]，致力于联络同业感

---

[1]《上海特别市商民协会绸缎业分会章程》，上海市档案馆馆藏：《上海特别市商民协会绸缎业公会组织章程、筹备委员、执监委员名单、筹备会和一至二届大会文件以及向上级机关报批的有关文书》，S230-1-12。

[2]《上海特别市绸缎业同业公会整理委员会致上海特别市社会运动指导委员会函稿》，上海市档案馆馆藏：《上海市绸缎商业同业公会请制止成立"绸缎呢绒门市业同业公会"的有关文书》，S230-1-24。

情，消除无益竞争，促进同业组织之间共同合作发展，振兴丝绸事业。作为行业性组织，公会统一业务标准，有效缓解市场竞争的压力，营造公平公正的经营环境，协调会员之间的关系，保护同业组织的利益。

第二节　上海市绸缎商业同业公会的组织结构

近代中国的丝绸产业包括桑产业、丝业、丝织业等，基本涵盖了从蚕卵养殖、生产生丝到丝绸成品销售的丝绸产业全链条。可以说，中国是世界范围内丝绸生产产业链较为完整的国家之一。对于近代中国丝绸产业在国际上的独特经济地位和文化地位，国内外已有许多学者进行了分析和论述，因此本书不再把这一部分作为论述重点，而是着重分析近代中国丝绸产业的行业组织形式。

近代是中国社会进行现代化转型的重要时期，这一时期发生了众多破旧立新、取精去粗的转变，其中就包括中国工商业中各行各业的同业公会组织形式的转变。中国近代以前也有类似于同业公会的团体组织，其当时为公馆、公所等行会组织。鸦片战争之后，由于资本主义经济的进入、政府的政策导向、各行业生产规模的扩大等因素，中国行业组织形式开始向现代化转变，最终形成更加民主化、开放化、制度化、规范化的以行业整体利益为宗旨的同业公会。

20 世纪 20 年代中后期，中国开始进行行业组织形式的改革，本书以上海市绸缎商业同业公会为例，分析中国进行行业组织改革后的同业公会组织形式。首先明确一点，由于史料获取有限，已有史料记录中对"上海特别市商民协会绸缎业分会"和"上海市绸缎商业同业公会"两个公会之间的关系，表述得不甚明晰，但对比两个公会的委员名单和常务委员人员后，可以看出两个公会是由同一批行政人员组成的，因此本书认为这两个公会只是名字不同，其本质是一样的，即是同一个公会。

在同业公会正式成立之前，因为中国当时拥有众多公会、会所，所以要先对这些旧的公会和公所进行改组，从而组建新的同业公会。由此就在上海市社会局的规定下，组建了上海特别市绸缎商业同业公会整理委员会，该委员会的职责是负责上海市绸缎商业同业公会正式成立前的准备工作。上海特别市绸缎商业同业公会整理委员会由常务委员（一人）和总务、财务、登记、签证四科组成，各科设主任一人，根据事务繁忙程度可设总干事一人和干事若干人，常务委员和四名主任均由上海市社会局委派，名为整理委员，同时整理委员聘任秘书和秘书助理各一人。

上海市绸缎商业同业公会成立后，须向上海特别市农工商局注册备案。公会主要分为 3 个部门：理事会、监事会、分组委员会。理事会是公会的执行部门，由执行委员会组成。执行委员会由会员大会推定执行委员 11 人，其中 3 人为常务委员，管理公会日常事务。执行委员会分为 7 个部门，分别为秘书处、组织部、宣传部、财务部、仲裁部、教育部和合作部，各部设主任 1 人，委员若干人，11 位执行委员分任于各部门。秘书处的职责是由秘书负责主持商承委员会事宜，并得分设庶务、调查等科；组织部为办理征求会员事宜；宣传部是宣传三民主义及上级会进行策略会事宜；财务部负责管理出纳及预算、决算报告账略事宜；仲裁部负责处理会员与会员或非会员之间的一切争执事宜；教育部办理本业分会教育事宜；合作部负责办理合作银行及一切合作事宜。

监事会是公会的监督部门，由裁判委员会组成。裁判委员会中的纪律裁判共 7 人，也是由会员大会推定的。裁判委员会的主要职责是对执行部门进行监督和审查，以避免执行委员在任职过程中以权谋私，有失公正。裁判委员会仅设 1 名主任，另有 6 名委员。

分组委员会是针对改组合并过程中，"业务相同而历史习惯不同之商业团体"而设立的 [①]。分组委员会分为杭绸组委员会、湖绉组委员会、盛泾组委员会、苏缎组委员会、山东河南丝绸组委员会和绪纶门市组委员会 6 个部门，分管不同类型的商业团体。分组委员会由会员大会推定 7—13 人为委员，分管不同组别。为了处理事务便利起见，各个分组委员会下设五股，即总务股、经济股、调查股、公益股、建设股，各股股长由各委员会从委员中推定（图 1-1）。

一、比较视野下的上海绸缎商业同业公会组织

丝绸业同业组织的发展，不仅仅在中国，放眼近代的世界，许多资本主义国家都有此类组织，英国丝绸协会即是其中之一。本书根据收集整理的近代《英国丝绸协会年刊》（*Report of the Silk Association Great Britain & Ireland*）和上海市绸缎商业同业公会档案，对近代英国丝绸协会和中国上海市绸缎商业同业公会进行分析，并可以从相同之处和不同之处两方面对中英两国的丝绸行业组织进行对比分析。

（一）相同之处

中英两国的丝绸行业组织都是在丝绸业发展遇到困境，为了规范行业准则，保护同业利益，复兴丝绸业的背景下而成立的。英国丝绸协会响应丝绸商人的号召于 1887 年成立，而中国的丝绸行会组织于 1927 年进行合并改组建成各地

---

① 上海市档案馆馆藏：《上海特别市商人团体整理委员会为绸缎业各帮合并事致上海特别市商民协会绸缎业分会的函》，S230-1-19-1。

区的同业公会。中英两国丝绸行会的宗旨都是促进各丝绸业同业团体、公司之间共同合作发展，维护同业之间的利益，解决丝绸业的日常经营问题，推动丝绸业复兴发展。同时，两国的丝绸行会在成立之后，相应的章程规定详细，内部组织系统与部门职能设置都较全面，管理原则与体系都较为民主，监察机制完善，都起到了至关重要的作用。首先，在内在效应方面，起到了促进同业之间的生产与经营、规范同业行为、集中同业的力量、拓展国际市场等作用。其次，在外在效应方面，起到了与其他行业的商人之间建立网络联系、协调劳资争议问题、处理与政府之间的关系等作用。

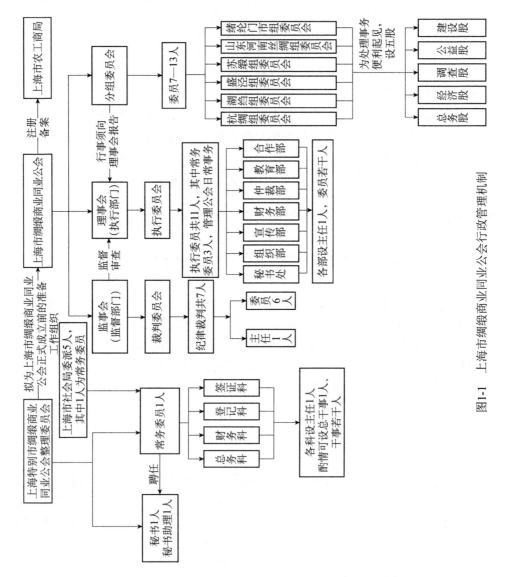

图1-1 上海市绸缎商业同业公会行政管理机制

（二）不同之处

第一，行业组织的近代化方面。英国在 1887 年成立丝绸协会后，相关职能结构已经较为齐全，管理体制也较为民主。但是中国的丝绸业同业组织经历了由传统的同业组织会馆、公所到 1927 年合并改组为同业公会的转变后，才逐渐走向近代化，现代资本主义同业组织的色彩从 20 世纪 30 年代开始才不断加强。这是中英两国的基本国情和当时所处历史环境的不同导致的差异，中国较晚地实现同业组织的近代化，落后于英国 40 年。

第二，行业组织的章程规定方面。中英两国丝绸行业组织会员的入会资格要求和审查不同。英国丝绸协会的会员入会资格审查规定，除从事丝绸业的商人外，其他任何真正有兴趣促进丝绸业发展的人都可以加入英国丝绸协会。而中国的丝绸同业公会对会员的入会资格要求越来越多，审查也越来越严，到民国三十一年（1942 年），专门设置入会审查委员会，申请入会的代表人必须为丝绸业出身，还需查考经历与查验资本。从中可以看出，相比于中国的丝绸同业公会，英国丝绸协会更加开放，但同时也面临着管理困难、会员人数波动较大等问题。

第三，行业组织与政府之间的联系方面。英国丝绸协会临时产生的部门委员会——议会委员会，有下议院的成员加入，成员能够监督议会立法的进展，向协会通报任何可能影响到丝绸贸易的法案及情况，对一些法案的制定、修订及实施产生影响，如对丝绸协会提出的《丝绸业技术教育法案》的通过起到了促进作用，也能与丝绸从业者进行更好的沟通，从而更好地促进丝绸业的复兴发展。中国丝绸同业公会的成员基本上都是丝绸商人，并无政府要员，无法在丝绸业相关政策的制定实施中起到一定的影响作用。

第四，行业组织的性质方面。中国在近代时期形成的丝绸业同业公会规模较小、地区化较为明显，在 1929 年所有工商同业组织进行改组时，在同一区域内有 7 家以上的同业组织发起，经审核通过，仅可以成立一个同业公会，各个地区改组后成立了自己地区的丝绸业同业公会。同时丝绸业同业公会的业务性质划分细致，根据会所、会馆的业务性质、产地、销路、商情习惯及营业规则等，设立了多个同业公会。同业公会的小规模地区化在一定程度上能起到较好的规范管理作用，能够更加细致全面地管理本地区内同业经营行为，但是从整体长远来看，可能会降低同业公会的办事效率，各地区同业公会之间联系不紧密，各个地区同业公会不同的章程规定会产生众多纠纷问题，同时增加跨地区之间的信息交流成本。英国丝绸协会的规模较大，是全国性的公会，章程统一，下设的各个部门委员会职责明确，极大地提高了办事效率。

第五，行业组织的内部凝聚力方面。上海市绸缎商业同业公会内部组织之间的凝聚力不强，经常出现另组公会的现象，如民国三十一年（1942 年）十月十七日上海特别市绸缎商业同业公会整理委员会致上海特别市社会运动指导委员会的会函稿中提到："据闻近日忽有少数同业企图破坏本会完善组织，分散同业团结精神，拟另组绸缎棉布呢绒门市业公会，函请予以注意等情。"有少数同业组织违背了"同一区域内之同业，设立公会，以一会为限"的规定，破坏组织内部的团结，想要另组其他公会。①究其原因，可能是公会在合并改组开始时就产生的矛盾所致，即因业务性质不同，对改组产生分歧、不赞同。相反，英国丝绸协会组织机构划分简洁，同业之间相互团结，内部凝聚力较强。

第六，政府对行业组织的管理力度方面。与英国丝绸协会相比，上海丝绸业同业公会受到政府的干预影响较大，在近代时期极为动荡的国内环境中，同业公会的成立、管理及对同业经济活动的管制都需要政府的强制性干预、制约，因而政府的约束力、管制力较强。丝绸同业组织之间的经济活动往来会受到较多条条框框的限制，降低同业公会的办事效率。同时，相比于获取丝绸业发展信息较快的商人，政府的管制具有一定程度上的滞后性。因此，政府对于同业公会的强制性管控，会阻碍丝绸产业的创新性发展。

第七，行业组织的办事内容与约束力方面。从行业组织处理的事务来看，英国丝绸协会主要是解决丝绸业发展中面临的关税、国家政策法案及技术指导教育、丝绸产业复兴方案、解决工人罢工及工资纠纷等问题，但是处理态度并不强硬，对丝绸产业的生产不进行强制性干涉，整体约束力较弱。而中国同业公会在处理这些问题时态度强硬，如在民国三十七年（1948 年），上海市绸缎商业同业公会在应对上海市绸布呢绒门市零售联谊会不经批准私自成立的问题时，对此持有强硬的态度，坚决抵制该组织："凡我会员，均不得参加该联谊会之组织……已参加者，亦应即日宣告退出，否则，本公会等，惟有依照《同业公会法》第二十六条之规定，予以严厉之制裁。"②

行业组织作为一种行业经济治理机制，对行业的发展具有重要的作用，中国丝绸同业公会在丝绸业发展面临困境时成立，目的是团结同业、共同合作，致力于推动丝绸业的发展。英国丝绸协会也是应运而生，秉持着复兴丝绸业的宗旨。中英两国的丝绸行业组织在丝绸业发展危难关头成立，对丝绸业的发展都起着至关重要的作用。行业组织是一种处于政府、企业和市场之间的双重制度角色，在维护同业利益的基础上，需要协调与政府之间的关系。接下来从行业组织的组织机构、经济职能、内部凝聚力等方面，分别探讨中英两国的行业组织在丝绸业发展中所起的促进抑或是抑制作用。

---

① 《上海特别市绸缎业同业公会整理委员会致上海特别市社会运动指导委员会函稿》，上海市档案馆馆藏：《上海市绸缎商业同业公会请制止成立"绸缎呢绒门市业同业公会"的有关文书》，S230-1-24。
② 《上海市呢绒、绸缎、棉布商业同业公会紧要通告》，上海市档案馆馆藏：《上海市绸缎商业同业公会同呢绒棉布公会为制止成立"上海市绸布呢绒门市零售联谊会"的有关文书》，S230-1-25。

二、中英两国丝绸同业组织机构的设置

在内部组织机构的设置上，中英两国丝绸同业组织都设置有常务委员会和临时性委员会（表 1-2）。常务委员会是长期存在的固定委员会；临时性委员会，即特定问题调查委员会，是为解决某个具体的问题而成立的委员会。

表 1-2　中英两国丝绸同业组织常务委员会与临时性委员会一览表

组织	类型	委员会名称
英国丝绸协会	常务委员会	执行委员会、财务委员会、议会委员会、妇女委员会、技术指导委员会、出版委员会
	临时性委员会	记录员、印染工和整理工委员会，织造和动力织机委员会，奖励委员会
中国上海市绸缎商业同业公会	常务委员会	执行委员会、裁判委员会、分组委员会
	临时性委员会	日货检查组（1931 年）、检私委员会（1931 年）、提倡国货委员会（1932 年）、中国国产绸缎复兴委员会（1934 年）、服制研究会（1937 年）、上海市绸缎业联合营业所（1937 年）、入会审查委员会（1942 年）、公益慈善经费保管委员会、评价委员会

英国丝绸协会的常务委员会负责丝绸协会内日常需求事项，执行委员会负责理事会决议的执行，主持协会日常工作，完成理事会交办的事宜；财务委员会对协会每年的财务报表进行整理汇总；妇女委员会是专门为女士会员设置的部门，目的是引起英国女性对丝绸业的关注，更好地向丝织品消费最多的群体——女性消费群体传递丝绸业信息，聚集女性消费群体的力量复兴发展丝绸业；技术指导委员会负责为丝绸业各个环节提供技术指导支持，特别是英国在印度殖民地发展养蚕缫丝时，对其提供技术指导，同时还对先进的外国丝织技术进行积极引进，在丝绸业生产中心进行技术教育，处理丝绸技术学校设立等事务；出版委员会的职责是负责议程文件的制作，监督所有出版物，安排制定会议议程、报纸报道等。

临时性委员会中的记录员、印染工和整理工委员会是专门针对英国在 19 世纪末丝绸印染出现掺假事件而成立的，对印染和整理商的行为进行管理和规范；织造和动力织机委员会是在英国进入机械化大生产时代后，动力织机大范围引入丝绸业中，为了对其进行管理而成立的；奖励委员会是为了对在丝绸展览中获奖的丝绸公司进行奖励而成立的。

上海市绸缎商业同业公会除常设的委员会——执行委员会、裁判委员会外，还根据地区和丝绸业生产种类、经营业务设立了分组委员会，分别为绪纶门市组、杭绸组、湖绉组、盛泽组、苏缎组、山东河南丝绸组委员会，这几个委员会分别负责门店、杭州地区杭绸、湖州湖绉类商品、吴江地区盛泽和王江泾绸品、山东和河南府绸等事务。

根据地区差异、经营业务性质和习惯的不同对内部所属会员进行划分，在一定程度上使丝绸同业公会能够更好地对其进行管理，将同地区、同种类、同

种或相近业务性质的丝绸公会、会馆进行资源的整合，针对丝绸种类的生产和销售特点，制定不同的发展策略，从而促进同种类丝绸的生产和发展。但同时可能会产生一些不利的影响，根据上海市绸缎商业同业公会档案记载，每个分组委员会都有不同的规章制度，对单个组内来说，可能有利于日常的管理，但对于整个同业公会，可能不利于进行统一的规范化管理。

除此以外，上海市绸缎商业同业公会在遇到突发事件时也设置了专门处理此类事务的机构。1931年，上海市绸缎商业同业公会为了扩大抗日救国的宣传活动的影响，建立了日货检查组，对经营日货的单位进行同行自查、互查，在店铺门口张贴封存日货公告。此后，又成立检私委员会，继续进行缉私反对日货的斗争，并将当时充公的日货立即销毁，从中可以看出丝绸同业公会及整个绸缎业抵制日货的坚决态度。随后在抵制日货的同时，为推动提倡国产绸缎，1932年上海市绸缎商业同业公会成立了提倡国货委员会，致力于提倡国货、调查洋货、呈请政府减免原料及国产绸缎捐税等事宜。1934年，上海市绸缎商业同业公会联合上海电机丝织厂同业公会成立了中国国产绸缎复兴委员会，致力于联络同业感情，消除无益竞争，共同合作，共谋国产绸缎之复兴。1937年，上海市绸缎商业同业公会与上海电机丝织厂同业公会和上海湖社联合组成了服制研究会，以适合国产原料织造、采用符合国情的丝绸图案样式为原则，生产具有本国特色的丝绸服装。民国二十六年（1937年），由于淞沪会战爆发，商业停滞、存货堆积、交通梗阻，上海市绸缎商业同业公会在汉口设立了"上海市绸缎业联合营业所"，以"为谋同业福利，亟应迁移安全中心地点，组织联营，以期恢复产销，疏通存货，保持同业经济为宗旨"。[1]此部门的设立，旨在挽救受到战争影响的上海丝绸业于水火之中。此外，民国三十一年（1942年），"为郑重入会手续起见，拟请组织'入会审查委员会'，负责审查同业入会事务及改组与更换代表等手续"[2]。还设有公益慈善经费保管委员会，以及为平准市价、复兴绸业为宗旨而成立的评价委员会。

英国的丝绸行业组织针对某一事件的发生，设立了临时委员会和部门机构，制定了章程规定，及时应对并处理突发事件，能够集聚专业力量和资源解决丝绸业发展中遇到的问题，提高了协会的工作效率，促进了丝绸业的复兴发展。但上海市绸缎商业同业公会的职能划分较为细致，机构设置众多，工作效率方面必然会大打折扣。

三、中英两国丝绸同业组织的经济职能

同业组织在政府和商民之间发挥着重要的中介作用，代表组织内部的同业

---

[1] 上海市档案馆馆藏：《抗战时期，上海市绸缎商业同业公会为会员办理绸货移运及组织"上海市绸缎业联合营业所"的有关文书》，S230-1-129。

[2] 《第十次常务理事会》，上海市档案馆馆藏：《上海市绸缎商业同业公会理监事会议记录》，S230-1-36。

商号向政府反映经营需求和建议，在政府与同业之间建立一种双向的信息流。一方面协助政府进行丝绸业的管理，在丝绸业中推行国家的财经政令，另一方面代表同业，在与政府进行交涉中维护丝绸商人的自身利益，为丝绸业的发展创造良好的制度环境，从而促进丝绸业的发展。

（一）政府和丝绸同业之间

上海市绸缎商业同业公会帮助国民政府解决了税收和财政问题，由同业公会代征税款，如民国三十一年（1942 年），面对上海征收局想要直接对商家征收赋税的通告，多家商号会函致上海市绸缎商业同业公会，函件中提到：

> 各业公会为群商枢纽，如其由会代办，则若网在网，有条不紊，既无遗漏之弊，且免扰商之嫌，商家称便，乐于输纳，为税局计亦应移交公会办理，庶收数较整，手续简省者三也。……认为此事有应请公会主持办理者，盖公会为吾业整个团体自应团结一致，不使散漫，况二十九年度已办有成绩，群情悦服，尤赖熟手，尚祈为公贤劳，即与税局协商办理，事关全体安危所系，务请速付公决，尽速进行。[①]

从中看出当时一直是由同业公会代征税款，从而简化征收手续，减轻商家的负担。

在丝绸业发展遇到困难时，同业公会会向政府申请减免税收，减轻同业负担，还有一些部门随意征收苛捐杂税，同业公会也积极向相关机构上报。例如，在抗战前，针对国产绸缎发展面临的危机，1928 年国民政府实行关税自主，裁撤了厘金，废除一系列税收，但是此举并未得到真正的落实。随后一些地方政府变相征收各种杂税，由此上海特别市商民协会绸缎业分会分别发函致工商部、财政部，希望能够撤销丝织品产销税，同时呈请"国府通令全国公务人员，一体服用国产绸布，并严令取缔采用舶来洋货呢绒、哔叽"[②]。随后，财政部却以国事为重，以财政紧缺为由，坚决拒绝了此建议。档案中也有许多关于上海市绸缎商业同业公会抵制各项杂税的相关文书，但是在政府的严格管控和政策高压之下，建议并未得到政府的采纳。不过，这说明同业公会发挥了在政府与同业之间的中介作用，积极地为同业减轻负担，共同促进丝绸业发展。

英国丝绸协会同样也是政府与丝绸企业之间的中介机构。1890 年《英国丝绸协会年报》中提到："英法条约于 1892 年 2 月 1 日到期，法国政府正在积极制

---

① 《华华、骏昌、聚和祥、大华等念家绸缎商号致上海市绸缎商业同业公会函》，上海市档案馆馆藏：《汪伪时期，上海市绸缎商业同业公会办理本业缴纳营业税所得税的有关汇总表和文书》，S230-1-121。

② 《上海特别市商民协会绸缎业分会呈工商部函》，上海市档案馆馆藏：《抗战前，上海市绸缎商业同业公会抵制各项杂税的有关文书》，S230-1-115。

定新的安排。英国贸易委员会的贸易和条约委员会表示强烈希望通过该协会听取丝绸贸易的意见，并要求该协会在本月底前向他们通报审议结果。在收到该协会的报告后，贸易和条约委员会将于下月要求该协会提名一个代表团与他们就这一非常重要的问题进行磋商。"①政府主动询问英国丝绸协会关于制定英法之间丝绸贸易条约的意见，可以看出对丝绸业发展的重视。

（二）丝绸同业与市场之间

丝绸同业公会为了丝绸业的长远发展和整体利益，充分运用行业自治权，一方面在同业公会成立后，制定相关的章程、规则、公约，从而发挥规范丝绸业的日常经营活动和经营秩序的作用，另一方面在丝绸业发展面临资金短缺、技术落后等问题时，积极发挥政府和市场之外的调控作用。

上海市绸缎商业同业公会为了约束同业的经营行为，制定了详细的相应章程、规定和公约，如中国国产绸缎复兴委员会成立之后，制定了公约十一条，规定减价的期限和折扣限度、同业处置特殊减价办法："同业对于新开张及迁移，减价日期各让三天，至多不得过五天。"同业公会处理破产关停同业的办法："同业间如遇有某店停业时，所有底货概由同业会估价值，整个收进，就原店址出卖，盈亏照摊。"②同时在丝绸业同业之间产生矛盾和纠纷时，同业公会在其中进行调解，维护同业之间的秩序。上海市绸缎商业同业公会为门市同业纠纷订立大纲，处理丝绸印染业和电机丝织厂、锦纶公所之间的劳资纠纷、同业牌号纠纷，以及山东河南府绸组和山东土绸同业公会之间的业务纠纷等事宜。此外，同业公会为防止丝绸业同业之间通过私自降价产生恶性竞争，建立了丝绸业的价格评定机制，正如前文提到的，上海市绸缎商业同业公会为了评定市价成立了评价委员会，由21人组成，分为征求组、调查组、宣传组三组，任务为评定丝绸业价目，调查丝绸业同业的售价和货价纠纷等。例如，民国二十九年（1940年），上海市成衣业同业公会致上海市绸缎商业同业公会的函件中提到如下情况：

> 少数绸缎局不顾本业业规暨各店营业，为招徕顾客计，以减低成衣工资相号召，甚之登报公开宣传，致使各店营业大受影响，常与主顾间发生工价争执，且有一般狡猾之主顾，在揭账时藉口工资高低，揩付工资，以致枝节横生，受损匪鲜。查各绸缎局此种紊乱工价举动，殊属有背本业业

---

① The Silk Association of Great Britain & Ireland. *Third Annual Report, for the Year Ending 31st December, 1890*，Manchester: Wm. Harris & Sons., 1891, p.18.
② 上海市档案馆馆藏：《上海市绸缎商业同业公会所属"中华国产绸缎复兴委员会"公约大纲草案和拟定公约的有关文书》，S230-1-4。

规，影响各店营业，若不交涉制止，本业工价势将紊乱不堪。[①]

有代客制衣业务的绸缎局违背本业规定，降低成衣价格，与成衣业产生恶性竞争，此后上海市绸缎商业同业公会开始向各经营代客制衣业务的同业商号发函进行调查，整顿平定行业工价。在国家发展的特殊时期，同业公会也具有维护市场秩序的作用，为平定上海市物价，1948 年政府实行"八一九限价"，市场物价一律冻结在 8 月 19 日的标准，市场出现动荡，上海市绸缎商业同业公会为了维护市场秩序，制定了相关规定，规定丝绸生产原料暂停由丝绸工厂直接供应，改为统一由公会配给。

上海市绸缎商业同业公会成立后，以维护同业利益、促进丝绸业发展为宗旨，在抗战期间，为了应对淞沪会战爆发、丝绸业发展停滞、存货堆积、交通梗阻等情况，成立了上海市绸缎业联合营业所，各商号可以将堆积的丝绸存货迁移到本所的安全中心地点，经评价委员会鉴定后，议定价格，组织联营，恢复产销，疏通存货，促进丝绸业发展。同时，同业公会还积极发展国货，抵制外货，带动丝绸业的发展，如 1911 年由丝绸业众多公所、会馆联合发起组织成立了中华国货维持会，1932 年上海市绸缎商业同业公会成立了提倡国货委员会。

英国丝绸协会也发挥着制定丝绸业经营条例和公约，调解矛盾纠纷，维护同业利益的作用，如 1913 年的协会年刊中记载有处理劳资纠纷事件的说明，英国丝绸协会 1901 年的年会报告中记载，19 世纪五六十年代是英国丝绸业发展的繁荣时期，随后因完全取消进口货物的关税而逐渐衰落，原材料贸易遭受严重损失。英国丝绸协会主席坚持认为，大量外国特别是法国的丝织品进入，严重威胁到英国丝绸业的发展，取消关税已成事实，无法改变，只能靠丝绸的质量取胜，因此，他认为协会应该严格规范丝绸的质量标准，从而保护英国的丝绸业。同时在丝绸业贸易铁路运输费用较高问题上，积极进行交涉，争取降低铁路运费，减轻丝绸商家的负担。此外，英国丝绸协会积极推动丝绸业的技术教育，成立技术指导委员会，建设丝绸技术教育学校，由技术指导委员会来处理丝绸技术教学的问题，受技术教育学校培养的对象主要为丝绸制造商的后代及其他致力于复兴丝绸业的人。此外，技术指导委员会也对丝绸业生产过程进行技术指导，积极主动地学习国外先进的丝织技术，及时进行技术改良，在印度殖民地也进行蚕种的改良，生产优质的蚕丝，从而获得优良的生丝原料，生产高质量的丝织品，在竞争激烈的丝织品市场中凭借质量获得一席之地。同时英国丝绸协会积极呼吁英国所有丝织品的消费者优先选择国产丝绸商品，进

---

① 《上海市成衣业同业公会致上海市绸缎商业同业公会函》，上海市档案馆馆藏：《成衣公会对绸缎局减低衣工价招来营业以及有关本业门市组成衣工价折扣问题与上海市绸缎商业同业公会的来往文书》，S230-1-104。

一步督促所有的丝绸商、布料商、服装商、裁缝和装饰商向客户提供英国织造的丝绸，以此振兴曾经繁荣的丝绸业。英国丝绸协会还通过举办多次丝绸展览会，邀请国内外丝绸商家参加，相互交流探讨，学习借鉴。1888年的《英国丝绸协会年刊》中显示，在1888年的年会上，有人提出成立一个由制造商、批发商和零售商组成的委员会，使制造商与批发商和零售商能够方便交流，制造商根据丝绸市场的需求进行生产。

整体来看，上海市绸缎商业同业公会作为一个政府和丝绸同业之间的中介机构，执行政府相关政令，帮助政府更好地管理丝绸行业，同时维护丝绸同业的利益，解决同业之间的矛盾和纠纷问题。当时的动荡环境下，战争频仍，外货进入，丝绸业发展受到很大的阻碍，在丝绸业处于水深火热之时，同业公会充分发挥在政府和同业之间的中介作用，对丝绸业的发展起着很重要的推动作用。但是当时由于战火不断，国家财政紧缺，无法对丝绸业发展给予财政经济上的支持。同时同业公会在政府的严格管控之下，深受限制，无力从政策及经济上救丝绸业于水火之中。同样，英国丝绸协会在英国丝绸业复兴发展中具有重要的促进作用，积极主动地从各个方面努力复兴发展英国的丝绸业，但是英国的自由贸易政策使大量外国丝织品进入国内，严重制约了英国丝绸业经济的发展，同时欧洲其他国家特别是法国和意大利的丝绸业迅速发展，英国丝绸业面临的竞争加剧，导致回天乏术，无法再创造曾经的繁荣景象。

综上所述，英国丝绸协会的成立契机，是1887年在曼彻斯特举办的皇家庆典展览，展览之余，众多丝绸业商人在丝绸部门委员会的主持举办下，参加了一次旨在促进英国丝绸业复兴发展的会议，在会议上经过讨论决定成立一个丝绸协会。从此过程可以看出，英国丝绸协会是在丝绸业商人的号召下成立的，致力于复兴发展英国的丝绸业。同时由于协会设置的机构虽简单但全面，在很大程度上增强了协会内部的向心力、凝聚力。

然而，中国近代时期的同业公会是由公所、会馆在政府的要求下才进行合并改组后成立的，正如前文所提到的，在公所、会馆向同业公会合并改组的过程中，因自身生产种类、业务性质和经营习惯等的不同而出现了激烈的争吵言论，最终在政府的强制要求下，被迫合并到同业公会中。此种情况势必导致同业公会内部凝聚力较弱，经常会出现纠纷问题，同业公会的档案中有许多调解纠纷的文书，如民国二十五年（1936年），上海市绸缎商业同业公会调解山东河南丝绸组和山东土绸同业公会的业务纠纷文书，因山东河南丝绸组产品冒充土绸，侵及山东土绸同业公会的利益，由此产生纠纷。从中看出中国丝绸同业公会的内部凝聚力较弱，从而导致纠纷不断，不能齐心协力、团结一心促进丝绸业发展。

无论是中国的丝绸同业公会还是英国的丝绸协会，丝绸行业组织本身并不能直接且快速地振兴丝绸业，但都在丝绸业的复兴发展中起到了一定的促进作用，如提出一些丝绸业发展的建议，努力消除阻碍丝绸业发展进步的障碍，在总体上保护和促进同业的经济贸易利益，虽然最后未能成功挽救丝绸业，但在一定程度上减缓了丝绸业衰落的速度。

第三节　上海市绸缎商业同业公会的事业

通过上文的分析可知，近代的上海市绸缎商业同业公会，主要业务是在下属各专业组的基础上，处理一些具有共通性的事务，为整个绸缎业服务也就成为其事业的最重要部分。

1930 年 6 月，上海市绸缎商业同业公会成立之初，即接到下属钱江会馆等四处公所的来函，请求就各相关会员出售绸缎加价一事做出决议：

> 迭接苏浙两省各属绸业团体报告，蚕茧歉收，原料大缺，丝价飞涨，已达二分余铜，尚有继涨增高之势。他如捐税之繁重……工潮之迭起，战祸之频仍，交通之梗塞，西装之风行，在在均足制我业之生命。伏以绸缎为我国大宗生产，若不急谋救济，诚恐国产沉沦，工商失业，愈演愈烈，关系国计民生至重且大，应请集议讨论……用特于本月二十二日召开江浙两省各属同业紧急大会，公同讨论议决施行，除其他议决案另案执行外，第一案绸货新盘案由全体一致表决，自七月一日起，按照春盘暂行先加一分半铜，以后再行续议，刊登本外埠各报，普遍公告。①

上海市绸缎商业同业公会在这件事情上，很快做出了回应。但这种加价行为招致了不少同业会员的反对，上海市绸缎商业同业公会不得不花费大量时间反复交涉，最为严重的是，同业各商号并不将此事视为有约束力的决议："原议自七月一日起概加一分半铜，早经有关系之三大团体登报公告在案。讵时阅两月，闻同业中遵议履行者实属寥寥无几，致使客帮啧有烦言，营业上发生障碍，若不亟谋一致，依然各自为政，何以维持血本而示信于人，爰请重申前议，再发恳切通告，自九月一日起，务各实行增加一分半铜，不得稍有参差，以杜客帮借口而维重大血本。"②这种无法顺利推行自己决议的状况，自上海市绸缎商

① 《钱江会馆等四公所致上海特别市绸缎业团体整理委员会等函》，上海市档案馆馆藏：《上海市绸缎商业同业公会关于绸货历年加价问题和外地同业及有关行业组织商讨联合公告的有关文书》，S230-1-105。
② 《上海市绸缎业同业公会致同业各号函稿》，上海市档案馆馆藏：《上海市绸缎商业同业公会关于绸货历年加价问题和外地同业及有关行业组织商讨联合公告的有关文书》，S230-1-105。

业同业公会成立之初就开始出现，预示着上海市绸缎商业同业公会在之后的发展过程中所面临的尴尬局面。

不过，类似这种加价的事情，虽然上海市绸缎商业同业公会通过的决议在执行时会有难度，但如果是下属各组，则可以在情况允许时自行向上海市绸缎商业同业公会提请加价，并请求以公会的名义下发决议。1935 年 10 月，苏缎组、湖绉组、杭绸组、盛泾组、山东河南府绸组等联合以上海市绸缎商业同业公会的名义发布涨价通告：

> 近来丝价飞涨，竟自每担三百余元，涨至六百余元，因此制绸成本，几增一倍，若不酌量加价，殊与血本有关，折阅堪虞。敝组等经销各种绸绉货品，均系产自内地，现因产地同业纷函本公会，商请加价，若照现市售盘，恐有停机辍业之危等语。爰经本会于十月八日召集临时执监联席会议，为维持血本计，决议自双十节起，各项绸绉等货，一概暂加二分钱，聊资补救。①

因此，上海市绸缎商业同业公会与下属各组之间的关系，因成立之初的对立，在发展过程中可以说是相对疏远的。

这种疏远之处，在各组与上海市绸缎商业同业公会的交涉中都有表现。1936 年 5 月，因上海的广帮绸布联合会要求提高佣金比例，上海市绸缎商业同业公会召集相关各组、同业会员反复交涉开会后，于 6 月 22 日向同业公会各组全体会员发布通函："接广州市上海绸布业发行业同业公会来函，据称会务日繁，所需经费日多，向赖九九五佣，以资挹注。现尚不敷所出，要求敝会向上海各厂家各庄家自本年七月一日起加扣五厘，即九九扣。敝会以南北同业关系，理宜互助，经一致议决，照办在案。为此，特向贵会声明，请转贵同业知照为荷。"但杭绸组于 6 月 30 日提出抗议："敝组以为事出离奇，非贵会不将敝组之函转达，即该会故意抹杀事实，而尤使人失笑其知识之幼稚者，该会领袖与本业会员非旦夕见面乎？在同一市区之内，两团体间正式函件往返，或出之专送，或出之邮递，何等便捷？而该会以六月二十二日发出之信，始于本日交由敝组执委鲁正炳先生转组，其故欲令人措手不及，愚人适足以自愚耳。总之，即今政府命令，尚无朝令夕行之效，况该会之所谓一致议决照办，更何足以强他人必从？"②如此之回复，已经是在直接反对上海市绸缎商业同业公会的决议了。

---

① 《上海市绸缎业同业公会各组为涨价事紧要通知》，上海市档案馆馆藏：《上海市绸缎商业同业公会关于绸货历年加价问题和外地同业及有关行业组织商讨联合公告的有关文书》，S230-1-105。
② 《上海市绸缎商业同业公会杭绸组致上海市绸缎商业同业公会函》，上海市档案馆馆藏：《上海市绸缎商业同业公会关于广帮绸布联合会抽取货佣问题与该会交涉的有关文书，以及中华民国丝织工业同业公会联合会为对绸厂交易取销扣除码并实施现款交易的来函》，S230-1-106。

虽然下属各组与上海市绸缎商业同业公会的关系并不是非常和睦，但不断征募同业会员，依然是上海市绸缎商业同业公会最重要的事务。这一事务在同业公会成立之初，因直接继承了各组的会员体系而没有太大的动作；之后在抗战中，由于各组的不少业务陷于停顿，上海市绸缎商业同业公会就承担起了招募会员的这一工作，在公会业务的不断推进过程中，这甚至是一件更为重要的事。会员登记的内容，往往主要关注各商号的一些基本信息，可作为进一步细化研究的资料，如下面的会员登记申请书所示。①

会员登记申请书

窃申请人　裘镛璋　现在

设立　德丰昌　　　　　兹遵照　贵会入会手续填具登记事项表并附文件随缴登记申请书印刷费二元，备文呈请

鉴核，准予转呈主管官署登记注册给证谨呈

上海特别市绸缎号业同业公会

附登记事项表

商号名称	德丰昌绸布呢绒号					
商号所在地	天津路乾记里三五号		电话	九五二二三号		
营业种类	批发门市兼营批发					
资本金额	国币陆万元正		组织性质	合伙		
出席代表	姓名	裘镛璋	籍贯	浙江	年龄	五一岁
使用人数	六人					
备注	经济局登记收据第弎肆（捌）壹号					

（盖店章及代表人私章）

申请人　德丰昌绸布呢绒号

裘镛璋印

中华民国　三十一　年　柒　月　　日

抗战胜利之后，上海市绸缎商业同业公会复员，重组同业公会，并对各同业会员代表自己资本结构的成立协议等资料进行征集和整理。其中，大亚绸庄成立协议的副本如下文所示：

协议副本——大亚绸庄

立合伙经营绸庄合同人林为人、吕齐、陈惠嘉，今因志同意合，合伙组织大亚绸庄，经营绸缎买卖业务。兹将协议各点开列于左。

一、资本总额定为金圆券五万元，计林为人君出资叁万元，吕齐君出资壹万元，陈惠嘉君出资壹万元，共计金圆券五万元。

---

① 上海市档案馆馆藏：《上海市绸缎商业同业公会会员登记申请书（一）》，S230-1-54。

一、公推陈惠嘉君为经理，负责经营一切业务。

一、本庄地址暂定天潼路七二八弄八一号。

一、每届会计年度，由经理人编制会计报表，报告各合伙人，如有盈余，其分配如下：

    1. 各合伙人得百分之八十五。

    1. 经理得百分之十五。

    1. 如经协议许可，得提公积百分之。

一、决算如有亏损，得按投资之多寡，由合伙人比例负担。

以上均为合伙人所共同协议者，但愿同心协力，有始有终，兴隆发达，实所共期。

中华民国叁拾捌年叁月

立合同人：林为人

吕 齐

陈惠嘉

见 议：周子湘

本合同一式三纸，各执壹纸为凭。①

这些与同业会员相关的信息，都值得在后续的研究中进一步探讨。

虽然上海市绸缎商业同业公会的组织能力有限，但与其他经济能力更差的同业组织相比，上海市绸缎商业同业公会的能量还是很大的。1940 年 9 月，上海市成衣业同业公会致函上海市绸缎商业同业公会，请求减轻竞争压力：

> 敝会兹据各同业来会声称，略谓迩来百物昂贵，生活维艰，尤其敝业一行困难情形，较之他业尤甚。孰料近有少数绸缎局不顾本业业规暨各店营业，为招徕顾客计，以减低成衣工资相号召，甚之登报公开宣传，致使各店营业大受影响，常与主顾间发生工价争执，且有一般狡猾之主顾，在揭账时藉口工资高低，揹付工资，以致枝节横生，受损匪鲜。查各绸缎局此种紊乱工价举动，殊属有背本业业规，影响各店营业，若不交涉制止，本业工价势将紊乱不堪。且各绸缎局（皆）系巨大资本之商号，若谓推广营业，宣传及招徕方式甚多，何必定以敝业为牺牲？况本业皆系小资本之劳工手艺者，际此营业维艰，岌岌堪危时期，何堪再遭他业如石压卵之打击？为特环请本会迅予函请绸缎业公会，转请各绸缎局体念工艰，并顾及本业业规，在承接主客制衣时，工资方面概请依照本会之价目单办理，并请勿以低价工资登报宣传。②

---

① 上海市档案馆馆藏：《上海市绸缎商业同业公会部份会员入会时附送合资合同及合伙契约、议据》，S230-1-83。

② 上海市档案馆馆藏：《成衣公会对绸缎局减低衣工价招来（徕）营业以及有关本业门市组成衣工价折扣问题与上海市绸缎商业同业公会的来往文书》，S230-1-104。

　　此处可以看出，当时其他相关从业者对绸缎业的看法，谓其为家大业大之产业，同业商号的经济实力也超过了上海市内一些以手工艺为主的商贩。随后，上海市绸缎商业同业公会向下属各同业公会发布通函，凡相关同业绸缎商号有代客制衣业务者，需提交相关价格表。因此，上海市绸缎商业同业公会通过各个分组，对下属会员的各项业务还是能够进行一定程度的掌控。

　　即使在抗战时期，上海处于沦陷区，上海市绸缎商业同业公会也在为同业争取相应的权益。1942 年 3 月，因日本下属的上海各类丝绸业组织意图将上海各类丝绸同业组织合并，上海市绸缎商业同业公会遂向汪伪上海市政府提出异议，反对这种做法：

> 　　华中织布工业组合、染色工业组合、华中绢绩工业组合、华中棉布贩卖组合等提示之联合会程草案内容所涉范围极为广泛，举凡业务攸关之生产、原料及贩卖统制协定，悉以联合会为议订兼执行之机关，至于双方理事名额之多寡，及事权之重轻，其比率绝非依照会员数量，犹其余事，属会等参阅之下，诚有无从著（着）手之苦，盖以此项统制协定，一经订立，全体会众即应受其约束，而统制协定如何订立，方称互惠互利，亦感无所适从。且查我国工商同业公会与外国同业公会订立团体间之契约，非特于法无据，抑且无例可援，其差堪引比者，即同业公会议订之业规，得令全体同业一致遵行，然依法亦应呈主管官厅之核准，方生效力。①

　　之后，伪上海市社会局复称：“查工商同业公会会员，应以本国国籍之公司行号为限，中外商人组织联合会，于法无据。”②接受了同业公会不准与日本丝绸组织合并的提议。

　　1942 年 10 月，上海市绸缎商业同业公会接下属绪纶门市组函称：“据闻近日有少数同业拟另行组织门市组公会，殊觉事涉两歧，吾业既经合组同业公会，历史悠久，深资利赖，向系一贯主旨，并无骈枝旁出，况事关同业前途，尤应团结力量，应付环境，务请贵会予以注意，总以同业之福利为前提，似未可分散份子，削弱力量。”经过会议讨论，决定呈请伪上海市社会局：

> 　　闻有联谊会者，对于上项法定手续，均未具备，且亦并未获得钧局之核准，乃竟遽以绸布呢绒门市另（零）售业联谊会之名义，公然登载《新闻》、《大公》等报，召开成立大会，自属有违法纪。查本市经售绸缎为主要业务之公司、行号，俱已加入属会为会员，并能恪遵社会部通令《非常时期人民团体组织法》第八条之规定，“人民团体在同一区域内，除法令另

---

① 上海市档案馆馆藏：《上海市绸缎商业同业公会为日商谋组“日华公会联合会”向汪伪政府机关呈报批复的有关文书》，S230-1-23。
② 上海市档案馆馆藏：《上海市绸缎商业同业公会为日商谋组“日华公会联合会”向汪伪政府机关呈报批复的有关文书》，S230-1-23。

有规定外,其同性质同级者,以一个为限",均能深明大义,拒不参加活动。今乃复行发起其他类似之组织,显见意存分化,别有企图,尤属于法不合,对该会借用绸缎名义,万难承认。

此案提请伪上海市社会局后,1942年12月中旬得到回复:"据商民朱维岳等申请组织'上海特别市绸布呢绒门售业同业公会',业经本会批饬,遂行分别参加该会及棉布业公会在案。"[①]打消了该同业公会成立的意图。

当然,上海市绸缎商业同业公会对于绸缎业相关的事业,投入也并不少,其中即包括同外地绸缎业的合作。1938年10月,汉口市呢绒绸缎业公会致函上海市绸缎商业同业公会,请求调拨丝绸生产原料:

> 汉市非丝绸产区,供销来源大部份(分)仰给于沪市,兹闻上海市丝织商业同业公会暨上海市绸缎商业同业公会为拥护国策,推行政令,即将联合配给丝绸成品,会员等驻沪采办处与上开两公会所属会员厂商交往多年,一贯相沿,在沪市各有悠久之历史性,为特请求转请赐予一视同仁,按期配给。[②]

同时,汉口市呢绒绸缎业公会还附上了自己的六家会员驻沪采办处牌名地址单(表1-3)。

表1-3　汉口市呢绒绸缎业公会会员驻沪采办处牌名地址单

牌名	地址	电话
鸿彰永绸布庄采办处	上海北无锡路瑞兴坊第六号	96212
悦新昌德记	上海山西路种德里五号	91236
鸿祥绸缎公司	上海宁波路兴仁里二一号	14598转
华华企业公司	上海(十一)天津路236弄九号	90663
九大商店采办处	上海(十一)北无锡路十七号	90617
荣康申庄	上海山西路种德里四号	94360

类似的请求,天津等地的绸缎业商号也提出过,上海市绸缎商业同业公会均提供了相应的帮助,可谓是在混乱的经济、政治局势中,对中国绸缎业的有益促进和补充。

抗战胜利之后,上海市绸缎商业同业公会的作用再次得到较大的发挥。1946年9月14日,上海公余绸庄致函上海市绸缎商业同业公会,就织绸原料问题请求帮助:

> 盛泽以绸立镇,四乡农民除耕殖外,以机织为唯一副业,耕织所入,差堪自给,故岁有盖藏,户无匮乏,总计全镇拥有机(织)绸机者约在十

---

① 上海市档案馆馆藏:《上海市绸缎商业同业公会请制止成立"绸缎呢绒门市业同业公会"的有关文书》,S230-1-24。
② 《汉口市呢绒绸缎业公会致上海市绸缎业同业公会函》,上海市档案馆馆藏:《"八一九"限价后,江苏区丝织工业同业公会配销绸缎以及平津、汉口有关地区单位需配原料绸货与上海市绸缎商业同业公会来往的函件》,S230-1-114。

万台左右，过去出品数量，日在万匹以上，直接生产之机户万余家，而间接赖以生活者不下二万人，即商业之荣枯，社会之盛衰，亦莫不以机织为转移。自经敌伪蹂躏以后，具有悠久历史之丝织工业，竟一落千丈，统计最近出品，每日仅一二千匹，较之过去不足什一，要在贵会洞鉴之中，无待赘述。胜利而还，地方有识之士，目击此广大散漫之农村家庭工业，情势严重，莫不汲汲焉以复兴机织为当务之急。惟八年之中，农村经济早濒破产，环顾四乡机户，因缺乏绸本，开工者在半数以上。即以中山葛一项而言，过去日产千匹，行销遍及全国，为平民大宗衣料所需，今因机户困于机本，几全部停顿，无法开动。本年春，过去织造中山葛之四乡机户，与敝庄磋商复兴办法，决定由敝庄负供给人丝、棉纱之责任，机户尽织造之人力，所有出品托由敝庄承销，酌取佣金，不图牟利，但求出品合乎标准，恢复战前盛况。实行以来，开工织造者计有一百六十一家，虽时仅数月，然机户已得沾实惠。不意近日人丝受黑市垄断影响，不仅售价继长增高，漫无止境，抑且有价无货，原料有断绝之虑，长此以往，数百机户势必无法开工，生活将复陷绝境。按中山葛之生产，盖非居间商人因以牟利之货品，实为盛泽一百六十一家家庭工业之集体出品，更为一百六十一家生活所系，政府自应予以救济，为特函请贵会，恳请转函经济部暨中纺公司，援照工厂配给原料办法，准予每月配给人造丝五十箱，棉纱七十五件，俾一百六十余家机户得以继续工作，维持生活，而盛泽仅有之农村手工业，亦不致因原料缺乏而遭受摧残。[①]

随后，上海市绸缎商业同业公会相继联系了中国蚕丝公司、中国纺织建设公司，并以常务委员会全衔致函苏浙皖区敌伪产业处理局，请求接管绸货及人造丝等必需的原料，准予配购。

上海市绸缎商业同业公会具体各组的业务中，仍然以历史悠久的同业组织为主要的负责者。下文即以作为上海市绸缎商业同业公会的"山东河南丝绸组"（即府绸公所）的发展和变迁为例，进行一番探讨，以期明确上海市绸缎商业同业公会在整个存在史上的地位与意义。

第四节　上海茧绸同业组织（府绸公所）的来龙去脉

本节的主要目的，在于论述近代中国茧绸业发展过程中非常重要的一种影

---

① 《上海公余绸庄致上海市绸缎商业同业公会》，上海市档案馆馆藏：《抗战胜利初期，上海市绸缎商业同业公会为会员户申请配购绸货原料与有关机关单位往来的文书》，S230-1-134。

响力量，即各类社会组织的作用，并试图明晰除政府之外，社会组织在承担全面发展和改革茧绸业方面的努力与效果。在本节的内容中，主要以府绸公所为个案进行分析，并结合其他相关社会组织的考察。

与某个产业相关的社会组织，其建立的一般前提，往往以对外贸易为转移。按照马克思主义的价值理论，商品的价值必须在市场上得到实现，进而才能实现整个产业链和价值链的产品流动，因此，受商品贸易的刺激，近代中国茧绸业的社会组织，往往首先集中于贸易层面，在不断试图扩大茧绸商品的对外贸易的同时，也不断向生产阶段的产业链扩展，进而形成一系列的同业组织。

河南的柞蚕茧绸产区，也在清末相继成立了丝绸商会，"鲁山县丝业为汴省出产大宗，惟以散漫无稽，故难起色。前由汪君纯等发起，设立丝绸商会，以资维持而保权利，已禀明商务局立案"[①]。光绪三十一年（1905 年），镇平县的方士绅等人，鉴于当地茧绸业"织业不良，奸商且工于作伪，缫丝上机之后，计图少用丝斤，杂以豆粉、糖浆，所成之货，色泽不鲜明，服用不经久"的问题，甚至"数年前，有巨商运绸甚多，未抵俄京而强半腐败，以致成本大亏"，遂在丝绸生产的中心石佛寺镇成立了丝绸商会，以文生毕拱辰、张星甫为总理，绅监生刘华堂等为协理，以各类大小丝绸商人为会员，试图改变之前绸缎生产与贸易中的积弊，并制订十四条章程，以求使当地蚕桑、茧绸业随之复兴。[②]

山东地区的情况，以烟台、威海为中心。各类同业组织的兴起，与茧绸生产和贸易的发展密不可分。1917 年，在茧绸主要生产地的昌邑县、潍县等地，曾有发起组织"保商公会"的行动，以支持当地的茧绸业。当年 12 月，该公会的发起人李修行（昌邑县人）、滕学海（潍县人）对该公会成立的原因及目的，向中华民国农商部做了比较清晰的呈请，并请求给予备案：

> 为保商公会恳准备案事：窃商等昌、潍两县，素多茧绸为业。自海洋交通，北至俄罗斯，南至印度等地，每年出洋绸商不下数百家。收回权利，不无小补。奈商业日益发达，东伙时多纠葛，同人有鉴如此，佥议立会保障，公拟简章，以共遵守。业已在县署立案，并呈报省长公署批准。批云：此案业据昌邑县查复，于地方并无违碍，当经指令准予备案，并令转该商等知照在案。兹据呈请训示前来，除训令昌邑县知事抄录该商等简章，咨会潍县知事查照备案外，仰即知照。此批。但省、县虽已立案，而未经呈报钧部，恐负提倡实业之至意，亦非众商共遵之良规。除将简章抄呈备核外，可否转饬山东省公署，并饬该管道尹给示，以便遵守，

---

① 《商务》，原载《东方杂志》1907 年第 4 卷第 4 期，收入河南省地方史志编纂委员会编：《河南辛亥革命史事长编》上卷，郑州：河南人民出版社，1986 年，第 132 页。

② 《镇平县试办绸业商会禀》，原载《河南官报》光绪三十一年（1905 年）第 27、28 期，收入河南省地方史志编纂委员会编：《河南辛亥革命史事长编》上卷，郑州：河南人民出版社，1986 年，第 129 页。

不胜翘盼之至。①

在该公会的简章中，为维持茧绸对外贸易，对茧绸贸易商所做出的各类保护措施已经相对详细，基本涵盖了当时可能会发生的种种不利情形（参见附录6）。农商部随后在1917年12月28日回复并批示称："该商等在昌邑县设立保商公会，既据称已在县署立案，并呈报省长公署批准，无庸呈部备案。所请咨饬给示之处，亦毋庸议。"②同意该公会的成立，并表示支持。

同年，昌邑县还有称"蚕丝劝业场"的组织，1917年5月《大公报》记载道："山东昌邑向以绸缎业著，自胶济路通而该县绸业日见发达。惟所用原料多仰给他县，而本地人民对于蚕业一项尚无若何之注意。前有该县农林毕业生孟君，为提倡蚕业起见，拟在本城关帝庙设立蚕丝劝业场，以研究养蚕制丝新法为主义。现正整理器具，修筑房室，俟修理完竣，即行开办云。"③这一劝业场，可以看作茧绸主产区的昌邑县为了保证柞蚕茧、丝的供应而采取的相关措施，但根据历史的发展来看，这项措施并未取得相应的效果。

与"蚕丝劝业场"的命运相似，山东等地的茧绸业同业组织，其持续性较差，影响力并不显著。1937年，府绸公所在给上海市绸缎商业同业公会的报告中称："敝组诚昌、福康绸号声称，前向烟台久成治及乌镇泰记、元记等绸庄购进府绸、棉绸共计式百九十一匹。因该两处向无同业公会之组织，以致来货并无产区证明文件。"④烟台是山东茧绸出口贸易的主要通商口岸。1937年前后，上海市绸缎业同业公会（包括府绸公所）对烟台茧绸贸易的影响程度已经极弱了。

若论及茧绸业同业组织的影响力，最值得关注的就是清末宣统三年（1911年）成立、位于上海的府绸公所。该公所的存续时间、机构组织、业务变迁等内容，就是本节重点关注的对象。

府绸公所的前身为苏州敦仁公所，二者关系经历了极其复杂的变迁。1925年底，因该公所编纂历年事略，曾经历过各种交涉事务的庞藻，对二者关系做过口述性的回顾：

查吾业最初经营之货品，以棉绸、茧绸为大宗，其发源地在江苏省垣。苏州当清咸丰末叶，有同业二七家，都系徽籍，合组敦仁公所，为同业集议之处。有大春号者，系司马仁山所创设，当太平天国发难时，适公所司月为大春号所值，因避难故，同业均迁居沪上，所有敦仁公所房屋地产，

① 赵宁渌主编：《中华民国商业档案资料汇编》第1卷上册，北京：中国商业出版社，1991年，第156—157页。
② 赵宁渌主编：《中华民国商业档案资料汇编》第1卷上册，北京：中国商业出版社，1991年，第158页。
③ 《山东昌邑组织劝业场》，《大公报（天津版）》1917年5月16日，第6版。
④ 《函绸缎业检私委员会》（1937年3月16日），上海市档案馆馆藏：《山东河南丝绸业公所稿簿》，Q116-1-42。

尽在司马氏处。至光绪初年，上海有同业益昌、大春王兆宾开王欣儒经手、成昌竹胞叔朗峰（即少峰之父）与周载之合开后周拆出改为诚昌、大昌、裕亨等等五家，向司马氏交涉，欲索还敦仁产业。司马仁山以敦仁公所系苏十七家同业所组，与上海同业无关，坚执不允交出，因此涉讼，经五六年之久，始得结案所有敦仁产业，仍归苏同业管理，其时王欣儒在苏开设成大昌，故敦仁产业归其管理。所有历年耗损讼费，均系申五家所垫，迨结案时，五家代表，已去其三，仅存大春王欣儒，及益昌汪子冈二人，计共垫讼费银壹千数百余两，诚昌名下垫去贰百八十余两。至光绪十年，诚昌收歇，特由朗峰夫人委竹代向欣儒索回此项垫款，故竹略知其详。此款后经王欣儒再四敷衍延宕，所以迄今尚未取还也。

至光绪二十年间，竹与朱君鉴塘，合组久成后，曾与朱君几度商量，拟在申另组公所，以同业团结之精神，组强有力之团体，起谋物质之改良，共图营业之发展，互相辅助，俾对外不致受亏。因是竹尝向王欣儒君交涉，拟欲索回敦仁旧产，交还同业，以便在申继续组织。旋因朱君以师生欣儒之弟梅堂先生系鉴塘之师及合组营业之关系，故从中一再劝阻，此事遂搁置。后由王欣儒君向朱鉴塘君接洽，另组上海公所，经罗坤祥君、赵馨甫君及竹等筹备组织，由是上海本所成立，而苏州敦仁公所之事，遂湮没无闻矣。惜哉！①

此处波折甚多，需要一一理清。敦仁公所为府绸公所之前身，上海之地所有同业，基本上都是在太平天国战乱期间从苏州迁来的。原产业交由同业大春号管辖，随着时间的迁移，两地同业隔膜日深，在财产分割方面遂产生矛盾，上升到对簿公堂的地步。后虽明确房产等产业系府绸公所同业所有，却转手交由大昌号代管，又产生了新的矛盾。直到光绪二十年（1894年），上海同业终于决定在上海重组同业公会，并再次拟索回旧有产业，回到上海组织公所。但最终上海同业在组织府绸公所时，与苏州敦仁公所彻底划清界限，基本放弃了原有产业，奠定了府绸公所在上海发展的基础，这也是近代江南经济重心由苏州向上海转移的一个表现。

上文所述与司马氏相关的诉讼一事，按照光绪二十一年十月二十一日长洲县知县的指令所立的《长洲县示禁保护茧绸业敦仁堂公所善举碑》一文中（该碑置于虎丘断梁殿，碑文参见附录1），比较完整地记载了另一次租金纠纷事件。当时的长洲县知县，收到"职监王守铭、同知汪泽民"二人的禀称，司马仁山等人将公所租金吞没一事，经调查后判定原被告双方各退一步，该公所房产属公产，"尔等须知公产房屋租金，系为周济同业孤嫠之用款，归公所善举，经理人务须妥为办理，将房租实收实用，至年终造具清册，以昭征信，无许侵欺。其

---

① 庞藻述：《上海山东河南丝绸业公所与前苏州敦仁公所组织成立经过之事实》，上海市档案馆馆藏：《山东河南府绸公所成立纪实，杂载，历届会董及职员表，英文补习夜校章程》，Q116-1-28。

屋不得盗押盗卖,租户亦不许吞租"①,解决此事的方法基本上是息事宁人而已。

此处的职监王守铭、同知汪泽民二人,应该就是庞藻口述史中的大春号王欣儒、益昌号汪子冈二人。根据此处长洲县知县的指示,此次诉讼事件,系留守苏州的王、汪二人与司马仁山就敦仁公所收益的使用所引发,与已搬迁至上海的茧绸同业商号并没有太大关系,但面对陷入各类诉讼事件的敦仁公所,庞藻、朱鉴塘等迁至上海的茧绸商号,似乎也开始不愿与留守苏州的原敦仁公所再发生任何关系,才有之后独立创设府绸公所之举。

迁移至上海的茧绸同业商号重新组织的同业公会,名字仍然冠以"敦仁公所"。1897 年 2 月,已经迁移至上海的敦仁公所,就茧绸因成本上升而加价一事,对外发布了一次公告:

> 府绸一业,来源出自山东。去秋东丝歉收,而出口之数又多,以致丝价日增,往年东丝每担价值只有一百二三十两之谱,今则叠次陡加,竟涨至二百余两之外,丝价既增,绸价更涨,加以去岁钱串奇短,则织绸者以钱易丝,以绸售银,此中亏折更不堪其苦,甚至山东绸商竟有不愿织绸者,皆因售绸之亏折太甚,转不如售丝之便。东丝既如此情行(形),则吾业之贸易更难,虽去年曾略加些微,仍然不敷成本,又何补于万一?当此万难之秋,不得已由敝公所邀集同行,再三商议,订于丁酉年灯节为始,山东绸每尺无论何色,酌加规元二钱,稍为补贴,则敝业之亏折或不至十分不堪。诚恐各号商未及周知,用特登报申明,倘俟日后来货之价稍贬,再行议让是耳,诸希谅鉴。山东绸业敦仁公所谨启。②

此时中国的茧绸商品中,河南茧绸尚未崭露头角,敦仁公所主营的茧绸业务,其产品来源地还是以山东为主,是以仅仅以"山东绸业敦仁公所"为名对外从事各种业务。

太平天国战乱之后,原为敦仁公所的苏州各茧绸贸易商号,迁至上海组织府绸公所,都昌绸帮(即昌邑的茧绸同业组织)在 1913 年 5 月与府绸公所的往来函件中,提及光绪年间制定的《公议重整条规》,对自己迁徙的年代有明确的记录:"我绸行一业,前在苏省业已多载,俱有成规,均无相违。自咸丰九年移至上海,亦是现银交易……"③则咸丰九年(1859 年),都昌绸帮整体离开苏州前往上海,那么与都昌绸帮关系极其密切的敦仁公所,其部分会员迁至上海的时间,也应该在这一时期前后。

在上海兴建新同业组织的同时,府绸公所在民国十年(1921 年),就敦

---

① 《长洲县示禁保护茧绸业敦仁堂公所善举碑》,王国平、唐力行主编:《明清以来苏州社会史碑刻集》,苏州:苏州大学出版社,1998 年,第 309 页。

② 《山东绸公议加价》,《申报》1897 年 2 月 21 日,第 4 版。

③ 《上海山东河南丝绸业公所历年事略·往来紧要函牍》(1913 年),上海市档案馆馆藏:《上海山东河南丝绸业公所往来紧要函牍》,Q116-1-23。

仁公所产业如何处理，仍在与相关方进行交涉，"重述苏省敦仁公所所有产业，曾经屡次咨请该所承管人王欣儒君移交本所执业，因尚有条件未曾妥洽，迁延迄今"①，但历次会议都没有形成确切处理办法。之前敦仁公所一度提出办法："以敦仁两字加诸本公所之上。"府绸公所明确表示拒绝："对于公众殊难通过，揆之事理，亦不充分。因本公所之成立，在本省道、县署及商会等处均已早经立案，一时未便更动。"经会长庞藻向敦仁公所承管人王欣儒致函商议后，在该年七月二十九日，根据府绸公所会议决议，提出公所处理办法决议案五条：

（一）如将敦仁公所产业完全移交本公所，执管者当择日召集全体同业开会欢迎。

（二）敦仁公所如有匾额等件，当永久保存，留为纪念，或将移交之详细情形编列记述，刊碑勒石，以志不忘。

（三）将敦仁公所产业上所收花利，充作创办敦仁义务小学常年经费，教育同业子弟，只用花利，不动母金。设有不敷之处，悉由本公所设法筹措。

（四）前清时为敦仁公所讼累各前辈，请即开示姓氏，一俟本公所正式建筑告成后，应实行设供禄位牌位等，以表功绩。

（五）敦仁公所在苏产业移交后，仍请欣儒先生介绍，托清节堂执事代为收租等，惟须由本公所向该堂另订细章，以清手续。

根据这些决议案可知，位于苏州的敦仁公所产业相当庞大，这也是府绸公所一直准备收回的特别原因。庞藻根据这些决议案，"窃思王老先生系同业前辈洞明事理之人，决不至拘泥偏枯至于此极也"，以为此事可以相当顺利地解决，甚至已经开始准备"报告公所，一面预备接管手续，一面特开大会欢迎"。②然而，此事并没有得到解决，庞藻遂完全放弃苏州的敦仁公所产业，全力经营上海的府绸公所。第二年（民国十一年，1922年），府绸公所决议于闸北太阳庙路修建新会所，也应该与放弃敦仁公所产业有前后相承的关系。

至于苏州原从事茧绸贸易的各家商号迁到上海，与原有敦仁公所彻底分割之后，以筚路蓝缕之功，在上海创立了新的府绸公所，"上海同业有益昌、大春、诚昌、大昌、裕昌亨等五家，拟谋恢复敦仁旧所，嗣以涉讼未果"，至宣统二年（1910年），"设事务所于公共租界中区河南路中和里。公议筹募巨资购地建筑所屋，以固团体而资久远"，两年后又由同业捐资购买房产一处，"坐落上邑新

① 《民国十年辛酉》，上海市档案馆馆藏：《山东河南府绸公所大事纪》，Q116-1-27。
② 《录庞会长致王欣儒先生函（十年七月廿九号）》，上海市档案馆馆藏：《山东河南府绸公所往来紧要函牍》，Q116-1-20。

闸大王庙后陈家浜地方，即公共租界西区山海关路中段基地一方，计地壹亩二厘四毫，英册道契 B.C.第三千四百四十二号"，并重新确定公所名称，"因吾业绸货皆由山东、河南二省采运而来，为该二省天产人工交组而成之产品，遂名其堂曰'鲁豫'，以志鲁豫一家，不分畛域之意"。至民国十一年（1922年）秋，因山海关路会所不敷使用，"购置坐落闸北太阳庙路基地一方，计地二亩六分七厘，道契英册 B.C.第五千七百零四号，于翌年癸亥春间开始重建，坐北朝南三开间平房新屋一所，另于两旁附建市平房左右各三间，于十三年甲子正月落成"。[①]该"鲁豫堂"名下所有的山海关路、太阳庙路两处房产，经过十余年的经营，在1925年前后形成了一定规模。

近代上海的英册道契中，还保留了这两份地产的证明文件（录文参见附录4、附录5），为当代的研究者深入了解当年府绸公所的筚路蓝缕之功提供了相应的参考（图1-2和图1-3）。

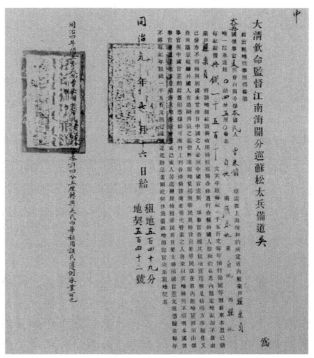

图1-2 英册第3442号（542号）道契

资料来源：蔡育天主编：《上海道契》第十二册，上海：上海古籍出版社，2005年，第70页

---

① 《上海山东河南丝绸业公所成立纪实》，上海市档案馆馆藏：《山东河南府绸公所成立纪实，杂载，历届会董及职员表，英文补习夜校章程》，Q116-1-28。

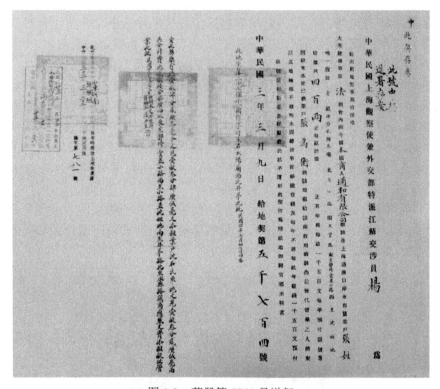

图 1-3　英册第 5740 号道契

资料来源：蔡育天主编：《上海道契》第二十册，上海：上海古籍出版社，2005 年，第 255 页

《上海山东河南丝绸业公所历年事略》中，记载有民国四年（1915 年）注册备案，建立公所一事：建立公所，由租赁房屋向建设本业根据地发展。于是，1915 年底，府绸公所正式向沪海道尹提呈《官厅备案附商会注册》禀文：

具禀上海山东河南绸业公所业董朱炯、庞藻

禀为建设公所，请求备案给示保护事。窃敝业系鲁、豫等省丝绸营业，售销外洋，年来贸易日盛，交涉频繁，欲谋改良商品，发展营业，自非设立公共团体机关，不足以资整理。爰于壬子年由罗坤祥、赵馨甫等筹集巨资，在英租界山海关路购置基地一方，计 B.C.字三千四百四十二号，共计地一亩二厘四毫，建筑公所，为同业办理公共事务之所。并拟附设学校，以及各种慈善事业，惟公所为同业永久之公共业产，用敢呈请备案给示，以资保护而杜侵扰。除禀上海县公署外，为此请求钧署鉴核，迅赐备案给示保护，实为公便。谨禀

右呈

沪海道尹　　周

中华民国四年十二月三十一日

该禀文同时抄送一份，禀呈上海县知事（按，该县知事为沈宝昌）。1916年初，沪海道尹批复同意：

> 该商设立公团，购地建所，为改良货品，发展营业起见，所请备案并给示保护，应即照准，示谕随发。此批。揭示外，合行给示。为此示仰诸邑人等，一体知悉，须知该公所系鲁豫等省丝绸业团体机关，毋得侵扰，致干诘究，各其懔遵毋违。

随后，上海县知事亦同时示谕，绸业公所遂将道尹及知事批复件印制告示，"发上海山东河南丝绸业公所实贴"。①至此，府绸公所产业建设备案一事基本完成。

1922年，府绸公所宣布"厘整本所西文名称，所有本所旧有之橡皮图书，另行刊换"②，以示与过去的历史告别。民国十二年（1923年）七月二十日，府绸公所就正名一案专门召开会议，讨论"本所名称重行厘整"：

> 本所名称向用"山东河南丝绸业公所"九字，与黎大总统所颁题额简称"府绸公所"四字不合，今如改称曰"府绸公所"；则与历来事实不符，议论纷纭，莫衷一是。当经主席以改称府绸公所付表决，同意者五票；复以用旧称或简称谓府绸公所付表决，同意者七票，遂依多数取决。③

因此，府绸公所的来历，相对比较曲折：其正式注册名称为"山东河南丝绸业公所"，但1923年黎元洪任大总统，为该公所匾额题名为"府绸公所"，遂出现两种称呼。经过此次正名会议，"遂依多数决定，仍循旧称，曰山东河南丝绸业公所，简称曰府绸公所"④，作为一种折中办法。因此，府绸公所是山东河南丝绸业公所的简称，但由于这一名称被更多使用，遂有取代正式名称之趋势。

综上，位于上海的茧绸贸易同业组织，经历了与苏州敦仁公所的割离，再重新组织同业公会，即山东河南丝绸业公所（1912年），并在十余年的发展之后，更名为"府绸公所"（1923年），但1912年确定的名称仍在使用，在南京国民政府通过《工商同业公会法》之后，该同业公会被合并进上海市绸缎商业同业公会，被改组为"山东河南丝绸组"（1930年），直到1955年彻底解散。

南京国民政府成立之后，就有整合上海各同业商会的计划，其中与茧绸业相关的就是上海市绸缎商业同业公会，该同业公会正式成立于1930年8月，其雏形则是1926年上海特别市商民协会下属的绸缎业分会，该分会于5月16日

---

① 《山东河南府绸公所官厅备案文件》（1915年），上海市档案馆馆藏：《上海山东河南丝绸业公所历年事略》，Q116-1-18。
② 《民国十一年壬戌》（1922年），上海市档案馆馆藏：《山东河南府绸公所大事纪》，Q116-1-22。
③ 《民国十二年癸亥》（1923年），上海市档案馆馆藏：《山东河南府绸公所大事纪》，Q116-1-22。
④ 《民国十二年癸亥七月二十日会》，上海市档案馆馆藏：《山东河南府绸公所紧要议案》，Q116-1-17。

由绪纶公所发起并主持筹备成立，9 月 26 日正式成立。1930 年初，上海特别市商人团体整理委员会成立之后，要求按照《工商同业公会法》第五条之规定，"一区域内一业只准设立一会"，推动上海市辖区内与绸缎业相关的各同业公会、公所的合并，并要求商民协会绸缎业分会，"除电机丝织业系属设厂制货，与其他绸缎业性质确有不同，应准另行设立公会外，其他钱江会馆、绉业公所、云锦公所、山东河南丝绸业公会、杭绸业公会、杭绍绸业联合会……其旧有组织，自应遵照法令办理合并"，并更正名称为"上海特别市绸缎同业公会"。①

被合并的这些绸缎业同业组织，往往在苏州、湖州等地有自己的母体。上海开埠后，它们在上海设立各自的分会，往往出现上海分会的规模日益扩大最终超越母体的情况。这些公所一般影响力较大，强调自身经营的独特性，要求独立，故而在 1930 年被迫合并时，组织联名申诉。其中，反对合并最激烈的是上海杭绸业钱江会馆、上海浙湖绉业公所、山东河南丝绸业公所、上海苏缎业云锦公所这四家会馆、公所，它们与上海特别市商人团体整理委员会反复交涉，并在报端激烈批评，称"该商整会于事前未经详确之调查，统筹全局，为各业谋根本之图，事后力主合并组织之议，强令统一，而为抑勒胁迫之举，同业虽愚，岂甘缄默，敝公所等各业同业，为切身利害计，一息尚存，誓必力争"②。上海特别市商人团体整理委员会则强硬回复道："各公所尧尧（哓哓）置辩，未免节外生枝，应请遵照中央明令，切实办理，刻期合并，俾一系统而重组织。"最后由上海市社会局出面，除安抚两方之外，提出"拟在该绸缎业同业公会章程内，规定参酌原有各公所会馆之业务性质，分设各组，例如湖绉组、苏缎组等"，事情才告一段落，合并工作按步骤进行。③

府绸公所在合并进上海市绸缎商业同业公会之后，一直以"山东河南丝绸组"的名义存在，直到 1955 年 10 月 14 日，府绸公所提交了它历史上最后一封函件，请求上海市人民政府民政局民管处接管：

> 迳启者。本公所到最近为止，仅存四个单位（大丰绸庄，久新绸庄，久成南绸庄，久成阳绸庄），内中久新绸庄、久成南绸庄、久成阳绸庄已接受歇业改造，大丰绸庄已加入丝绸联营。因此，公所无存在之必要，且恐日后负责无人，故于本月九日开会，议决一致同意将公所所有一切财产、

---

① 上海市档案馆馆藏：《上海特别市商人团体整理委员会为绸缎业各帮合并事致上海特别市商民协会绸缎业分会的函》，S230-1-19-1。
②《上海山东河南丝绸业公所、杭绸业钱江会馆、浙湖绉业公所、苏缎业云锦公所呈工商部文》，《申报》1930 年 3 月 28 日，第 6 版。
③ 上海市档案馆馆藏：《上海特别市商人团体整理委员会为绸缎业各帮合并事致上海特别市商民协会绸缎业分会的函》，S230-1-19-1。

家具，移交政府，务希迅予接收为荷。[1]

自此以后，中国茧绸业史上最重要的社会组织之一——位于上海的山东河南丝绸业公所（府绸公所）正式结束了它长达四十五年的存在历史。

---

[1] 《具函呈上海市人民政府民政局民管处》（1955 年 10 月 14 日），上海市档案馆馆藏：《山东河南丝绸业公所稿簿》，Q116-1-47。

从近代整个上海的商业环境来看，府绸公所只是成千上万个行业组织中的一个，而近代上海影响最大的工商业团体是上海总商会。府绸公所自成立之初，就在上海总商会的影响之下，向总商会备案并推荐一至二名入会代表，这是府绸公所历次组织机构转变或负责人变更之时，需要及时处理的一项事务。1922 年 10 月，前任代表程凤笙辞职，府绸公所遂推举沈子槎接任，并按照要求附上了新任入会代表的介绍信、履历书，这些资料有助于全面理解府绸公所与上海总商会之间的关系（参见附录 7）。

但无论如何，府绸公所毕竟是一个相对独立的同业组织，对其组织机构等概况的分析，是非常值得研究的问题。

第一节　府绸公所的组织机构及与其他相关同业组织的关系

近代上海的府绸公所，在名称上经历了几次变化，并最终被合并到上海市绸缎商业同业公会之内，成为一个业务组。在组织机构方面，府绸公所也经历了从成立初期的会长负责制到董事制，再到委员会制度的变化。

一、府绸公所的组织机构

府绸公所历任组织机构的变迁，可参见附表 1。府绸公所在成立之初，仍然延续了比较传统的组织形式，以正会长、副会长总揽公所事务，并设议长、职员（包括评议员、纠察员、查账员等），任期为三年。第一任至第二任正会长，均为上海茧绸贸易行业中德高望重的朱鉴塘，庞藻（庞竹卿）则长期担任府绸公所议长。评议制度于民国四年（1915 年）一度废除，又于民国十年恢复，并设正、次议长各一人；纠察员一职后被撤销。

南京国民政府成立后，府绸公所于民国十七年进行改组，确立了董事制的组织形式。设总（议）董一人，协（议）董一人，董事、候补董事若干名，并有查账董事等人员，自 1928 年 10 月底开始，该董事制持续至 1931 年后再次改组。

1930 年，上海市绸缎商业同业公会成立，府绸公所被纳入该同业公会之内，成为一个分组，故而其组织形式再次发生变化。1931 年 7 月，府绸公所开始实行委员会制度，设主席一人，常务委员二人，执行委员、候补执行委员、纪律委员、候补纪律委员各若干人。

1931 年的执、监委员改选中，作为全面抗战前府绸公所发展的最后黄金时期，当时上海的茧绸商号几乎都推举了自己的负责人员进入执、监委员名单，如表 2-1 所示。这些茧绸商号，基本上都维持到了全面抗战时期。

表 2-1　1931 年府绸公所执、监委员名单

姓名	商号	姓名	商号	姓名	商号
罗守成	久丰	罗坤祥、罗坤阳	久成洽	沈子槎、金醴泉	大丰
朱梅亭	协丰正	罗钧培	久昌	庞志德	久成志
谭宗荣、张受百	怡成	金锡斋	久成南	潘炳桂	协丰泰
骆吉昌	协成	程风笙	怡源□		
孟百川	春源	杨润林	润记		

资料来源：《民国二十年七月二日初选执、纪委员会》，上海市档案馆馆藏：《山东河南府绸公所议案》，Q116-1-11

随后，在 1936 年第十二届执、监委员的改选之前，府绸公所根据情况对组织机构进行了调整："关于执、监委员员额，原定执行委员十一人，监察委员二人，共为十三人，但核与本组现有各店号数仅十二家，委员员额似嫌过多。"于是在 10 月 16 日全体会议上通过如下决议：

（一）委员名额改定执行委员七人（互选常务三人）、监察委员二人；

（二）为换发后进优秀人才，毋使障蔽起见，此次定为普选；

（三）由各号经理就各本店内择定具有才识者数人（名额各店酌量自定），开列名单，限于三日内送组，以便宜汇集各号人名于一单，印发各号互相初选。[1]

这一调整，应该是受到国际市场萧条的影响，同业商号大多不堪承受，破产歇业者很多，仅剩余 12 家，于是府绸公所的调整也就显得很正常了。该年的改选中，会员商号数量明显减少，进入执、监委员的商号及负责人如表 2-2 所示。

---

[1]《通告本组各号》（1936 年 10 月 17 日），上海市档案馆馆藏：《山东河南丝绸业公所稿簿》，Q116-1-44。

表 2-2　1936 年府绸公所执、监委员名单

姓名	商号	姓名	商号
沈子槎、沈季安	大丰	金锡斋	久成南
罗坤祥、罗坤阳、顾橘泉、陈锡辰	久成新	孟效苏	春源
朱梅亭	协丰正	庞藻	久成志
谭宗荣	怡成	庞仲麒	诚昌

资料来源:《廿五年十月廿五圣诞节(古历九月十一日)秋季常会》,上海市档案馆馆藏:《山东河南丝绸业公所会议录》,Q116-1-40

府绸公所的组织体系,在和平时期的发展是比较顺利的,也可以逐步进入比较现代民主的程序。但 1937 年全面抗战爆发后,同业商号的组织架构开始紊乱,各项程序性事务已经无法处理。1938 年 10 月,府绸公所通函各同业商号,称:

> 本组各执、监委员,自在廿五年秋季圣诞节[1]举行第十二届改以后,迄已两年,依照任期业已届满。经提交第十六次执、监委员会议,佥以值此时艰,要否办理改选,或请现任各委员勉任艰巨,继续负责,应函询本组所属各号,征集意见,并祈各宝号即为书面答复到组,以便取决等语,纪(记)录在卷。相应函达,并录印本年四月五日本业公会转来经济部汉商字第六〇四号命令一件,即希查照,限函到五日内提出意见,书面答复,以便取决,幸勿延误为荷。[2]

由此可知,战争导致各同业组织无法依照章程改选,同时也有政府层面的管控因素,虽然在战争状态之下,但为战争胜利考虑,更要加强对社会组织的活动管理,亦可由此观察政府对府绸公所等同业组织控制程度的强弱。

该函发出一个多月以后,陆续收到各会员商号的复函,"以值兹时艰,主张缓选者计有志记、久成新、协丰正、怡成、久成南、协丰泰、福康等九家,经提交本月四日全体大会讨论,以主张缓选超过半数以上,应予展缓通过,记录在案"[3]。因此,第十二届执、监委员自 1936 年秋季改选之后,一直担负着维持府绸公所运作的责任。此外,也可以看到,主张缓选者有九家商号,则此时府绸公所的会员商号应多于九家,经过战争初期的破坏,亦并非硕果仅存,多数仍然在维持营业。

1949 年后,府绸公所的活动能力和自我定位一再降低,府绸公所此时的主任沈季安,年底在向黄浦公安分局第三科第三组的汇报中称:"敝处系上海市绸缎商业同业公会内七个小组之一,名称是山东河南丝绸组办事处,本组会员只

---

① 本书中的"圣诞节",指中国民间祭拜财神的节日,并非指西方的节日。
② 《通函本组各号》(1938 年 10 月 22 日),上海市档案馆馆藏:《山东河南丝绸业公所稿簿》,Q116-1-42。
③ 《通告本组各号》(1938 年 11 月 7 日),上海市档案馆馆藏:《山东河南丝绸业公所稿簿》,Q116-1-42。

拾式家，每逢星期六有对本业讨论绸价之座谈会，到会会员寻常不到十人，况地位局处一小间，亦无正式开会之可能。"①基本上已经在走向解散的前夜了。

二、府绸公所与其他相关同业组织的关系

府绸公所与相关丝绸同业组织的往来比较少，相关的联合行动往往停留于精神支持的层面。

1923年3月，中华国货维持会和江浙丝织联合会曾有联合提议，拟向政府请愿，"划一制服及概用丝织国货为原料"，并前来征求意见。府绸公所对此表示认可，称该举"宏才硕画，非特倡用国货，抑且力挽颓风，持论正确，目光远大。敝公所对于此举，非常钦佩，极端赞成"，但也就本公所的经营内容提出了不同看法："敝业出产全属鲁、豫两省，该处风尚向较江浙朴俭，所出绸货均系本色素地，销路全恃出口为大宗，所以数十年来只有宽窄轻重之更动，向无花样彩色之变迁，良以吾国内地风俗朴实，出产不尚浮华，而自通商互市以还，出口之数，年有增加，可见欧美各国销场亦只考求绸质之良窳，不在乎花色之翻新也。至敝处产地风尚既如上述，而男女衣着不尚奢侈，变迁甚缓，衣庄典肆因此不致受困，其妇女常服长在二尺半上下，袖不露手，情形与南方稍异。"相比之下，上海等通商口岸则是另一番景象："迩来海上莫说礼服参差，即男女常服，奇形怪状，瞬息万变，诚如尊函所云：制衣者方成一衣，已非时尚；造货者货方落机，已成陈旧。如不急图补救，确与风化前途关系匪细。"并提出具体的解决办法："此事敝公所愚见补救之方，先从苏杭纱缎机织及华丝葛数大团体著手，得能该团体等可除翻新织异之竞争，拟就一定之步骤，并加考量，于营业前途不致阻碍，筹审周详，然后公议章程，请愿政府明令公布，如此实与社会风化大有裨益，不仅关系衣庄典肆已焉。若仍朝色夕改，样出即更，炫新奇而斗胜，翻花式以竞争，窃恐空言无补于事实，敝公所虽系丝织业之一分子，因向来销法与苏杭货情形不同，难免稍有隔阂，且南北风尚较异，故不敢先提色样。"②

府绸公所在此次请愿活动中的表现，大致就属于事不关己类型，虽然也提出了自己的看法，但与直接参与仍然有本质不同，这应该也有力量较小之故，但愈发如此则影响力愈小。至于与自己有直接利益关系的行业组织，府绸公所往往会表现得比较激烈，其中一例即是1936年与山东土绸同业公会的交涉。

---

① 《函黄浦公安分局第三科第三组》（1949年12月12日），上海市档案馆馆藏：《山东河南丝绸业公所稿簿》，Q116-1-47。
② 《复中华国货维持会、江浙丝织联合会函》（中华民国十二年癸亥二月初六日，1923年3月22日），上海市档案馆馆藏：《山东河南丝绸业公所往来紧要函牍》，Q116-1-21。

　　这一事件起因于 1930 年府绸公所的改组。因这次改组，"府绸公所"这一名称消失。因此，在 1936 年的上海市场上，并没有以"府绸公所"名义出现的同业组织，但是在 9 月 19 日的全体会议上，讨论了与同业相关的一件尴尬事情："本月十七八两日，《新闻报》广告登有江一平律师受任上海山东土绸业同业公所法律顾问通告一则，该土绸公所与本组前公所名称冲突。"经过讨论，府绸公所决定"先函绸缎同业公会，请转饬该公所登报更正名称，俟其答复如何，再定对付步骤"。①

　　会议结束后，府绸公所立即致函上海市绸缎商业同业公会，称"敝组原名为山东河南府绸公所，自同业公会成立后，改称为山东河南丝绸组（查府绸一物，在海关称为茧绸，在山东称为土绸，其实名称虽异，品质则一）"，但"江一平律师代表上海山东土绸业同业公所启事"的出现，令府绸公所感到"不胜骇异"，原因则在于"查《工商同业公会法》，在同一区域内，不得有同样名称组织之规定，并查悉该庆和永等十七家所营货匹，乃完全人造丝织品，其原料既非山东本地所产，即该货匹在山东当地亦称为麻葛，今竟冒称土绸，名实完全不符。况该同业十七家已入公会，理应遵守会章，不得再行组织与敝组名称类似之公所"，因此，请求上海市绸缎商业同业公会"饬其立即登报更正，事关法令，敝组认为非常重要，为特具函，乞即提付会议"。②

　　之后，府绸公所接到上海市绸缎商业同业公会的复函，称"山东土绸业同业公所来复，更名山东周村土绸组"，与府绸公所同样加入上海市绸缎商业同业公会，经过专门召开临时会议，府绸公所各执行委员讨论后决定，"再函同业公会，转饬该山东帮同业，将山东周村土绸组之'土'字更为'麻'字，以免混淆"。③随后的 10 月 2 日，府绸公所拟函致上海市绸缎商业同业公会，对来回交涉表示感谢，同时又认为"关于该同业等仍用'土绸'二字，意义上不免与敝组茧绸名称仍有冲突，盖其原因，已如敝组前函所伸述，土绸即茧绸，茧绸即府绸，名称虽殊，品类则一，故事实上仍有更换'土'字之必要"，因此提出修改意见，"该同业等均是鲁商，既明白敝组绸货之来源，当能知晓烟地'土绸'之名称，况该同业所经营之货匹，照其初次报至贵会即称土产绸麻，业即就其登记货匹而言，内中全蚕丝者亦不到百分之五，该项人丝货匹，在周村当地确称麻货或麻葛，应请贵会依据事实，仍令其改为'山东周村绸麻业'或'麻绸业'，是则名实相符"，并专门澄清，"敝组并非好为一字之争执，实因敝组各货什九出口，运销外洋，在海关上信用素著，今若再有'山东周村土绸业'同样名称发生，恐今后敝组进出口货匹，海关易于误会，发生问题，故不得不具陈实情，再请转令更正"。同时，还牵涉到改组该"土绸"同

① 《廿五年九月十九日全体会议》，上海市档案馆馆藏：《山东河南府绸公所会议录》，Q116-1-40。
② 《函绸缎同业公会》（1936 年 9 月 19 日），上海市档案馆馆藏：《山东河南府绸公所稿簿》，Q116-1-44。
③ 《廿五年九月三十日临时会议》，上海市档案馆馆藏：《山东河南府绸公所会议录》，Q116-1-40。

业公所一事，府绸公所则认为"对于该同业则风马无关，至关于划组问题，既经贵会执委会裁定，自应尊重威信，可免更动"。[1]

十天之后，上海市绸缎商业同业公会再次复函，称问题已经解决。府绸公所遂表示欣慰："接奉大函，以敝组续函，请为转函庆和永等山东帮，更正土绸之'土'字，已据该帮函复，自即日起，将土绸业之'土'字取消，改定为'周村绸业同业公所'等语，并蒙贵会再函该帮，重镌图章等因到组。循诵之余，具见贵会主持正义，竭力调整，实深篆感，而庆和永等山东帮能尊重大命，即行删除'土'字，亦属深明大体，颇堪敬佩也。"[2]不过，最终该"周村绸业同业公所"未能加入上海市绸缎商业同业公会，成为其中的一个组。

府绸公所之所以如此计较于名称之争论，其实是因为这与利益密切相关。而如何协调与同样从事茧绸贸易的山东、河南等地商号的关系，是府绸公所最关心的事务之一。至于在上海有业务的山东、河南等省客帮商号，府绸公所档案中也有相应的记载。1918年初，"本节为联络客帮感情起见，共备筵席三桌，除本业各号外，并东邀客帮"，其名单包括"三义和、润丰祥、敬胜昌、同丰永、正源兴、庆丰永、宏丰、福泰、瑞丰泰、笃信诚"十家山东茧绸商号。[3]1920年6月9日，茧绸免税一事涉及的山东各客帮商号应该有"聚星成、聚成永、合成益、彙成祥、东顺利、豫信、裕祥、同义昌、久成、聚成东、合盛兴、利源阜、文庆昌"[4]。

1922年，在抵制对日贸易事件中，出现了一些鲁帮商号，包括聚星成、聚成永、聚成祥、聚成东、锦成裕、利源增、东顺利、泰源、合盛兴这九家商号[5]，与1920年相比有所变化。到1931年，府绸公所罗列了当时在上海比较活跃的一些所谓客帮商号（即鲁、豫两省茧绸贸易商号）及其负责人，此处记载的鲁、豫两省客帮商号中，豫帮明显更多一些：

豫帮：晋生豫郭子正、晋泰昌张士杰、三晋源王瀛海、敬胜昌侯静斋、锦全昌张子恭、合义聚林善甫、润记李（顾）生、聚泰祥戴荣（壹）。

鲁帮：锦成裕董和亭、泰源张鉴（云）、政（沅）王明轩、义泰祥姜梦九。[6]

① 《函绸缎同业公会》（1936年10月2日），上海市档案馆馆藏：《山东河南府绸公所会议录》，Q116-1-44。

② 《函绸缎同业公会》（1936年10月12日），上海市档案馆馆藏：《山东河南府绸公所会议录》，Q116-1-44。

③ 《民国二十七年二月十二日圣诞节（即古历正月十三日）全体会议》，上海市档案馆馆藏：《山东河南府绸公所会议录》，Q116-1-40。

④ 《致各客帮公函》（民国九年庚申四月二十三日，1920年6月9日），上海市档案馆馆藏：《山东河南府绸公所往来紧要函牍》，Q116-1-20。

⑤ 《致昌帮绸业公会函》（1922年壬戌十一月廿八日），上海市档案馆馆藏：《山东河南府绸公所往来紧要函牍》，Q116-1-21。

⑥ 《一月三十一日各帮联席会》（1931年），上海市档案馆馆藏：《山东河南府绸公所议案》，Q116-1-9。

在茧绸产业链的不同环节，府绸公所也存在着相应的隔膜。1921 年 5 月，曾有洋行以丝业贸易惯例，请求给予出口津贴，府绸公所遂回复称这一问题应该"仍照旧章，碍难更变，且其他各洋行虽有要求，均已照旧收出，似未便独异。至丝业如何，各业定例不同，吾业未能预闻，不得援引"①。在共同对外的事务方面，丝、绸二业竟然并非相通，实相隔阂也。这应该是有非常深远的历史原因，但确实能够反映出，府绸公所无法有效涵盖茧绸产业链的所有环节，而只能局限于终端的茧绸产品贸易方面。

除上述"上海山东土绸业公所"的事务之外，府绸公所还经历过一次客帮商号交易加佣事件。关于贸易程序中收取佣金的问题，一般来说，贸易额越大，收入自然也越多——这在经济正常时期，应该是各同业商号的主要收入来源。但是在贸易衰退时，佣金的收取便成为一项麻烦的事务。

1931 年初，府绸公所认为，"迩因百物昂贵，各项开支日益增巨，各地各业，莫不增加佣金，以为挹注。丝业佣金，向例每担扣二两五钱，现已增加一两。敝业昔年规定扣佣办法，迄今已阅二十余年寒暑，时移世变，物价与年俱增，同业所受暗亏，实非浅鲜"②。于是，府绸公所屡次召开全体会议，讨论对客帮商号增加佣金一案。民国二十年（1931 年）一月十二日全体会议上，"罗坤阳君提议，近来开支日巨，应请酌加客佣，以维营业"，决议"委朱梅亭君先向客帮接洽"。③之后又于一月十五日召开全体会议，由朱梅亭报告接洽情况，最终形成新的方案：

> 定本年三月一日起，凡同业各号进用客货，山东绸向例每匹扣一钱六分，现定大宽及二宽每匹扣二钱，〤④十码扣四钱，其余仍照旧例。
>
> 河南绸，向例扣佣百分之三，现议定加一分，扣百分之四，计算其余仍照旧例。一面将议决案函告同业，一面函致鲁、豫两客帮咨照。⑤

在随后的几天里，该决议以会函形式向在沪鲁、豫各客帮商号告知，各客帮商号基本上没有表示反对。该项新的佣金扣除标准，遂于民国二十年三月一日起实行。

关于此次加佣事件，鲁帮各商号似乎并未表示意见，但河南茧绸产地的镇平县石佛寺丝绸商会有信函表示反对。早在 1931 年 1 月下旬，石佛寺丝绸商会的负责人王炳南、杨绥之、毕浴佛、王云亭、秦汉岑等已得知此次加佣消息，并迅速于 25 日致函府绸公所，请暂缓讨论加佣一事；同时，以私人信函的形

---

① 上海市档案馆馆藏：《山东河南府绸公所大事记》（民国十年辛酉四月初七日），Q116-1-27。
② 《致鲁、豫帮会函》（民国二十年一月十七日），上海市档案馆馆藏：《山东河南丝绸业公所关于交易问题致鲁山县商会函》，Q116-1-4。
③ 《民国二十年一月十二日全体会》，上海市档案馆馆藏：《山东河南府绸公所议案》，Q116-1-9。
④ 此处为"苏州码"，表示"五"。
⑤ 《民国二十年一月十五日全体会》，上海市档案馆馆藏：《山东河南府绸公所议案》，Q116-1-9。

式，共同致函府绸公所负责人罗坤祥、沈子槎、庞藻、朱梅亭、杨润林，称"吾等营丝绸一业，近年以来为匪患兵灾之摧残，更兼收成之减少，几不能维持。幸而今年收成颇佳，尚有一线曙光之希望，然申方之销市与价格，诸兄之所洞悉者也，仍无利之可图。又况申方之佣，向来三分，已竟超倍于敝镇，再则丝绸之为物，过脚甚巨，得利最微，照原有之佣尚不见有发财之家，若再加佣，此业前途恐难设想矣"，因此，与各位负责人商议，"可仍照（旧）有之佣，不必再事增加"，而且由于事关产地茧绸的生产，"只要吾丝绸业之前途发达，何在此区区之数？嗣后此业真能发达，不妨再为从长计议"。①

同时，镇平县石佛寺丝绸商会请同益公经理杨绥之再致私人信函一封，向庞藻等人说明河南茧绸生产与经营的悲惨状况，称"值营业凋敝之秋，而豫绸近受日货抵制及交通时有梗阻，加之旱道土匪林立，运输异常困难，抑在战区历受苛捐层盘剥，迫运至申，讵迩绸市一落千丈，往往赔亏不堪支持，如此险象环生，已处僵局，大有一蹶不振之势，所幸南北统一大局奠定，现正实行裁厘加税，维持国货出口，希冀负担减轻，及镇寺商会前已厉行改良制造，取缔劣货，违者□禁游街，甚则重罚，苟能积极整顿，前途或有一线生机"，但由于加佣一事，"大失所望，以故群起声请维持，除镇寺商会昨已特电要求暂且照旧，从缓计议外，兹复□弟致函代达绸业近年一切苦况，的系实情"，并将河南产地佣金与上海交易佣金进行对比："此项交易过脚最巨，依原有三分佣金，质诸他省，即按河地丝绸业行等佣金比较，确已超越（一）倍有余，若再增加□手，骇人听闻，况申、河同业，休戚相关，倘各走极端，不特双方感情有伤，恐与（营业），不无障碍。"②

在镇平县石佛寺丝绸商会诸人的往来信函请求之下，府绸公所亦在讨论加佣会议后的第二天，即复函表示："敝公所于上月卅一日开会讨论，佥谓此次加佣，实出于万不得已之举。"但出于对内地同业的情谊联系，府绸公所特意召开会议讨论，"经即席议决，既来电有新春后议云云，应遵从前意办理，请即推派代表，与敝公所接洽可也"。③不知道"新春后"的这次交涉，结果究竟如何，但府绸公所在今后的财政收支方面比较被动，是确实存在的史实④。

---

① 《镇平县石佛寺王炳南等为加佣金事致罗坤祥等函》（1931 年 1 月 25 日），上海市档案馆馆藏：《山东河南丝绸业公所关于交易问题致鲁山县商会函》，Q116-1-4。
② 《杨福履等为加佣金事致庞竹卿等函》（1931 年 1 月 25 日），上海市档案馆馆藏：《山东河南丝绸业公所关于交易问题致鲁山县商会函》，Q116-1-4。
③ 《复河南镇寺商会函》（1931 年 2 月 1 日），上海市档案馆馆藏：《山东河南丝绸业公所关于交易问题致鲁山县商会函》，Q116-1-4。
④ 按，此信下文有原来函，可参照。又，杨绥之即杨福履，于天命《一代完人：彭禹廷先生》（北京：华夏出版社，2008 年，第 233 页）载："杨福履是理财专家，深受上海几位民族资本家信任，沪商联股在石佛寺开办丝绸庄'同益公'，专请杨担任总经理。"又，据赵汉三《镇平解放前后的回忆》（河南省镇平县委员会、中国人民政治协商会议镇平委员会文史资料研究委员会编：《镇平县文史资料》第 7 辑，1989 年，第 112 页），毕浴佛曾任石佛寺区长。

第二节　府绸公所的收入与开支情况

　　府绸公所的固定收入来源，是经常性的定额会费收入，以及临时性的绸捐等杂项收入。1942 年底，府绸公所召开全体会议，在会费方面通过决议："各号入会费，从民国三十一年十一月起，凡新入组会员，收入组费二百元，改组、加记，或改记者，收加记费一百元。"①

　　会费之外，在抗战时期的困难情况下，府绸公所设法开辟了新的收入来源，如"特捐"。1943 年 2 月的春季常会上，因开支过大，"除过收入，约须短绌五千元之谱，因近年绸货来源闭塞，绸捐无着，无法挹注"，至于应如何弥补亏空，同业商号共同决定"至年终由同业各号视营业状况，担认特捐，以资弥补，俟日后绸捐恢复，此项特捐即行取消"。②1944 年 2 月初，府绸公所以开支不敷，又设立"月捐"，并通过决议，"分为每月八十元、六十元、四十元三等"，发动同业商号缴纳，规模较大的大丰、久成南、诚昌、福瑞泰等商号均缴纳 80 元，福康永缴纳 60 元，其他如协丰正、大成永、久成心、春源、怡成等商号均缴纳 40 元。③

　　1945 年 2 月的春季常会上，府绸公所因对外贸易衰落至极，经济状况非常惨淡，"收入仅恃房租一项"，甚至无法再依靠特捐、月捐之类，"当此百物昂贵，不敷挹注，因于上届会议时，将原有茶房一人辞退，所有本组一应收支帐目，以及对内对外各事，议由同业各号按司月轮流管理，以节开支……以三个月为期，并推定承值次序"，如下：

大　丰		卅四年三月至六月
久成南	又	七月至九月
诚　昌	又	十月至十二月
福康永		卅五年一月至三月
协丰正	又	四月至六月
大成永	又	七月至九月
新丰泰	又	十月至十二月
春　源		卅六年一月至三月

---

① 《民国三十一年十二月三十一日全体会议》，上海市档案馆馆藏：《山东河南府绸公所会议录》，Q116-1-38。
② 《民国三十弍年二月十七日农历正月十三日春季常会》，上海市档案馆馆藏：《山东河南府绸公所会议录》，Q116-1-38。
③ 《民国三十三年二月二日全体会议》，上海市档案馆馆藏：《山东河南府绸公所会议录》，Q116-1-38。

| 怡　成 | 又 | 四月至六月 |
| 久成心 | 又 | 七月至九月 |

同时又表示，这只是权宜之计，"一候时局平定，市面复振……当再恢复原状"。①不知后来是否确实进行了更正。

至于开支方面，府绸公所需要面临的支出极多，除下文提及的各项业务往来、茧种改良工作需要大量经费之外，还有不时出现的临时性支出。在经费支绌的情况下，府绸公所拒绝了许多无法满足的开支。1923年底，上海总商会在全市募集修浚吴淞江经费，府绸公所经过开会讨论后公决，"值此市面凋疲之候，本所经济艰困之时，实属无法筹募，只得婉词答谢"②。这种谢绝，对于府绸公所的影响力自然是不利的，但确实能反映出它的经济能力之不足。1924年，上海市筹备成立南北市团，函请府绸公所加入，但后者在回复上海南北市团筹备委员会时却声称："经敝所屡次召集同业开会讨论，终未得圆满解决，实缘敝业家数不多，而能及格入团人才尤鲜，致感困难，职是故也。惟忝居商界，既荷谆谆开示，当竭棉（绵）力劝募，一俟物色有得，再行奉报。"③因此，受财政能力不足的影响，府绸公所不愿加入各类商业或社会活动团体的取向，一直是非常明显的。

实际上，府绸公所为了提升自己和各同业商号的财政能力，曾经在会计习惯改革的时代背景下，做过相应的努力。

现代会计体制的引入，也是府绸公所的一项现代化举措。当然，这种措施是与国民政府的行政命令息息相关的。1937年初，府绸公所通告同业各商号，转达上海市绸缎商业同业公会的通知："以我国所得税业于本年一月一日起实施，曾奉市商会函嘱组织委员会指导同业，兹值大结束时期，对于整理资本财产，统一账簿名称，改良会计制度等等，均应从头做起，爰定于弍月七日下午准两时，假座宁波路钱江里杭绸组办事处举行演讲会，请徐永祚会计师演讲种种实务，届时务祈推派负责代表一人（经理或会计）出席听讲为要。"并请各同业商号加以重视："所得税办理手续至为繁复，此次举办讲习会，于各号办理手续上殊有关系，届时务请拨忙前往，勿自放弃。"④

就在此次演讲会之后，府绸公所于1937年2月16日的全体会议上做出决议，"为应时势之需要，谋账之革改，并备同业各号咨询关于会计方面各项疑点起见"，对会议制度进行学习和改革，"聘请潘会计师杰为本组会计顾问，各号如有关于会计方面造报所得税各项表格，及改良中式簿记并西式簿记记账方法，

① 《民国三十四年二月念五日即旧历正月十三日春季常会》，上海市档案馆馆藏：《山东河南府绸公所会议录》，Q116-1-38。
② 上海市档案馆馆藏：《山东河南府绸公所大事记》（民国十二年癸亥十二月廿三日），Q116-1-22。
③ 《复上海南北市团筹备委员会函》（民国十三年四月十六日），上海市档案馆馆藏：《山东河南府绸公所往来紧要函牍》，Q116-1-21。
④ 《通告各号》（1937年2月5日），上海市档案馆馆藏：《山东河南府绸公所稿簿》，Q116-1-42。

暨其他一切咨询事项，请来组接洽，并为研讨簿记学，特举办临时会计讲习会一个月（自三月一日起，三月底止），每晚下午七时至八时演讲中式簿记及西式簿记法，并规定设额廿名，每家以一人至三人为限"，并特别提出，"如宝号职员中有志于簿记学，愿来会补习者，请于先数日开具名单报告本组，以便安排座位，如未报名，作为自愿放弃论"。①

然而，对府绸公所而言，会计改革的成效似乎并不大，应该是由于营业规模较小，现代的会计制度执行起来，有大材小用之嫌。

第三节　府绸公所与同业商号之间的关系

府绸公所的存在，是以大量的茧绸贸易商号为基础的，入会商号的数量与实力变迁，也反映着府绸公所在近代上海乃至中国茧绸业中的地位盛衰。1915年，与府绸公所备案同时，加入府绸公所的各家商号也向上海总商会注册。据记载，当时注册商号包括十八家，如表 2-3 所示：

表 2-3　1915 年加入府绸公所的注册商号

商号	负责人	籍贯
久成	庞藻	江苏吴县
	罗坤祥	浙江上虞
	朱鉴塘	江苏吴县
正孚	周祯祥	浙江鄞县
	骆吉昌	浙江定海
	赵馨甫	山东黄县
	綦春堂	山东掖县
协丰	陈菊生	浙江海宁
	朱梅亭	浙江吴兴
三晋川	杨清泉	河南鲁山
和泰	叶伯怡	江苏上海
	莫子元	浙江上虞
大丰	沈子槎	浙江吴兴
怡源	王在源	浙江镇海
	程凤笙	江苏盛泽
	倪志亭	浙江上虞

① 《通告本组各号》（1937 年 2 月 26 日），上海市档案馆馆藏：《山东河南府绸公所稿簿》，Q116-1-42。

续表

商号	负责人	籍贯
宏利	解伯廷	江苏丹徒
久昌	庞少峰	江苏吴县
洽同兴	袁树棠	浙江上虞
文记	李文彬	浙江宁波
	范少平	浙江吴兴
利城德	贾凌云	山东沂水
怡成	谭宗荣	广东香山
运昌宏	陈应时	河南鲁山
	张清兰	河南鲁山
	郭禹臣	河南鲁山
泰康	庞春生	江苏吴县
	秦宗麟	江苏上海
景记	袁景川	浙江上虞
久成南	陈桐生	江苏盛泽
协成隆	管奎骐	江西玉山
	邹蕴章	山东掖县

资料来源:《上海总商会注册》(1913 年),上海市档案馆馆藏:《上海山东河南丝绸业公所历年事略》,Q116-1-18

　　以上同业共十八家,"于民国二年癸丑四月初三日,由本所朱会长鉴塘,代表各同业亲至总商会注册"。府绸公所会员的各项交易事务,正式进入了民国时期的正轨。但之后各年,"本所同业中,逐年遇有新张,或重组加记,及改业停市等号,本所循例于每届春季将同业中有更动,应行添注或注销者,开单函致上海总商会,请求备案注册",这导致公所内部成员商号多有变迁,"为省便手续起见,将民国二年癸丑起至十三年甲子止共十有二年汇成一表附后,俾备查考时一目了然"。[1]该表即表 2-4。

表 2-4　1913—1924 年府绸公所商会注册表

注册年份	注册商号	注销商号
癸丑 (1913 年)	久成、久昌、三晋川、怡成、利城德、和泰、洽同兴、宏利、大丰、协丰、正孚、怡源、景记、久成南、文记、运昌宏、泰康、协成隆	
甲寅 (1914 年)	锦康、德源、万顺隆、同茂、协丰鑫	利城德、景记、洽同兴、正孚、协丰
乙卯 (1915 年)	德厚祥、敦源、谦泰、协丰、怡源仁、同茂成	泰康、锦康、同茂、协丰鑫、怡源

---

[1]《本所历年商会注册表》(1925 年),上海市档案馆馆藏:《上海山东河南丝绸业公所历年事略》,Q116-1-18。

续表

注册年份	注册商号	注销商号
丙辰（1916 年）	裕祥、裕兴隆、顺昌、和聚栈	和泰、宏利、万顺隆、协成隆
丁巳（1917 年）	协恒庆	谦泰、运昌宏
戊午（1918 年）	天庆永、敦源德	顺昌、裕兴隆、裕祥、敦源
己未（1919 年）	豫信、志成春	协恒庆、同茂仁
庚申（1920 年）	春记、源大长	德厚祥
辛酉（1921 年）	天丰、春源	文记、豫信、志成春
壬戌（1922 年）		德源
癸亥（1923 年）	祥泰	
甲子（1924 年）	聚记、协成庆、久成协、久成志	敦源德、天庆永、祥泰、久成

注：现业牌号有：久昌、三晋川、怡成、大丰、久成南、怡源仁、协丰、和聚栈、春记、源大长、天丰、春源、聚记、协成庆、久成协、久成志

这些商号中，有因停业而注销者，有因开设分店而重整者，经过十余年的变迁，数量基本上能够维持，从 18 家降至 16 家。截至 1924 年的同业商号情况参见附表 2。

1938 年底，经营河南茧绸多年的三晋川结束改组，府绸公所向上海市绸缎商业同业公会报告此事，并对三义和加入上海市绸缎商业同业公会等后续事项进行安排："三晋川润记所营府绸一项，确已早在结束改组中，此次转请商会证书，因新改组之三义和尚未入会，以致该号不明会章，仍用原牌号。兹已着其补交十二月份会费外，并嘱三义和照章入会。今附上该号入会通知书、志愿书两份，并附入会费及预缴半年会费共计洋捌元。"[1]三晋川何时改组，尚不清楚，但可以确定的是，三义和作为改组后的继承者，在某些场合仍然使用三晋川的名称。

三义和加入上海市绸缎商业同业公会的费用，是由府绸公所垫付的，因此，1939 年初，府绸公所致函三义和，索取垫付会费："贵号前加入本公所，并转报绸缎业公会为会员，曾由本公所垫付公会入会费弍元，又预缴半年会员费六元，再加入公所，照章应缴牌号费计银叁拾两（六一五申法币四十一元九角□分）……至希查照，一并送下。"[2]

但三义和在上海茧绸交易事业方面的活动并未持续很久，1941 年中，府绸公所即就三义和停业一事致函上海市绸缎商业同业公会："三义和绸庄来函声称，因时值非常，所营河南府绸业务大受交通梗塞之影响，致来源中断，运沪无望。缘此驻申庄务清理结束返豫，为此申请，仰祈准予退出会员地位，自

---

[1] 《函绸缎业同业公会》（1938 年 12 月 22 日），上海市档案馆馆藏：《山东河南府绸公所稿簿》，Q116-1-42。

[2] 《致三义和号》（1939 年 1 月 9 日），上海市档案馆馆藏：《山东河南府绸公所稿簿》，Q116-1-42。

函达之日起，关于一切事宜即告结束。"并请上海市绸缎商业同业公会查照存案。①根据该函的说明，三晋川（即三义和）于1941年已经结束营业，但据河南旅沪同乡会记载，三晋川在战后仍然活跃于上海，应该在1945年后又恢复营业了。

在府绸公所的日常事务中，各同业商号的利益是备受关心的内容，可以从下文的描述中得到证实。

一、吸引同业商号入会

一般来说，上海市内凡从事茧绸贸易的商号，都应加入府绸公所，但由于种种原因（往往以回避缴纳会费为主要原因），仍然有不少商号不愿经过加入府绸公所的程序。如何与这些非会员商号协调关系，基本上以府绸公所改组的1930年为界，采取的措施各有不同。

1915年初，府绸公所在春季常会上向会员报告，"同和栈外庄，间有河南绸发申销售，虽其业务与吾同业有异，然究系府绸，在外兜售，似颇与吾业未便"，遂决议，"请朱会长向该号面商，谅该号执事王君素称明达，当必有办法"。第二天，由朱鉴塘代表府绸公所前往交涉，"同和栈事准昨日议决案往商，业已就范，允遵本所规章，报纳绸捐"。②此处的交涉，基本上是府绸公所协调与非会员商号关系的模板。同和栈外庄似乎并未加入府绸公所，却仍然要照章缴纳绸捐，这从侧面反映出府绸公所在整个上海茧绸市场的影响力相对较强。

但1930年府绸公所加入上海市绸缎商业同业公会之后，这种与非会员商号的协调活动，便移交更高一级的上海市绸缎商业同业公会来负责了。

关于同业商号入会一事，交涉最不顺利的，应该属瑞丰泰了。1936年12月，府绸公所致函瑞丰泰，请其加入同业公会：

> 据敝公所怡成绸号等报称，宝号近来兼营山东府绸出口，及向各洋行推销等情，迩听之余，具见推广国产，挽回漏卮之深意，前途发展，视无限量，而敝公所得多添同业，增加光荣，尤属欣幸之至。惟查沪上自绸缎同业公会成立以来，订定章程，凡属同业均应加入公会为会员，而就其性质类似者，划归某组（敝公所现改名称为山东河南丝绸组），考其用意，无非为联络感情，互谋团结，划一市价，发展商务而设。月前中央政府为严密商业团体组织起见，复有同业必须加入公会之明令，登载报端。所以宝号兼营山东府绸，又属国际间之贸易，各洋行之交易，有时难免意外之枝节，此为敝公所各号以往亲历之事实，但遇发生纠葛交涉情事，必须集中

① 《函绸缎业同业公会》（1941年7月16日），上海市档案馆馆藏：《山东河南府绸公所稿簿》，Q116-1-47。
② 《民国四年乙卯》（1915年），上海市档案馆馆藏：《山东河南府绸公所大事纪》，Q116-1-8。

府绸同业整个之力量，采取齐一之步骤，以谋对付，方不致受屈于外人，故就事实与法令两点而论，宝号亟应加入府绸同业之敝公所，转报公会为会员，发给会员证书，庶符定章而资联络。至加入同业公所，转报公会为会员，其手续亦至简单，所耗亦不过每月一元之公会会员费耳，所费无多，即能取得会员之权益。窃思宝号洞彻团体之组织，定荷赞同加入，倘有见询之处，可请贵跑街孟先生驾临敝公所面洽，非常欢迎。①

此处的"跑街孟先生"，应该是孟效苏。但是，这一封邀请信发出之后，瑞丰泰并没有回复。在 1937 年 1 月底的全体会议上，府绸公所鉴于"瑞丰泰号未经加入公会，擅营茧绸，去信通知，迄无回复"，"请孟效苏先生再行劝告加入公会"②，但显然没有效果。

1937 年 10 月，府绸公所再次致函瑞丰泰，称"双十节日，敝组沈子樨先生偕同宋、唐两君趋谒，藉聆雅教，深以为快。关于宝号兼营府绸，邀请加入公会一节，仰蒙赞同，许以商构办理，殊为欣幸。诸公卓识宏谋，素为同业所钦崇，久具渴望之忱，他日同室集议，多获指导，将使本业事业益致远大之发展，企望前途，弥深庆幸也。惟查去年十一月间，中央有为严密商业团体组织，同业必须加入公会之明令，凡属同业，无分专营与兼营，俱应一体团结，以收互助之效。且此举所费至微，但于各方得以增进友谊感情，是于吾人立身社会亦不为无益"，请求该商号及时回复，"以便代为申报，并领取会员证书"。③不知是何缘由，瑞丰泰竟然百般逃避，不愿加入府绸公所及上海市绸缎商业同业公会。

直到 1940 年初，瑞丰泰似乎才与府绸公所达成默契，虽然不加入府绸公所，但依然根据营业状况交绸捐。不过，府绸公所致函春记孟宪轼，依然在请托说项，要求瑞丰泰加入同业公会，"上届本所开会后，托何南翔先生转达台端，为瑞丰泰进绸报捐事，敬请与该号执事接洽，定蒙鼎力说项，必获成功"④，并认为瑞丰泰有瞒报之处："本公所定章，凡山东绸，每箱或每包应报公所捐洋五角，今宝号只送下洋八元，查照宝号山东来货甚多，定必其中算错。"⑤要求该商号如实报告，并交绸捐。瑞丰泰则依然不理不睬。府绸公所遂于 4 月 9 日再次致函，表达关切："（曾）于二月六日函达，但迄今未见示复。为特再函，祈即为开明实数，照数补报。"⑥结果仍然是一样。

① 《函瑞丰泰号》（1936 年 12 月 16 日），上海市档案馆馆藏：《山东河南丝绸业公所关于交易问题致鲁山县商会函》，Q116-1-4。
② 《廿六年一月廿七日全体会议》，上海市档案馆馆藏：《山东河南府绸公所会议录》，Q116-1-40。
③ 《函瑞丰泰宝号》（1937 年 10 月 23 日），上海市档案馆馆藏：《山东河南府绸公所稿簿》，Q116-1-42。
④ 《函春记孟宪轼先生》（1940 年 1 月 24 日），上海市档案馆馆藏：《山东河南府绸公所稿簿》，Q116-1-47。
⑤ 《函瑞丰泰》（1940 年 2 月 6 日），上海市档案馆馆藏：《山东河南府绸公所稿簿》，Q116-1-47。
⑥ 《函瑞丰泰》（1940 年 4 月 9 日），上海市档案馆馆藏：《山东河南府绸公所稿簿》，Q116-1-47。

　　府绸公所的耐心逐渐被消磨殆尽，1940年6月中旬全体大会召开之前，再次致函瑞丰泰："屡次奉函，均未蒙复至，以宝号上年允缴公所捐先由孟宪轼先生来组接洽，后于年底送下洋八元，因宝号未（曾）报明件数，又查与宝号所卖洋行数目相差甚巨，故一再函询，迄未见复。兹本组于六月十八日开常年大会之期，务望将上年绸匹件数以及今年所售件数，一并开明报组，以符同业规章，否则乞请贵执事莅会说明不照报理由，或来回信详明，凡事不能以置之不复也。"①瑞丰泰的态度却依然如故。

　　于是，在1940年6月18日府绸公所的全体会议上，各同业商号终于忍无可忍地爆发了："瑞丰泰卖山东绸，从（前）年即托罗坤祥先生转达，请其加入公所，照报公所捐，后经坤祥先生报告，已与该号车经理谈过，已经答允照办。但到廿七年度该号仍未缴捐，次年即廿八年，该号所售山东绸比我同业任何一家为多，因彼不来报捐，再托坤祥接洽后，经该号请孟宪轼先生来所，与罗坤阳先生接洽，允准照报。讵至年底只送来洋八元，并不报明件数，当去信□亦未答复。"之后又两次致函追问，"仍不答复，但不论商业或公团，事之是否□□置之不睬之理，瑞丰泰太对不起吾们公所，实是吾们全体的大辱"，至于如何应对，讨论的结果却是"先与公会接洽后再办"。②虽然府绸公所对此事表现了相当程度的气愤，但基本上丧失了之前处理此类事件时雷厉风行的风格。

　　瑞丰泰在1940年8月22日府绸公所会议上，已经列名于同业商号之内③，但是由孟效苏代为签到。表面上，这次吸收其加入同业公会的努力收到成效了，但实际上未必如此。根据府绸公所之前的做法，往往有代商号加入，垫付会员费用，再回头要求其正式加入之事，瑞丰泰应该也是如此。瑞丰泰最终似乎并未加入府绸公所，仅仅遵循1915年同和栈外庄的成例，象征性地缴纳绸捐而已。同时，上海市绸缎商业同业公会竟然也没有足够的实力强迫其加入，也许是因为在抗战时期，社会组织的力量已经极其衰弱了。

　　不过，大部分同业商号还是比较顺利地加入了府绸公所（1930年后，同时也要加入上海市绸缎商业同业公会）。

　　1937年10月，沈子槎等人在拜会瑞丰泰的同时，也在游说另一家同业商号庆丰永加入府绸公所："前由敝组沈子槎先生趋谒台端，劝入公会一节，已蒙许诺。具见团结精诚，力谋互助，此后本业事业之发展，将赖宏才而愈远，企望前途，欣幸莫名。至于入会手续，除敝组牌号费旧规叁拾两外（合法币四十一元六角六分），又公会入会费法币式元。至祈台洽，便即一并惠交敝组，以便照章办理申报，并领取会员证书。"④然而，庆丰永在抗战后营业并不顺

①《函瑞丰泰》（1940年6月11日），上海市档案馆馆藏：《山东河南府绸公所稿簿》，Q116-1-47。
②《廿九年六月十八日即古历五月十三日夏季圣诞节全体会议》，上海市档案馆馆藏：《山东河南府绸公所会议录》，Q116-1-38。
③《廿九年八月廿二日即七月十九号会议》，上海市档案馆馆藏：《山东河南府绸公所会议录》，Q116-1-38。
④《函庆丰永绸号》（1937年10月18日），上海市档案馆馆藏：《山东河南府绸公所稿簿》，Q116-1-42。

利，1943 年 10 月，其负责人曾振川即致函府绸公所，称："为绸货来源断绝，申请退出本组，并辞去监事之职。经公议，所遗监事一席，推金锡斋君担任。"①退出府绸公所是否即完全歇业，还需要深入考证一下。

抗战胜利后，由于国内政治局势动荡，茧绸业的发展及贸易受到极大影响，但仍有相关的同业商号申请加入府绸公所。

1948 年初，同丰绸庄申请加入府绸公所，并询问入会手续。府绸公所回复称："宝号申请加入本组会员案，准此，详填创立年月、资本额若干、独资或合伙、出席代表人，并附交本组入会费法币贰拾万元，俾凭办理。"②随后，同丰绸庄将相关信息呈报府绸公所，"创立日期：民国三十七年一月。资本：国币伍千万元。组织：合伙。代表人：陈洵都"③。府绸公所在将信息报备上海市绸缎商业同业公会之后，得到指示，将同丰绸庄划入府绸公所管理："其名单抄录如后：同丰府绸庄，陈洵都，杭县人，东长治路六〇九弄八十一号。"④

1948 年 3 月，宏裕申请加入府绸公所，经过来往函询，"为敝号请求加入会员事。业蒙恩准，敝号今愿遵章，详填一切于左"，其商号信息为："创立日期：民国三十六年五月。资本：法币伍百万元。组织：独资。代表人：孟竹三。"⑤

9 月，上海市绸缎商业同业公会致函府绸公所，划入新会员"源来绵绸庄"一家，请求办理："源来绵绸庄，钱莲舫，桐乡，北京路福兴里三号楼上。"⑥

当然，也有同业商号因业务的转型导致会员资格变动的情况。1936 年 8 月，府绸公所原同业商号协丰泰致函称："小号因社会不景，市面萧条，对于绸货久未代客买卖，已另改组，专营绣花出口事业。业务既已脱离绸缎范围，未便再居会员之名，理应陈明，乞为转函同业公会，将小号会员一职，自本月份起取消，对于会费亦同时停缴，以清业界，而免牵混。"府绸公所随即通报上海市绸缎商业同业公会："查该号确已另营绣花出口事业，对于绸货已停止买卖，应为转函贵会，请将该号协丰泰记会员一职，即予除去，以清同业界限。"⑦

不过，协丰泰在退出府绸公所之后，依然保持着交绸捐的做法，1938 年 8 月，府绸公所致函协丰泰潘炳桂："前接交来法币五元六角，以补去年绸捐等情。当经同人等讨论，金以同业绸捐一项，向无认捐前例，故对尊款未便收账，兹仍送还，乞为台收。"⑧此处甚是奇怪，对比同时期的瑞丰泰以交绸捐回避加入

---

① 《民国三十二年十月十一日（即古历九月十三日）秋季常会》（1937 年 10 月 18 日），上海市档案馆馆藏：《山东河南府绸公所会议录》，Q116-1-38。
② 《覆同丰函》（1948 年 2 月 2 日），上海市档案馆馆藏：《山东河南府绸公所稿簿》，Q116-1-47。
③ 《同丰绸庄又来函》（1948 年 2 月 2 日），上海市档案馆馆藏：《山东河南府绸公所稿簿》，Q116-1-47。
④ 《绸业公会来函》（1948 年 2 月 26 日），上海市档案馆馆藏：《山东河南府绸公所稿簿》，Q116-1-47。
⑤ 《宏裕号又来函》（1948 年 3 月 3 日），上海市档案馆馆藏：《山东河南府绸公所稿簿》，Q116-1-47。
⑥ 《绸业公会来函》（1948 年 9 月 18 日），上海市档案馆馆藏：《山东河南府绸公所稿簿》，Q116-1-47。
⑦ 《函绸缎业同业公会》（1936 年 8 月 3 日），上海市档案馆馆藏：《山东河南府绸公所稿簿》，Q116-1-44。
⑧ 《函协丰泰潘炳桂君》（1938 年 8 月 2 日），上海市档案馆馆藏：《山东河南府绸公所稿簿》，Q116-1-42。

府绸公所，此时府绸公所居然对协丰泰送上门的钱也不收，不知是何缘故。

至于协丰泰的会员资格，似乎一直并未取消，或者是脱离后再次加入，因为直到 1941 年初的全体大会上，还在就此事进行讨论，"协丰泰潘炳桂委员于上月十八日来函声称，本号绸子部分停业已久，应请贵组将本号会员牌号暂作取消"[1]，并准予通过。

因此，推测府绸公所的会员招募工作其实是相当不顺利的，所以其才对这一事务特别关心，但效果却并不明显。若从更大角度来看，其实与整个茧绸业变迁和国际市场的发展都是息息相关的。

二、同业商号商标注册保护

1918 年，久成为请求保护其商标，向府绸公所致函，转请上海总商会为其商标进行注册备案。由此引出了府绸公所在之后的历史时期中，对同业商号注册商标的关注，并几乎贯穿了府绸公所存续的整个时期。

当时，府绸公所的主事者之一庞藻，对久成经营河南茧绸的历史进行了大致的回顾，并特别指出自己商号的注册商标之影响力：

> 窃竹卿等于前清光绪二十二年正月，在上海英租界河南路中和里内 C 字第四百四十二号门牌，集资开设久成府绸庄，专营山东河南各种茧绸事业。当开办之初，所谓河南绸者，门面狭窄，身色低次，名曰曲绸。竹卿等有鉴于斯，叹吾国工商业之不振，思欲以整顿改良而挽救之，籍谋推广，乃分设机房于河南南阳镇平石佛寺、拐河、鲁山、许州、李青店等处，聘请名机师，招集织工，从事改良，以图推广，织造各种宽狭轻重绸匹，以 KC 鹿牌为商标，其织工之研究、色泽之优美，颇合各国人士之心理，故运销外洋，备受欢迎，声誉卓著，有口皆碑，是以营业日臻发达，历经中外赛会，均得优等褒奖在案。因是益自奋励前进，努力竞争，以期精益求精，稍挽利权于万一。

但是，久成面临着许多不正当的竞争，"无如鹿牌货畅销以来，一般无耻之徒，将次货冒充鹿牌出售，以冀鱼目混珠，得遂其私欲，言之殊堪痛恨。因此竹卿等不惜重资，精印五彩双鹿、单鹿商标二种，附于河南绸匹之面以为标识，庶承受者不致受假货之欺，而敝号亦可籍此保全信用矣"，因此，"兹为保护营业信用起见，谨按商标备案章程，绘具商标式样二份、样本二份，连同备案费洋三圆，呈请贵公所察核，据情转请上海总商会转呈农商部，准予照章备案，

---

① 《民国三十年二月八日即古历正月十三日圣诞节全体大会》（1937 年 10 月 18 日），上海市档案馆馆藏：《山东河南府绸公所会议录》，Q116-1-38。

给发执照，俾资保护，以维商业而杜假冒"。①

府绸公所在收到久成的来函之后，第二天即召开会议，并迅速转呈上海总商会。次日即接到上海总商会复函："为久成号商标备案事，来件不合法定手续，应请转知该号，依法缮具正式官呈，送会代转。"于是，府绸公所迅速商请久成，"照办妥交来"②。所谓官呈，即把原呈请府绸公所的函件，改为直接呈请农商部的公文。此事前后花费四天时间，亦可谓高效率了。

由于一直存在的商标仿冒问题，1923 年，府绸公所在秋季大会上，专门就同业商号商标专册记录进行了讨论，并达成以下决议：

> 本公所同业商标，向无专册记载，致牌号混杂，无从考查，而有发生雷同之嫌。兹为尊重同业信誉起见，经众公决，将同业各号向来所用各种商标，由本所订阅专册，详细备载所有各绸号历来所用商标名称、图式、种类等，均请于一星期内造具表格，并附详细说明书，以备查考送所登录。嗣后同业各号，凡欲新订一种商标，无论老号或新张，须先到所查阅专册，是否特出，如已有重同或名称上、图样上、花式上略有类似之处，或字义虽异，而音韵相同，则应另行更换，以避冒戏之嫌，然后备具上述手续，送所登录。③

两天后，府绸公所就商标专册备案一事向各同业商号致函称，除现有商标于一星期内送所登录备案外，还须注意以下事项：

> 嗣后同业不论老号或新张，凡欲新立何种商标者，请先到所查阅前案，如该样已有登录，应即另改他样，以避重同之嫌而免冒牌之诮，此为同业各自尊重声誉起见，自经议决，请各号一体遵守云云。
>
> 再宝号商标如有彩印、大小几种者，请各送一份到所，如无彩印者，可将盖在绸上之图章，用五寸见方白纸一张，以蓝墨水或朱色盖在纸上，亦可另附说明书一份，载明该商标于某年起用，已历几年，俾可于登录时以次排列也。④

民国十二年（1923 年）十月十三日，府绸公所又召开会议，就商标登记一事进行了说明，"此项专册业已订就，同业各号商标亦多数送到，惟应如何黏贴及详细记载，须先公推审查员逐一详细审查，对于名称上字音是否有相同之

---

① 《录同业久成号股东代表朱鉴塘、庞竹卿、宋季生等来函》（民国七年戊午九月廿一日，1918 年 10 月 25 日），上海市档案馆馆藏：《山东河南府绸公所往来紧要函牍》，Q116-1-20。
② 《民国七年戊午》（1918 年），上海市档案馆馆藏：《山东河南府绸公所大事记》，Q116-1-27。
③ 《民国十二年癸亥九月十三日秋季大会》，上海市档案馆馆藏：《山东河南府绸公所紧要议案山东河南公所大事记》，Q116-1-17。
④ 《致同业各号函，为商标事》（1923 年 9 月 15 日），上海市档案馆馆藏：《山东河南府绸公所往来紧要函牍》，Q116-1-21。

点，图式上花色是否有类似之处，如查无雷同，方可黏于册上，加以说明。倘有抵触或类似者，审查员应即提出劝告避让，以免冒戥之嫌"，并推举审查员，逐一审查。细查各号商标，并无十分抵触，只有三晋川之鹿牌印戳，与久成的鹿牌商标，"名义相同，不无抵触。查久成号鹿牌商标，系该号股东庞竹卿君所首创，已历廿载，应请三晋川号避让为是。当经公决，请三晋川号执事将鹿牌印戳取销，以敦同业睦谊"。[1]由于当天三晋川缺席会议，遂在第二天"由沈会长亲往该号商酌，当承张君慨允遵议取销（消）"[2]。

经过这次商标登记，府绸公所除强化了对同业商号商标的备案与保护之外，还结合各商号的营业统计，形成了比较完善的同业商户信息，尤其是商标名称系列信息等，为全面了解当时茧绸贸易的状况提供了非常翔实的细节（参见附表2）。

府绸公所不仅对位于上海的同业商号在商标保护方面进行协助，对其他区域经营茧绸贸易者，也尽力维持正品利益。1936年，有关于山东产地商号假冒商标的处置。9月初，府绸公所接烟台绸业同业公会函，该函称"烟台益信成附设同记织绸工厂，专织山东茧绸，其商标为'三鹿头'"，但该商号收到消息，"现有无耻之徒，在上海地方假冒，嘱为注意"。府绸公所遂"分函本组各号知照"，并函复该同业公会知照。[3]但不知是被谁假冒，受档案资料限制，尚有待考证。

商标的观念，在近代后期已经深入人心，府绸公所各同业商号也会自觉遵守商标相关的各种规定。1948年初，久新绸行致函府绸公所："敝行拟使用上开图案航空牌商标，兹为征询同业有无类同标牌起见……希贵公所于本礼拜六常会时，提出质询。如无异议者，敝行当拟向当局注册。"[4]可见，至少在府绸公所内部，商标观念的推广是非常成功的。

三、东北茧绸使费的分摊偿还（1931—1936年）

1936年，久成与烟台分号的联系，可作为会员商号活动的一个案例。"九一八"事变之后，府绸公所为减轻东北销往内地丝绸税率，组织了多次请愿活动，于是这一过程中所花费之垫款，需要由购买东北茧绸的商号来分摊偿还，也即下文所要提及的"使费"。这是在府绸公所的历史上公所内部的一项小规模的会务，但能够体现当时府绸公所财政能力的不足。

---

[1]《民国十二年癸亥十月十三日会》，上海市档案馆馆藏：《山东河南府绸公所紧要议案山东河南公所大事记》，Q116-1-17。
[2]《民国十二年癸亥》（1923年），上海市档案馆馆藏：《山东河南府绸公所大事记》，Q116-1-22。
[3]《通告本组各号》（1936年9月9日）、《函复烟台绸业同业公会》（1936年9月10日），上海市档案馆馆藏：《山东河南府绸公所稿簿》，Q116-1-44。
[4]《久新绸行来函》（1948年2月24日），上海市档案馆馆藏：《山东河南府绸公所稿簿》，Q116-1-47。

1931 年"九一八"事变之后，东北沦陷，"辽宁为日方占据……政府为防止日货侵入，乃封锁海关，凡由安东运往申、烟转口之绸货，概以洋货进口之例，征以值百抽八十之重税。实行以后，吾安东各绸厂，因税饷加重，成本高大，匹货不能南运销售，机杼有停辍之虑"。为维持营业起见，以及挽救东北地区与上海的贸易，府绸公所做出了相当的努力，其中就包括向国民政府请愿减税：

> 敝公所董事等，目击时艰，恧焉忧之，乃本公益之热忱，亟起而谋解救，迭向政府各部署以及海关税务司呼吁，请求援照东三省特产品征税办法，按照土货待遇。始吁于宋部长，继吁于孔部长，初以文电乞求，再以代表谒见，历尽艰辛，饱尝劳苦，费时两年，积稿盈尺，始获批准，由是安东各厂绸货南运，税轻无阻，所得利益殊非浅鲜，使无敝公所当时之请求，则今日犹受重税之束缚，而不能解脱也。

府绸公所为之付出的努力相当多，"当时所费之精力，固不必论，而所耗之各项费用，为数殊属巨大，皆由敝公所临时筹垫"，可谓曲折艰辛。为了收回这些垫款，"同业及客帮联席会议金以该项请求之耗费，既用之于公，应取之于众，当经议决：在安东绸货南运销售时，每箱收回垫费拾元，以至还清垫款之日为止。在敝公所方面，既尽心力，又垫款项，为谋痛苦之解除；在受利益之各方，自应饮水思源，尽其应尽之义务"。①之后就开始了向各有关商号收回垫款的程序。

因此，除安东发往上海的茧绸产品之外，发往其他地区（如山东）者，府绸公所也努力催促，尽可能地使其缴纳"使费"。1934 年 11 月，罗坤祥前往烟台绸业公会，与该会会长范书云接洽，"一致通过办理"。但是，烟台绸业公会似乎并不十分上心，直到 1935 年底，府绸公所不得已致函，称"自办理迄今，安东方面发烟绸货，其件数及所收取之使费共有若干，前以未奉函示，无从知悉"，并请求将收到的使费汇至府绸公所。②

1936 年 1 月，府绸公所接到范书云的复函，称"安东茧绸，烟台只有政记公司到货五件，未曾卖出"。到 4 月底，府绸公所致函询问，"现在计日已隔数月，该货未知已否售罄，请烦查明"，并表示"查得安东方面今年络续有绸货发烟，就敝组所知，计有夫其ઠ十码四百匹，尚有其他未能调查底细者"，因此，"拜烦台端咨照烟台经销各绸店，今后安东绸货烟售者，每箱代为扣取费用拾元，

---

① 《函本埠双合栈》（1936 年 5 月 11 日），上海市档案馆馆藏：《山东河南府绸公所稿簿》，Q116-1-44。
② 《函烟台绸业公会会长范》（1935 年 12 月 31 日），上海市档案馆馆藏：《山东河南府绸公所稿簿》，Q116-1-44。

以前售出安东绸货，每箱应缴拾元之费用，并烦代收汇下"。① 为了摸清情况，府绸公所同时致函久成的烟台分号，请其代为调查详细情况："兹又查得安东方面同昌顺发烟益增德代售夫其 8 十码，计有四百匹之多，尚有其他各家，亦有发烟绸货，不过调查未能底细……恳请台端密为调查，随时转告范会长，一面并托范会长咨照烟台经销各绸店，如有安货到烟售出，请各绸店代为扣留使费，每箱拾元，并烦烟台绸业同业公会代收，汇交敝组。"② 为收回这笔垫款可谓用上了各种关系网。

不过，对于上海本地茧绸贸易商号，该项使费的收取则相对容易一些。1935 年 8 月 28 日，府绸公所致函政源，称"前承缴来安东绸三十九件之费用，早经照收"，对此表示感谢，并请"其后宝号名下续到货件，不知共有若干，所有每件之费用，仍祈即予付下"。③

1936 年 5 月 11 日，府绸公所又致函政源，对其上年缴纳使费一事表示感谢，并提醒其尽早缴纳本年度使费："今岁因敝组经济方面感觉局促，所有该项垫款，亟待收回应用。兹悉安东河早经解冻，宝号仍有绸货运申，应请宝号依照前议，仍将应缴之款，于每月月底即行送交敝组，每月到货件数，并祈于月底开单示明，以资接洽。"④ 就在同日，府绸公所致函上海双合栈："沪埠如义泰祥、政源等号，早经照案缴纳。所有宝号名下安东来货，利益同享，当难例外，应请追念前情，照为缴纳，每箱垫费洋拾元，交付敝公所。至于到货数目，并祈随时报明敝公所，以资接洽。"⑤

这笔款项的追收面临很多的困难，受档案资料限制，无法确定最终收回了多少，但总归体现了作为一个同业组织，府绸公所在事关茧绸业整体发展的问题上所付出的努力。

①《函烟台范书云先生》（1936 年 4 月 25 日），上海市档案馆馆藏：《山东河南府绸公所稿簿》，Q116-1-44。
②《函烟台久成绸号曹炳尧君》（1936 年 4 月 25 日），上海市档案馆馆藏：《山东河南府绸公所稿簿》，Q116-1-44。
③《函政源号》（1935 年 8 月 28 日），上海市档案馆馆藏：《山东河南府绸公所稿簿》，Q116-1-44。
④《函本埠政源号》（1936 年 5 月 11 日），上海市档案馆馆藏：《山东河南府绸公所稿簿》，Q116-1-44。
⑤《函本埠双合栈》（1936 年 5 月 11 日），上海市档案馆馆藏：《山东河南府绸公所稿簿》，Q116-1-44。

第三章
府绸公所业务的开展

府绸公所在 20 世纪 30 年代之前，主要关注的是与对外贸易相关的各类事务，当然也有改良柞蚕、茧绸织造等方面的工作。但在 30 年代之后，由于出口贸易不振，府绸公所的主要工作大量转向了对产地的关注、质量的改进。于是，府绸公所的业务重点也就从流通领域逐步向生产领域倾斜。但是，这种转变过程中出现了财务和组织能力等方面的问题。府绸公所在后期始终无法解决这些问题，这直接阻碍了其作为丝绸产业的一个同业组织而进一步发挥作用与影响力。

在山东茧绸的贸易中，1919 年前后，府绸公所曾经有过协调贸易流程的经历。山东茧绸的贸易流程，需要依靠海运，主要由烟台运至上海，再从上海出口海外。府绸公所在 1919 年底的冬季常会上，说明了当时的贸易流程：

> 昨据聚星成绸号执事石子安君，代表鲁绸帮来所报称，来货被阻，不易到申，加以货走烟台，迟延更甚，现烟船半月可到，且船只甚少，津船大都直放上海，间有放申过烟，在埠暂泊者，只停两小时，不及装运绸货，因此各家之货，都系被阻在烟，一时不能运申，而贵同业各绸店抛出洋行之货，俱已到期，是以来催交货者，日夜不绝，敝帮实属难以对付。为此，据实陈请，恳祈设法维持，展缓交货。

府绸公所根据这一困难情况，"由各同业经理人，向原定各洋行声明详细缘由，恳商展缓交解办法"。[①] 可以看出，由于烟台主要以茧绸为对外贸易商品的大宗，往来停泊的轮船很少，往往需要借助天津至上海的轮船顺路搭载茧绸，于是经常会有错过船期，以至不能及时运往上海交货的情况。

与洋行的贸易，在付款期限方面，全面抗战后发生了相应的变化。1939 年7 月，府绸公所在全体会议上讨论"传闻沪埠行将发行汇划证流通市面，我业售货，应对洋行声明，一律收取现钞，以资慎重而免损失"，并通过决议，"汇划证现尚未见发行，应暂静观大市情形，再行核议。对各同业先函通知，此后对各洋行于售货成交时，应先口头声明，收款仍照旧例"。上海市绸缎商业同业

---

① 《民国八年己未十一月十八日冬季常会》，上海市档案馆藏：《山东河南府绸公所紧要议案》，Q116-1-19。

公会也致函府绸公所，称"各会员售货，按照新订价目办理，并须一律概用法币"，决议"转函各同业知照"。①以上都是府绸公所业务的一个方面，下文将对其业务的主要方面进行比较详细的考察。

第一节　府绸公所对茧绸贸易事业的开拓

如何扩大茧绸国际贸易的市场，尽力使茧绸商品在国外被接受，是府绸公所最关注的问题之一。1928 年上半年，府绸公所与礼荣洋行就茧绸性质往来函件交涉，正是这一业务的体现。

1928 年 1 月 31 日，礼荣洋行负责人利奥·阿扎迪安（Leo Azadian）致函府绸公所，声称部分人因宗教信仰的原因"拒用完全丝织品"，需要由府绸公所提供包括茧绸等商品在内的证明文件，特别注明要能够证明河南、山东、上海等地所产的茧绸，不同于纯蚕丝制成的绸缎产品。

府绸公所在了解该洋行的需求之后，回复如下：

> 敝国山东、河南所产府绸，所用原料，系柞树上一种虫类，在春季时自然生长于树间，取柞叶为其天然食料，经数旬之久，结成虫窠于树顶（此项虫窠，较蚕茧大逾一倍），越一二旬成蛾，破窠飞去，取其遗弃之窠壳，抽缫成丝，作为织造府绸之原料。此项蛾虫之产生及作窠，均系天生天化，绝不假手于人工，且至成蛾时期，自然破窠飞去，在人并不将其生命伤害，与家蚕之产生白丝，全赖人工所为者性质绝对不同，因其自然野生，而形象类似丝品，故名野丝，其坚韧力较白丝为强，而其性质殊与棉花之同为天然所产无异，故敝国人用府绸制造衣服及器具，其并无伤害昆虫生命，所以与天产植物棉织品视为一律，不若白丝之残杀生物，有妨人道。②

同时，府绸公所专门附带出示了相关的证明，表示"纺制茧绸之物质，只产于敝国北部河南、山东及东三省，一切原生物质，与夫裁制、纺织诸法，与天然真正丝织品者迥异"，并专门列表比较茧绸与"真正丝织品"物理的差异（参见附录 14）。至于礼荣洋行提及的一些茧绸名目，府绸公所特别表示，"数年前，敝国又纺制新式茧绸数种，该绸商业上的名称为'上海茧绸''湖州

---

① 《二十八年七月四日全体会议》，上海市档案馆馆藏：《山东河南府绸公所会议录》，Q116-1-38。
② 《与礼荣洋行就茧绸性质的往来函件》，上海市档案馆馆藏：《山东河南丝绸业公所关于交易问题致鲁山县商会函》，Q116-1-4。

茧绸’，及‘白茧绸’，此数种茧绸成分之组成，均含有植物与其他毛线纤维，该绸色采纯白，惟间有稍带蓝色或金黄色者，至其对于颜色剂所发生之吸收量，颇堪注目”。因此，“敝国所产之茧绸，与全赖蚕茧织成之真正丝织品者，可谓毫无相同之处。至敝国产之‘山东茧绸’‘河南茧绸’‘上海茧绸’等，大都系属动植物纤维混合织品”。①

可见府绸公所为了拓展商品市场，确实下了一番工夫。其实在近代时期，中东地区一直是中国丝绸产品出口的主要目的地之一。需要特别注意的则是，为尊重当地人的习俗，出口至中东地区的丝绸产品，往往是纯蚕丝与其他植物纤维或人造纤维的混纺产品。

礼荣洋行是众多洋行中与府绸公所关系非常密切的一个洋行。

1930年2月下旬，礼荣洋行专门就埃及对进口绸缎商品加税一事致函府绸公所。府绸公所遂立即召开会议，决议回复详细询问，“待该行复函到后，函询外交部驻沪办事处，再呈请工商部、外交部请求”②。作为以中东为主要贸易对象的洋行，礼荣洋行与府绸公所的关系可谓非同一般。

府绸公所同业商号中包括久成、大丰等，与礼荣洋行一直维持着比较稳定的关系，1947年底，府绸公所还专门为礼荣洋行股东却而司阿若廷开立证明书：

> 礼荣洋行股东却而司阿若廷君（Charles Azadian）系叙利亚国人，生长（于）中国上海，经营丝绸出口业务，与该会会员等交易有年，现因视察商务赴美，刻在旧金山候船返中国上海途中，请掣给证明书，以凭呈验核准启程等情。查却而司阿若廷确系出口丝绸商，据请前来，合予证明如上，须至证明者。③

数十年的合作关系，确系难得。之后尚有国外政府加税，洋行向府绸公所报告，共同商议对策之事，并不仅仅限于礼荣洋行一家。

一、府绸公所与检私委员会的互动关系

“检私委员会”这一机构，是由上海市绸缎商业同业公会于1936年7月31日会员大会议决成立的。其成立的初衷，在于“防止走私及证明货匹之具体有效办法”。府绸公所对此原本并不热心，曾回复上海市绸缎商业同业公会称：“敝

---

① 《与礼荣洋行就茧绸性质的往来函件·附件》，上海市档案馆馆藏：《山东河南丝绸业公所关于交易问题致鲁山县商会函》，Q116-1-4。
② 《民国十九年二月》，上海市档案馆馆藏：《山东河南丝绸业公所议案》，Q116-1-9。按，本次会议日期在档案记录中缺失，但根据上下文的顺序，应该在当年的二月下旬。
③ 《出立证明函件》（1947年12月30日），上海市档案馆馆藏：《山东河南丝绸业公所稿簿》，Q116-1-47。

组茧绸产自河南、安东、山东省，其原料纯属本国之野蚕丝，间有少数交织货匹，亦属采用浙江之白丝，行销之对象乃属欧美各国，于本国方面销路无几。现自产地运申亦通畅无阻，既系完全国货，自无防止必要，至其他非同组之防止办法，敝组以业务不同，内容不明，无从贡献意见。"①基本延续了自 1930 年以来的不合作态度。

但是，在具体的对外贸易流程中，府绸公所仍然非常严格地执行了检私委员会的规定，"在十天以前，先将运销国内各埠各项绸货办理登记手续，二星期后，即须凭同业公会证明书，请领海关运销执照"。如果不依照这一规定办理，则无法向海关申报出口。为便利各会员商号起见，府绸公所积极调查了相关商号，对于尚未入会的商号，积极建议其加入，表示"同业公会发给证明书，只限于入会会员，其非入会会员，势必难获准许"，"现因检私而于运销发生问题之际，要否立时参加入会，俾资便利"。②这可谓对茧绸业发展的一项积极作为。

检私委员会的存续时期，基本上是府绸公所在抗战中的艰难时期。但初期府绸公所还是采取了合作态度，积极缴纳在申报出口茧绸产品时的各项手续费，"每匹一分弍厘半，敝组各号仍当负责，缴付贵会"③。因此可以通过检私委员会的记录，大致确定当时茧绸贸易的商号、贸易额、出口目的地等内容。通过对 1936—1941 年档案资料的梳理，可以得出表 3-1。

表 3-1 1936—1941 年检私委员会登记的茧绸出口贸易情况

日期	商号	商品名称及数量	贸易洋行	出口目的地
1936 年 10 月 2 日—10 月 6 日	久成志记绸庄	永泰丝厂双宫厂经 10 包		印度孟买
1936 年 11 月 8 日	久成志记绸庄	府绸 5 箱，双宫丝 3 包		印度
1936 年 11 月 21 日	久成志记绸庄	汴子生丝 15 包		印度孟买
1936 年 11 月 28 日	久成志记绸庄	双宫丝 5 包，冲沔阳丝 3 包，同功丝 2 包		印度孟买
1936 年 12 月 5 日	久成志记绸庄	河南府绸 2 箱计 200 匹，双宫丝 10 包		印度孟买
1936 年 12 月 29 日	久成志记绸庄	自造河南府绸 2 箱计 200 匹		印度孟买
1937 年	大丰绸庄	山东府绸 1 箱计 30 匹	中兴贸易公司	白瓣台特
1937 年 3 月 3 日	大丰绸庄	国产宁海双丝府绸 50 匹	上海谦纳麦鲁洋行	白司拉
1937 年 3 月 10 日	久成新绸庄	国产山东府绸 1 箱计 25 匹	上海新时昌洋行	北菲州丢义司
1937 年 4 月 6 日	久成志记绸庄	河南府绸 3 箱计 250 匹		印度孟买
		河南府绸 2 箱计 200 匹		白司拉

① 《复同业公会》（1936 年 7 月 9 日），上海市档案馆馆藏：《山东河南府绸公所稿簿》，Q116-1-44。
② 《函诚昌、福康、久福三号》（1936 年 8 月 1 日），上海市档案馆馆藏：《山东河南府绸公所稿簿》，Q116-1-44。
③ 《函绸缎业同业公会》（1938 年 2 月 28 日），上海市档案馆馆藏：《山东河南府绸公所稿簿》，Q116-1-42。

续表

日期	商号	商品名称及数量	贸易洋行	出口目的地
1937 年 4 月 13 日	久成志记绸庄	国产河南府绸 6 箱计 300 匹	上海陪森洋行	白丝拉
1937 年 5 月 5 日	大丰绸庄	国产山东府绸 6 箱计 170 匹，分装 4 次	上海中兴贸易公司	白掰特
1937 年 5 月 11 日	久成新绸庄	国产山东、河南各种府绸、上海白经绸共 4 箱计 140 匹	上海礼荣洋行	伊朗
1937 年 5 月 15 日	久成新绸庄	国产河南府绸 2 箱计 200 匹	上海新时昌洋行	丢义司
1937 年 6 月 3 日	久成新绸庄	国产山东宁海府绸 1 箱计 15 匹	上海新时昌洋行	古巴
1938 年 3 月 9 日	久成新绸庄	国产山东河南茧绸 1100 匹，净重 2322 千克		
1938 年 2 月 20 日	久成新绸庄	国产河南茧绸 1236 匹		
1938 年 3 月 19 日	大丰绸庄	山东双丝绸 1805 匹		
1938 年 4 月 9 日	诚昌绸庄	国产烟台府绸 102 匹，计 284.5 千克		
1938 年 5 月 15 日	久成新绸庄	国产山东府绸 8 箱计 200 匹	上海新时昌洋行	南美洲蒙脱伐度
1938 年 5 月 24 日	久成南绸庄	本色山东府绸 6 匹计 114 码，山东白府绸 3 匹计 57 码		荷属泗水埠北杀望街五号俞宏瑞振德栈
1938 年 9 月 2 日	协丰正绸庄	国产河南府绸 100 匹	上海新时昌洋行	法国里昂
1938 年 10 月 13 日	久成新绸庄	国产山东宁海茧绸 4 箱计 100 匹	上海新时昌洋行	孟买"拔掰台特"
1938 年	久成南绸庄	国产山东府绸 3 包计 6 匹		荷兰泗水埠
1938 年 11 月 1 日	协丰正绸庄	国产河南茧绸 300 匹	上海礼荣洋行	旁倍白萨
1938 年 11 月 22 日	协丰正绸庄	国产河南茧绸 50 匹	上海礼荣洋行	法国"阿姆斯脱滕"
	三晋川润记绸庄	国产河南茧绸 300 匹	上海新时昌洋行	孟买转"白掰台特"
1938 年 12 月 16 日	久成新绸庄	国产山东宁海茧绸 3 箱计 75 匹	上海礼荣洋行	印度转"彼司拉"
1939 年 2 月 11 日	协丰正绸庄	国产河南 40 码茧绸 3 箱计 50 匹	上海新时昌洋行	法国里昂
1939 年 2 月 13 日	三义和绸庄	国产双手牌河南茧绸 2 箱计 200 匹	上海新时昌洋行	孟买"白掰台特"
1939 年 2 月 14 日	大丰绸庄	国产山东双丝绸 2 件 50 匹	周氏兄弟商行	英属"白司拉"
1939 年 2 月 15 日	春源绸庄	绸缎椅垫 400 对、650 对、300 对		新加坡
1939 年 3 月 7 日	久成新绸庄	国产宁海茧绸 125 匹	上海新时昌洋行	法国丢义司
1939 年 10 月 20 日	三义和绸庄	国产河南茧绸 □ 匹（45—50 码，95—100 盎司一箱）	上海新时昌洋行	荷兰腊脱特姆
1939 年 11 月 2 日	久成南绸庄	国产山东白府绸 6 包计 50 千克		小吕宋善兴公司
1940 年 4 月 30 日	久成新绸庄	国产山东宁海绸 2 箱计 56 匹	上海礼荣洋行	英国梯耳阿伐

续表

日期	商号	商品名称及数量	贸易洋行	出口目的地
1941 年 2 月 1 日	春源绸庄	25 号双丝绸 25 匹，万巾缎 8 匹，善绒葛 8 匹，双面缎 8 匹，25 号铁机绸 8 匹，50 号铁机绸 2 匹，计邮包 15 个		巨港义祥福
1941 年 2 月 11 日	久成南正记绸庄	山东宁海府绸 4 箱计 100 匹，重 341 千克	哈同洋行	伊朗
1941 年 5 月 8 日	大丰绸庄	山东双丝绸 150 匹，山东白绸 25 匹，共计 7 箱	联茂洋行	埃及苏伊士

注：表中部分日期档案记录不全，仅有年份。出口目的地为当时的音译，有些地名并不准确，无从详考

资料来源：1936 年 12 月底前数据，出自《山东河南府绸公所稿簿》，Q116-1-42；1936 年 12 月—1938 年数据，出自《山东河南府绸公所稿簿》，Q116-1-44；1939 年后数据，出自《山东河南府绸公所稿簿》，Q116-1-47。本表系根据历年函件整理得出。按，表中法国"阿姆斯脱滕"一名，疑似有误；表中"巨港"一名，为印尼南苏门答腊省首府，音译"巴邻旁"

不过，检私委员会的设立，对于直接从事对外贸易的茧绸商号而言，带来的不便之处也有很多。1938 年 2 月，府绸公所致函上海市绸缎商业同业公会，称检私委员会原本为打击走私而设，但对茧绸贸易而言实在是弊大于利，"此项茧绸，乃运销外洋货物，与运销内地有防走私而须加以检查者不同，且所请求发给之证明书，系对市商会而非对检私会，根本与检私会毫无关系，是以以前仅由贵会转函市商会，而与检私方面从无发生关系"[①]。10 月，府绸公所再次致函：

> 查检私会之设立，实于敝组向营出口者根本无关，自该会成立后，反觉枝节横生，偶遇敝组出口府绸百中之一，为因装到彼国口岸，证明中国出产起见，请烦贵会转函市商会发给证明书，本不涉检私范围以内，乃贵会不照向例办理，必要曲令转手检私会，辗转迟延，不免有误船期，此实敝组各号极端反对者。况海关为政府税收无上机关，敝组之货既经海关验明出口，已无检私可言，乃贵会不察是非，误解意义，反使多遭周折，兹荷征询，直率陈述，务请立即提交执、监委员会审核纠正，对于此后敝组各号请领市商会证书，准予仍照向例办法，勿再远绕检私会，以期迅捷，免误船期，是所至盼。[②]

根据此信函，可见府绸公所对检私委员会之怒气。在抗战期间，对外贸易早已遭受致命打击，再受此种检私委员会的掣肘，国际贸易状况更不乐观，这一状况也可视为府绸公所对从公会至政府各个层面强化控制的反弹。

---

① 《函绸缎业同业公会》（1938 年 2 月 28 日），上海市档案馆馆藏：《山东河南府绸公所稿簿》，Q116-1-42。

② 《函绸缎业同业公会》（1938 年 10 月 11 日），上海市档案馆馆藏：《山东河南府绸公所稿簿》，Q116-1-42。

两周之后，府绸公所向下属各商号函称，今后在茧绸出口贸易时无须考虑检私委员会："由检私会登记转手，后多费麻烦周折，现经本组致函公会反对交涉后，业经公会第四十四次执监委员会通过，依照前状由各该号函知本组致函公会，转请商会发给证书，毋须转手检私会，并免除手续费。"①据此可知，前函通过上海市绸缎商业同业公会表达的对检私委员会的意见，还是起了很大作用的。这应该是上海市绸缎商业同业公会内其他各组面临的共同问题，所以解决起来才比较顺利。此事的顺利解决，可谓是府绸公所为下属商号在贸易业务方面做出的应有贡献。

二、府绸公所参与的各类展览会

府绸公所为推销各类茧绸商品起见，曾积极参加各类展览会，其中最早参加的展览会，应该是民国四年（1915年）的农商部国货展览会。

1915年7月24日，府绸公所通函各同业商号，农商部以振兴国货，拓展销路，应时势之需要，拟于10月1日开设国货展览会于京师，"先后呈奉大总统批准……遵批通咨各省，转饬遵办"。上海总商会、中华国货维持会等机构也先后通函上海各同业公会，征集货品参赛。府绸公所表示："兹事体大，拟集全体同人公意讨论解决，兹定于阳历七月廿四日星期六午后一时开会，届时务请惠莅本所事务所，集议一切，俾便进行，幸弗放弃。"②

府绸公所对此次展览会颇为重视，积极筹备，但波折颇为不少。9月4日，府绸公所致函中华国货维持会，称已由同业商号"久成、大丰等六家备妥赴赛绸货一箱"，随后"开单送会，取得贵会字条，遂持条携洋并绸货一箱，计净重绸分壹千贰百零壹两，送交捷运公司转运京都"，但发生了交涉事件：

> 谁知该公司只收不给照，当经诘其为何留难，据答此项赛品虽质属非卖，然为保安起见，不得不知实价。旋由敝所开，云价值为郑重故，一律估计，共值价洋四百八十三圆七角五分，俾保险有所率循，讵该公司即以此为征收运货之标准。观其收据所书："收到贵重品壹箱，计运脚费拾三元七角，保险费一元五角，共拾五圆贰角。"查贵会去条书明非卖品，今该公司收照上都未写明，究不知此项运脚、保险是来往两次之费，抑系单程之费，若只单程而需运费如此之巨，则不特窒滞国货行销，抑且有负农商部提倡之盛意。且查敝业转运绸货，日有数起，无论水陆运脚，从来无此价格，且忆当贵会开会时，该公司经理亦尝列席，对众宣言，义

---

① 《函久成志绸号》（1938年10月24日），上海市档案馆馆藏：《山东河南府绸公所稿簿》，Q116-1-42。

② 《录致同业各号通函》（1915年7月24日，乙卯年六月十三日），上海市档案馆馆藏：《上海山东河南府绸公所往来紧要函牍》，Q116-1-23。

形于色，并决议改由水运，以节费用，己则愿尽义务以资提倡，言犹荥耳，岂遂忘之？然则所开之价必系来往两程之费，当无疑义，但尚未按农商部特典七折扣算耳。

府绸公所又表示："此事虽为数式微，商人尚堪担负，惟念事关国货前途，尚乞贵会出为维持，国家幸甚，商业幸甚。"①并开列相关茧绸商品详情，如表3-2 所示：

表3-2　府绸公所参加1915年10月1日北京农商部国货展览会赛品清单

商号	品种	参展数量	售出	除会场保险运回水脚特捐外，净余	退回
久成	各种府绸	九匹	六匹	□□□	三匹
久昌	各种府绸，又丝绵	八匹，二只	一匹，未	□□	七匹，两只
久成南	各种府绸	四匹	未		四匹
大丰	各种府绸	五匹	未		五匹
川记，即三晋川	各种府绸	一匣	未		一匣
运昌宏	各种府绸	一匣	未		退回

资料来源：《致国货维持会函·为捷运公司运费事》（1915年9月4日，乙卯年七月廿五日），上海市档案馆馆藏：《上海山东河南府绸公所往来紧要函牍》，Q116-1-23

在这次展览会上，府绸公所各同业商号获得的荣誉如下：

久成　久成南，得一等金奖牌一块，二等金奖牌一块，优等褒状二张。按久成南号系属久成支店，故不另给奖。

久　昌，得一等金奖牌一块，二等金奖牌一块，优等褒状二张。

大　丰，得一等金奖牌一块，优等褒状一张。

三晋川，得一等金奖牌一块，优等褒状一张。

运昌宏，得一等金奖牌一块，优等褒状一张。②

这可谓载誉而归了。但总的来看，对于各种展览会的展示陈列活动，府绸公所似乎并没有什么选择的标准，根本上来说或许是以是否有利于出口贸易为原则。

民国初期，府绸公所对参加各类展览会、博览会还是比较热心的，茧绸产品的市场也相对活跃。但是，从事茧绸贸易的各同业商号的活跃程度显然高于

① 《致国货维持会函·为捷运公司运费事》（1915年9月4日，乙卯年七月廿五日），上海市档案馆馆藏：《上海山东河南府绸公所往来紧要函牍》，Q116-1-23。

② 《补录农商部国货展览会本所赴赛同业褒奖》，上海市档案馆馆藏：《上海山东河南府绸公所往来紧要函牍》，Q116-1-23。

府绸公所，往往是商号积极主动，府绸公所仅仅从事协助工作。

1921 年 9 月，府绸公所致函上海总商会，为参加上海总商会商品陈列所的展览，同业商号久成、久昌、三晋川这三家踊跃参加，"准贵会商品陈列所之征集，送来应征陈列丝绸物品多件，请汇送贵会转所，分别陈列……共出品府绸拾肆匹，分装拾匣，计价值洋贰百九拾叁元三角，并附有说明书、志愿书各二份"，参加陈列展览，并注明"此项绸品俱属非卖，合并声明"，请陈列所注意保管与保险等事务。① 详细商品信息如表 3-3 所示：

表 3-3　1921 年上海总商会商品陈列所展览茧绸信息表

商号	商标	品名	数量	包装	价值	共值	附注
久成	鹿牌	河南府绸	两匹	盒装，玻面	每匹□□	五十五元	共锦盒三只许，绸七匹，共值洋一百六十八元；另附有说明书、志愿书各一份
	鹿牌	河南府绸	一匹	锦盒一只	每匹叁元	八元	
		山东府绸	两匹	锦盒一只	每匹丨乂元	二十八元	
		改良白经绸	两匹	锦盒一只	每匹□□	七十七元	
久昌	狮牌	山东府绸	三匹	每匹各装玻面		四十二元八角	共值洋一百一十一元三角；附说明书、志愿书各一份
	狮牌	河南府绸	三匹	盒一只共六盒		六十八元五角	
三晋川	手牌	河南府绸	一匹	玻面木盒一只		十四元	

资料来源：《致上海总商会函》（民国十年辛酉七月廿九日），上海市档案馆馆藏：《山东河南府绸公所往来紧要函牍》，Q116-1-20

1921 年 10 月，同业商号中的主力久成委托府绸公所致函上海总商会商品陈列所，称之前由于展览会行将开幕，"定期在即，向吾业征集出品赴所陈列"，但久成"由豫省运绸来申，途次被劫，后致运输室滞，各货残缺。……顶号府绸一时缺货，而会期又迫不及等待，只得短中取长，交由尊处转送到所陈列，拟俟顶号绸匹到申，再行调换"。经过一段时间的准备，久成"已由河南运到大批本机自织顶正号绸匹，身色俱佳，拟送择数匹，作为陈列之品。为此，乞请尊处函恳总商会，将前品倒换陈列，以壮观瞻而维国货"。府绸公所也请求该陈列所"予将该府绸调换陈列，想贵所陈列商品，当推陈出新，以资提倡，所请谅可照准"。② 为了这次展览会，久成与府绸公所来回腾挪替换，可谓尽心竭力了。

但是，府绸公所在 20 世纪 20 年代后期，尤其是改组被纳入上海市绸缎商业同业公会之后，对纯粹以国内为主的各类展览，前去参加的兴趣都不大，许多展览会都被其谢绝了，见诸档案资料的，有以下两例。

---

① 《致上海总商会函》（民国十年辛酉七月廿九日），上海市档案馆馆藏：《山东河南府绸公所往来紧要函牍》，Q116-1-20。

② 《致上海总商会商品陈列所函》（民国十年辛酉九月十七日），上海市档案馆馆藏：《山东河南府绸公所往来紧要函牍》，Q116-1-20。

1935 年 11 月底，上海市绸缎商业同业公会致函府绸公所："浙江教育馆在杭举办全国国产展览会，嘱为分函所属各庄号，征集绸绉出品。"得到的回复则是拒绝参加。府绸公所表示，各同业商号经营的产品都是"山东河南野蚕茧绸"，"向销外洋，货品粗俗，不合时尚，素非本国人民所喜用，殊无展览之必要"。[①]这一回复，甚至有些自黑的性质了。

1936 年 2 月底，府绸公所收到上海市绸缎商业同业公会的来函："以市博物馆筹备处派员来会，为筹备陈列各种出品标本，征求国绸样品，转嘱征集送会。"府绸公所回复称，同业各商号所经营的茧绸产品，"绸货类别，只分山东、河南两种，此外别无在沪设厂纺织，且河南山东绸，该两省当地均有陈列，似无送样之必要"。[②]

不过，即使是在对外贸易比较低落的这一时期，只要与拓展国外市场相关的展览活动，府绸公所虽然限于财力，但还是愿意前往参加的，如 1937 年 5 月的巴黎文艺技术国际博览会。1937 年 3 月初，上海市绸缎商业同业公会通知府绸公所："法国政府定期本年五月一日，在巴黎举行近代文艺技术国际博览会，中国参加比赛，征求出品与赛。"府绸公所复函称，"此举不独推广国产，发掘国光，且于国际艺技之地位，具有重大之关系"，考虑到茧绸产品的特点，"敝组各号出品各种府绸，在实质之用途固得外人信仰，常在采办，但外表朴实，与时下华丽之织品则有异途"，但该项展览的效果相当重大，"惟念国际比赛，于此项向销外洋之手织府绸，有相当关系，亟应遵办"，于是，"选送各种府绸计七匹，共实价一百八十四元五角，又附送久成南绸号各货货样一本"。但是，与之前参加各类展览会、博览会一样，府绸公所表示"所有应缴各货，均可售卖，如于会场售去，其货款将来请烦代收，否则闭会后，原货仍请由贵会退还"，并附送各类茧绸及货样一本，"暂时供为陈列，请为转函声明，将来会毕之后，须同原货一并发还"。[③]

但数日之后，上海市绸缎商业同业公会复函府绸公所，表示"国际博览会远在巴黎，相隔重洋，将来收回势必不易"，为免损失起见，请府绸公所改送小样。1937 年 3 月 16 日，府绸公所遂通告各同业商号："经本组各委于本月十六日会商，决定收回前送各货，发还原店，改送小样。现除久成南已制样本送会外，宝号名下如有意选送样品者，请就各货品类中自行酌定数种，每种样品二三码，送组盖取回单，汇集转送。"并请 20 日之前送达。[④]府绸公所又于同日致函上海市绸缎商业同业公会，表示之前送交的各类茧绸七匹，"各货值价颇巨，深恐远渡重洋，收回不易，现拟改送小样，所有前送各样货计七匹，

①《函复市绸缎同业公会》（1935 年 11 月 23 日），上海市档案馆馆藏：《山东河南府绸公所稿簿》，Q116-1-44。
②《复绸缎同业公会》（1936 年 2 月 3 日），上海市档案馆馆藏：《山东河南府绸公所稿簿》，Q116-1-44。
③《函绸缎业同业公会》（1937 年 3 月 9 日），上海市档案馆馆藏：《山东河南府绸公所稿簿》，Q116-1-42。
④《函绸缎业同业公会》（1937 年 3 月 16 日），上海市档案馆馆藏：《山东河南府绸公所稿簿》，Q116-1-42。

请即发还"。①如此看来，府绸公所及各同业商号，确实都是小本生意，甚至无法承受一匹茧绸的损失，在这一大背景下产业的发展前途确实非常渺茫。

1920 年，为拓展在美茧绸市场，府绸公所致函上海总商会，请求其调查茧绸需求种类、式样：

> 窃思迩年来吾国人之欢迎美货，实繁于徒，何期因此竟有同盟罢工等不幸事发生，想该国工党不乏明达之人，非不知大势者，其所以出此下策者，谅以生活日高，生计日艰所致，此实吾人当谅解。惟吾国目下正在欢迎美货热烈之际，还望美工党放开眼光，善图进行，并愿该国莫将我华货压抑于重税之下，则两国前途皆有莫大之幸福存焉。再敝业府绸一项，亦为运销该国货品之一，惟究不知何种式样，几何阔狭，几何长短为最合宜，现货中以何种名称，若干面幅，若干尺码之绸为最合销路，尚有一种身色极次之绸，每年运销该国颇夥，不知该处作何用途。恳请贵会顺便调查，示复为荷。②

根据上文的内容，美国是近代中国茧绸商品贸易最重要和最有潜力的市场，在对美国市场具体状况的把握方面，府绸公所的信息获取十分有限。但对于该国市场情况进行的探索活动，施行主体往往需要借助第三方，仅仅以贸易为主要业务的府绸公所，影响力实在无法满足生产者对市场的需求。此处的美国罢工，对中国出口美国的商品造成了很大影响。

两年之后，美国纽约第二届万国丝绸博览会举办。民国十一年（1922 年）五月初十，府绸公所"接上海总商会来函，为民国十二年美国丝绸展览会，征求吾业丝绸出品预赛"③。同月，府绸公所在夏季常会上议决："请同业各号预备出品往赛。"④但之后同业商号的表现并不令人满意。于是，府绸公所在六月专门就此事召开会议，决定"同业各号预赛出品，均送由本公所汇送总商会商品陈列所，转运赴美，并公议由本公所担认美国会场经费洋二百元"⑤。该次会议，由于协丰、源大长、天丰、敦源德、天庆永这五家商号未能出席，府绸公所又专门通函这五家商号，表示"是日贵执事未曾莅席，兹将当日决议情形，钞录议案送达，至祈察照。倘宝号欲将出品送所陈列，或出洋赴赛者，请尽阳历九月十五日以前送由本公所转交可也"⑥。

廿八日，府绸公所致钱江会馆转预赛美国纽约丝绸博览会丝绸出品会主任

---

① 《通告各号》（1937 年 3 月 16 日），上海市档案馆馆藏：《山东河南府绸公所稿簿》，Q116-1-42。
② 《复上海总商会函》（1920 年 4 月 6 日），上海市档案馆馆藏：《山东河南府绸公所往来紧要函牍》，Q116-1-20。
③ 《民国十三年甲子》（1924 年），上海市档案馆馆藏：《山东河南府绸公所大事纪》，Q116-1-22。
④ 《民国十一年壬戌五月十三日夏季常会》，上海市档案馆馆藏：《山东河南府绸公所紧要议案》，Q116-1-17。
⑤ 《民国十一年壬戌六月廿三日会》，上海市档案馆馆藏：《山东河南府绸公所紧要议案》，Q116-1-17。
⑥ 《致同业协丰、源大长、天丰、敦源德、天庆永等五号通函》（1922 年壬戌六月廿五日），上海市档案馆馆藏：《山东河南府绸公所往来紧要函牍》，Q116-1-20。

函，为前议赴美赛会会场经费一案，"前议赛会经费，当由部复允拨若干，后不敷之数再由各团体公认云云。此在团体大、出品多者所应尔，至于敝公所范围本小，出品尤稀，当然不能与各贵团相提并论也。兹敝处业已议定稍尽棉（绵）力，出国币二百圆，此款应交何处汇收，务希示知，即当送奉至各大团体前"①。

此次赴纽约参加丝绸博览会，府绸公所的投入确实不少。七月初一，府绸公所专门向同业各商号发出通函：

> 沪总商会循政府意旨，感美国盛情，决定发起往赛，邀请丝茧商、丝绸商参预组织国内外赛会专团。吾业自受邀请书后，累经开会讨论，早蒙洞鉴，恕不多赘，惟兹会期日迫，规定凡有丝绸出品预赛者，须于阴历七月初十日前送交沪总商会陈列所，先开内国丝绸展览会，会期自阴历七月十五日起，迄廿四日止，定期十天；阴历七月廿六日至八月初十日为结束会务，整备装箱时期；至阳历十月一日，即阴历八月十一日，必须起运装船。上述日期虽各日报皆有登载，本所犹恐同业各宝号临期匆忽，用再钞录奉达，务祈查照。如有应征预赛出品，务尽阴历七月初十日以前交由本所汇送总商会也。②

在近代中国融入世界经济的过程中，博览会是重要的形式和途径，国内的商会参与博览会经历了一个从被动到主动，从配角到主角的发展过程，清末民国时期国内的各类博览会就在商会、同业公会等社会组织的参与下，展示着现代化的进程。③府绸公所对此类博览会可谓尽心竭力了，但效率并不是特别高，直到八月初十，仍在讨论部分商号未能送来精良产品，公决"咨请同业各号多备各种精良上选出品，克日送由本所汇送沪总商会赴美丝绸赛品陈列所，转运纽约预赛"。至于原本要求的派代表出席一事，"代表一席，公议，骆吉昌君刻已抵英伦，应由总商会及本所与往赛诸人接洽，三面咨照，敦请骆君担任，届时请其前往纽约与赛，以作本业出席代表，所有一切川资旅费，如公费不足，由本所贴补"。④次日，府绸公所致函上海总商会：

> 敝业预赛出品，鲁绸以缺乏肥丝，故鲜有好货运申，豫绸早已备就，却又被劫。临期重行赶备，以致汇送迟迟，虽多方凑集，然终残缺难全，殊深抱歉。兹除久成、久昌两号已直接送上外，敝所代送上敝同业大丰号赛品两盒，计府绸两匹；又三晋川号赛品一盒，计府绸一匹，所有标签、

---

① 《致钱江会馆函》（1922 年壬戌六月廿八日），上海市档案馆馆藏：《山东河南府绸公所往来紧要函牍》，Q116-1-20。
② 《致同业各号通函》（1922 年壬戌七月初一日），上海市档案馆馆藏：《山东河南府绸公所往来紧要函牍》，Q116-1-20。
③ 马敏、付海晏：《晚清商会与近代博览会》，《华中师范大学学报》（人文社会科学版）2015 年第 3 期，第 120 页。
④ 《民国十一年壬戌》（1922 年），上海市档案馆馆藏：《山东河南府绸公所大事纪》，Q116-1-22。

志愿书、说明书等俱装置在盒内，请即检收，各予收证一纸为祷。此外，尚有数盒正在赶办，一俟收齐，即当续送，迟延之衍，实不获已。①

后又于八月廿一日送上第二批赛品府绸三匣，基本上完成了赛前的准备工作。也可以看出，豫绸质量相对还是比较好的，但筹备工作着实状况频出。

在九月十三日的秋季常会上，又出现了状况。原本设想由前往英国的骆吉昌顺路前去美国作为代表，但并未得到骆吉昌的允诺。府绸公所无奈之下，只好决定"既无人前往，准不派遣"，廿四日，"赴美国预赛纽约丝绸博览会绸类正副主任总代表汪星一君来函，略谓赴美赛品急待出发，所有一切手续，订五日下午三时开会，公同解决，希推派代表，准时出席讨论"。但府绸公所最终依然决定，"赴美预赛代表前经议决不派，所认经费洋贰百元即备函送去，所有各同业预赛出品，即托赴会代表代为照料陈列。惟此项赛品，须选择美国最合销路之货，尤能在美消（销）出则更善"。②完全将此事交付他人负责，着实不能保证在美国市场完成宣传与拓展的任务。

民国十二年（1923 年）六月初五日，"沪总商会商品陈列所函咨各出品家，向该所领还前赴美京预赛丝绸展览会赛品"③。则此事告一段落，而府绸公所推出的参赛商品是否被销售，已经无法知晓了——应该是已经销出，不然会通知各商号领回。

其实，在该项万国丝绸博览会事务的同时，民国十一年八月初十，上海总商会致函府绸公所，称"美国檀香山开太平洋商业会议"，请推派代表参加。但府绸公所经过会议讨论后，表示"敝业家数不多，缺乏人选，特函谨辞"④，放弃派代表前往参加。府绸公所竟多次自愿放弃推广机会，大概确实有经济实力不济的原因。

三、抵制日货问题

日本丝织业在近代迅速发展，成为中国茧绸业的最大竞争者。在府绸公所的历史上，与日本有关的事务，主要体现在抵制日货方面。1919 年，关于抵制与日本贸易的问题，同业商号大丰去函专门询问如何处理。府绸公所遂于民国八年（1919 年）六月初六日与都昌绸帮举行联席会议，商讨具体办法：

① 《致上海总商会赴美赛品展览会函》（1922 年壬戌八月十一日），上海市档案馆馆藏：《山东河南府绸公所往来紧要函牍》，Q116-1-20。
② 《民国十一年壬戌》（1922 年），上海市档案馆馆藏：《山东河南府绸公所大事纪》，Q116-1-22。
③ 《民国十一年壬戌》（1922 年），上海市档案馆馆藏：《山东河南府绸公所大事纪》，Q116-1-22。按，关于美国纽约的丝绸博览会，1922 年为参加纽约万国丝绸博览会一案，是第二次万国丝绸博览会，1923 年 2 月 5 日至 15 日在纽约举行；第一次于 1921 年 2 月 6 日至 12 日举行，地点在纽约大中宫。
④ 《民国十一年壬戌》（1922 年），上海市档案馆馆藏：《山东河南府绸公所大事纪》，Q116-1-22。

同业与客帮自今日起，一概不与某国人交易，无论卖买，皆不接做，实行与其经济绝交。倘有同业不遵今日此议决案，私售府绸与该国人者，决议每件罚银五百两正，凡本所同人均一律为调查纠察员，如察出同业有不遵今日议案，得有确实之证据报告本所，经本所查实者，得按罚款之数，提出百分之四十给予酬劳。

倘同业有违犯规章，遇应罚而不肯受罚者，公决，同业与客帮一律与其断绝交易，并在本所除名。

在该次会议上，同业商号怡源仁主动报告："尚有抛与茂木洋行双丝绸，定货四百匹，未曾到期，须候至交清为止。……自承手续似欠完备，愿以旧例应扣之一钱六分作罚款（计银六十四两），充作善举。"久昌与久成南号门市也就零售问题表示："零售问题，初议以五匹为限，继由该两号经理出席，报告零售恐致流弊，宁可牺牲营业，决意与其经济绝交，如遇该国人来购府绸，一概婉辞谢绝。"并由府绸公所与都昌绸帮共同宣告："今日决议各案，在外交上未得胜利以前，吾同业当永远遵守，不得违犯，俟将来得有机会时，当再开联席会议，以表决之。"①该次会议即府绸公所日后经常提及的"己未六六会议"，所形成的决议案也成为历次贸易抵制行动的参考标准。

民国十一年（1922 年）十一月廿七日，府绸公所在冬季常会上，就如何终结抵制对日贸易问题进行讨论，认为"此案当时系都昌帮与本所联席会议所决，今日未便单独表决……不如定期召集联席大会，以表决之"②。次日，府绸公所就恢复与日本贸易案致函都昌帮绸业公会，同时通告该公会所属聚星成、聚成永、聚成祥、聚成东、锦成裕、利源增、东顺利、泰源、合盛兴这九家商号，"订于夏正本月廿九日即星期一下午一时，仍在本所事务所开两绸帮联席会议，交付表决此案"③。

廿九日，双方举行联席会议，并通过决议案："查此案曾经民国八年己未六月初六日联席会议议决，与某国停止对外贸易，实行经济绝交。在交涉未得满意解决以前，继续有效，须至恢复邦交之机会时，经联席会议表决取销此案后，方可恢复原状云。当经双方讨论良久，结果均认为时机已至，多数表决，准将旧案注销，恢复国际贸易。"④至此，抵制日货问题告一段落。

但这件事仍然没有完结，就在府绸公所取消了对日抵制之后，第二年（民国十二年）四月初一日，上海总商会向府绸公所发函："对日抵制货物

① 《民国八年己未六月初六日与都昌绸帮联席会》，上海市档案馆馆藏：《山东河南府绸公所紧要议案》，Q116-1-19。
② 《民国十一年壬戌十一月廿七日冬季常会》，上海市档案馆馆藏：《山东河南府绸公所紧要议案》，Q116-1-17。
③ 《致昌帮绸业公会函》（1922 年壬戌十一月廿八日），上海市档案馆馆藏：《山东河南府绸公所往来紧要函牍》，Q116-1-21。
④ 《民国十一年壬戌十一月廿九日会》，上海市档案馆馆藏：《山东河南府绸公所紧要议案》，Q116-1-17。

往来，实行经济绝交一案。定本星期日邀集各界开联席会议，函征本所同意，要求推派代表加入预议。"①次日，府绸公所举行会议，决议："仍恢复己未六六会议议决案，与日实行经济绝交，星期日总商会开会，本所准推派代表出席预议。"②"己未六六会议"的决议案，是府绸公所无法回避的一次决议案。而如何处理与日本的贸易关系，是近代中国茧绸业对外贸易史上的一项长期且艰巨的事务。

四、与洋行贸易流程和交涉

府绸公所最重要的职能即是协调与茧绸国际贸易有关的各类事务，其中牵涉许多琐细事务，本部分即选择相关案例进行简要概述。

首先是 20 世纪 30 年代初，与茧绸贸易有关的免税和退税等事务。1931年，海关奉令，凡丝绸商品出口一概免税。该项政策对茧绸出口贸易影响极大。府绸公所也为此政策的实行先后做了许多工作。

1931 年 6 月 13 日，府绸公所全体会议上，就"茧绸出口税已奉部令免征，兹奉江海关布告，于本年六月一日起，凡装运外洋之绸货，无论用新旧派司，所有前完纳之正半税，概行发还"一事，各同业商号讨论后，决定"应函知各洋行查照发还……出口货正半税"，"请其将六月一日以后出口之绸货，无论新旧派司，所有正半税等，在上海收回者，请尊处代收发还，如需向原产地海关收回此税，请将出口凭单给还"。③这种退税，其实数量也不是特别多，主要的退税对象，还是在 1931 年 6 月之后出口的茧绸中已经被征收过关税与子口税的商品。不过，有出口退税之事则是肯定的。

该项免税政策，各通商口岸海关税务司在之后的年份中，贯彻得还是比较好的，同时府绸公所也在尽力扩展免税商品的名单。1938 年上半年，府绸公所向上海市绸缎商业同业公会呈文："染色绸货复行出口，依照海关向例，不能享受退税权利，期间损失为数非细，本组为争同业利益，减轻损失计，迭经函请公会转电财政部，请求变通办理，准许染色出口货匹退还原纳税款。"经过财政部审核后，"电复照准，并由会据电函请江海关税务司公署，请予决定手续办法"。江海关税务司随后批示同意："该署六月十日批第三六〇六号内开：呈悉，所有改包染色之国产茧绸，可按照现行改包办法，准其享受复出口利益，惟此项办法，系属试办性质，如查有舞弊情事，当即予取消。"④虽然这一政策是"试办性质"，但毕竟在茧绸出口贸易方面提供了又一项利益。

---

① 《民国十二年癸亥》（1923 年），上海市档案馆馆藏：《山东河南府绸公所大事纪》，Q116-1-22。
② 《民国十二年癸亥四月初二日会》，上海市档案馆馆藏：《山东河南府绸公所紧要议案》，Q116-1-17。
③ 《民国二十年壬（申）六月十三日全体会》，上海市档案馆馆藏：《山东河南府绸公所议案》，Q116-1-11。
④ 《通告同业各号》（1938 年 6 月 16 日），上海市档案馆馆藏：《山东河南府绸公所稿簿》，Q116-1-42。

其次是民国初年，与相关贸易洋行关于茧绸出口贸易中货箱、包扎、纸张等费用的交涉。这在一定程度上可以体现府绸公所与都昌绸帮在国际贸易中的影响力，即如何处理与洋行的关系。

民国五年（1916年）七月初六日，都昌绸帮致函府绸公所："所有贵公所内各行号，代敝绸帮行销绸匹，向来箱子、油纸、包扎等费，均归敝绸帮担任。兹有数家洋行见外洋来信云，及嗣后所装各货木箱须要加厚尺寸，包扎改用洋纸，且各行各式，花样繁多，办理殊难，一律照此情形，恐将来各行办货所售价值亦必不能一律。"为欲求货价划一，免除繁杂起见，"嗣后各行号经手售货，须援照烟台洋行办货规则，所有箱子、包扎、纸张等费，概归洋行自办"。①次日，府绸公所经开会讨论，认为"此事关系重大，应请共商妥善办法"，最终形成决议："由本所通函各洋行，叙述接昌邑绸帮（即都昌绸帮）函意，业经本所议决，准照办理等情，译成英文，签字单一纸，请各洋行签准施行。"②

七月初八日，府绸公所致函有贸易关系的各个洋行，说明此事："敝公所当经开会集议，佥谓以该绸帮所称各节，拟援照烟台洋行办货规则办理，核来尚属正当划一办法，似可照行。除函复该绸帮准照办理外，为此据情开单奉达，祈请贵行鉴察，准如所请，签字施行。"③一个月后的八月十一日，印度洋行美大、培森、毕侈利、高倍、卜和奠而、森茂等联合致函府绸公所，同意签字，表示"为木箱包纸等费，经贵公所议决，须归敝行等担任贴偿辩论事，敝行等今日得悉，实为意料不及之事，即贵公所已将此项规章通告，并定即日施行，此举实使敝行等无法可以拒绝，只得签字于贵公所之决议书中"，但也持有一些保留意见："兹所辩论者，即敝行等签字之阻碍，乃同贵公所会员之依准也。今特具此辩驳，因此项额外化（花）费，乃有数端真实理由可能辩驳之（至于敝印度各行尤多），此节现时不便声明，但恳贵公所暂准敝行等一相当期限，以便敝行等上书旁倍总行定夺后，再为实行此等之新规章，想贵公所必有公平裁判示我等。"④

同日，府绸公所通函各同业商号："将昨今两日业已签字之各洋行，开单录呈台览，如有交易，不妨与其继续进行，其余尚未签字之各洋行，俟明日签妥

---

① 《致各洋行通函·为同业售出各货之箱子包扎纸张等项，援照烟台洋行办货规则，概由买客自理由》（中华民国五年丙辰七月初八日，1916年8月6日），上海市档案馆藏：《上海山东河南丝绸业公所往来紧要函牍》，Q116-1-23。

② 《上海山东、河南丝绸业公所历年事略·民国五年》，上海市档案馆藏：《山东河南府绸公所大事纪》，Q116-1-8。

③ 《致各洋行通函·为同业售出各货之箱子包扎纸张等项，援照烟台洋行办货规则，概由买客自理由》（中华民国五年丙辰七月初八日，1916年8月6日），上海市档案馆藏：《上海山东河南丝绸业公所往来紧要函牍》，Q116-1-23。

④ 《译录印度美大等洋行来函·为免除箱包费由》（中华民国五年丙辰八月十一日，1916年9月8日），上海市档案馆藏：《上海山东河南丝绸业公所往来紧要函牍》，Q116-1-23。

后,再行续闻,然后交易。"①并附有签妥洋行名单,如表 3-4 所示:

表 3-4　签妥洋行名单

洋行	签妥时间	洋行	签妥时间
泰和	民国五年九月七日	中和	民国五年九月七日
连纳	民国五年九月七日	安利	民国五年九月七日
宝克	民国五年九月七日	大昌	民国五年九月七日
彙昌	民国五年九月七日	慎余	民国五年九月七日
有余	民国五年九月七日	福兴	民国五年九月七日
斯文	民国五年九月七日	祥利	民国五年九月七日
永兴	民国五年九月七日	怡隆	民国五年九月七日
沙咪	民国五年九月八日上午	公安	民国五年九月八日上午
汤浅	民国五年九月八日上午	立兴	民国五年九月八日上午
惇信	民国五年九月八日上午	百多	民国五年九月八日上午
新时昌	民国五年九月八日上午	美大	民国五年九月八日下午
毕侈利	民国五年九月八日下午	森茂	民国五年九月八日下午
高倍	民国五年九月八日下午	卜和莫而	民国五年九月八日下午
老沙逊	民国五年九月八日下午	伯兴	民国五年九月八日下午
曾和	民国五年九月八日下午	培森	民国五年九月八日下午
怡和	民国五年九月九日下午	天裕	民国五年九月九日下午
华美	民国五年九月九日下午		

　　针对美大洋行等要求回复印度总行,再行遵照办理的说法,府绸公所于八月十四日复函称:"细绎尊意,似略有误会之处。盖木箱、包扎、纸张等费,原系出自购价之内,不过改代办为自办而已,似无庸函请旁倍贵总行定夺之必要。况英、美、德、法等国之各洋行,均经签字认诺,业已准照办理,是以万难延缓改变。况贵行等已蒙签字在前,何必再行辩论于后?"②语气似乎颇为坚定。

　　美大等六家印度洋行随后复函府绸公所,称"所有敝行等事业办法,与尊函所述诸多不同,盖敝印度等行,乃皆有总行设在旁倍,不若其他各行之专为代理商,如法、美等国之行,本国并无总行,在申者均属代客买卖,由中取用;而敝行等则确乎自办也,照尊函曾有购价限自外洋等语,但敝行等从未得有外洋之限价,乃向照市面而办,因是两相比较,敝行等似较他行失算受亏甚巨。且值此欧战风云弥漫之际,商业受创已深,焉克再担此重负?此乃不得不反对之原因也"。出于这一原因,"敝处曾于九月八号函内商恳准予致函旁倍敝总行,俟见来信,再行定夺。查通商各国,无论何处如有新章布告,必有一相当期限,俾得一方面之从容认诺,方始实行,贵公所此次乃竟相反,使敝行等甚为怅怅",

① 《致同业各号通函·为报告已允签字各行由》(中华民国五年丙辰八月十一日,1916 年 9 月 8 日),上海市档案馆馆藏:《上海山东河南丝绸业公所往来紧要函牍》,Q116-1-23。
② 《译录印度美大等洋行来函·为免除箱包费由》(中华民国五年丙辰八月十一日,1916 年 9 月 8 日),上海市档案馆馆藏:《上海山东河南丝绸业公所往来紧要函牍》,Q116-1-23。

故而仍然坚持之前的办法，请求府绸公所待其总行回复后再施行。①次日，府绸公所复函美大等洋行，表示"敝所此次改订新章，原非得已，实因敝同业受绸帮之临时布告，迫不及待，并不予我以相当期限，俾从容商酌而认诺，是以敝同业亦不得不照此而行，祈请原谅"，至于"贵行等买货与英、美等国洋行办法不同一节，容或有之，然此事在鄙意，想来以前敝业售货，除成本外，将此项用费加入售价之内，今请贵行将此项用费不妨仍划入购价之内，似此而行，在贵行本无丝毫之损失，亦未有加一些之担负，不过改代办为自办，在敝同业则稍省手续而已"，因此，"敝所开会集议，佥谓此事已经实行，万不能因一方之要求而停顿，是以不及再待旁倍贵总行等之复信矣。以后请贵行无庸再行函请，诸希亮察"，以为整齐划一而计，要求各洋行遵守该项规定。②

　　当然，以上事务虽然府绸公所付出了相当大的努力，但毕竟只是在贸易层面，而放眼整个产业链层面，府绸公所也开展了相应的活动。

第二节　改良产地柞蚕生产与茧绸质量

　　府绸公所作为近代中国茧绸业的一个同业组织，最大的短处，应该就是并未真正介入生产过程，而是更多地将精力集中于和贸易有关的领域。

　　1915 年底，就在召开了 10 月的国货展览会之后，农商部征查各省实业家的情况，上海总商会也通函上海各同业组织，转达实业部的通知："本部对于实业有提倡奖励之责，希将贵省大实业家姓名、事业、成绩，从速查复……以便电复咨部奖励。"③府绸公所则回复称："敝业系属物品贩卖商，虽历年已久，略有成绩者不乏其人，然愧无机械制造之出品，亦未发明何种物品，是以未敢以大实业家名称，冒渎开报。"④想来也是非常失落的一件事。

一、都昌绸帮和鲁绸贸易

　　1920 年，府绸出口与转口⑤免税，就报关行及跑行友人报酬如何处理一事，

---

① 《译录印度美大等洋行来函》（中华民国五年丙辰八月廿五日，1916 年 9 月 15 日），上海市档案馆馆藏：《上海山东河南丝绸业公所往来紧要函牍》，Q116-1-23。按，此处日期似有误，存疑。
② 《复印度各洋行函》（中华民国五年丙辰八月廿六日，1916 年 9 月 23 日），上海市档案馆馆藏：《上海山东河南丝绸业公所往来紧要函牍》，Q116-1-23。
③ 《录上海总商会来函•为农商部征查本省实业家由》（1915 年 12 月 26 日，乙卯年十一月廿日），上海市档案馆馆藏：《上海山东河南府绸公所往来紧要函牍》，Q116-1-23。
④ 《复上海总商会函•为具报大实业家由》（1915 年 12 月 28 日，乙卯年十一月廿二日），上海市档案馆馆藏：《上海山东河南府绸公所往来紧要函牍》，Q116-1-23。
⑤ 民国时期由于通商口岸的存在，以及当时对进口、出口的定义不够准确，有时也会将国内不同口岸之间的货物往来称作进出口。

府绸公所投入了相当多的时间与经费。茧绸贸易中，层次极多，牵涉到各个方面的利益，尤其是税收方面，一旦有所改变，所有相关利益方都会在府绸公所的组织下进行协调。1920年，关于向海关请求免征山东茧绸运输到上海时收取的税，以及由此导致的经手人（跑行友人）所得半税应如何弥补一案，大致情况如下。

民国九年（1920年）三月十七日，府绸公所开会，会议主席周祯祥报告称，"此次财政部为扩充海外贸易起见，通令各海关，凡出口土货，一律免征出口税，转口者免征复进口税"，并通报"现在烟台海关业已实行免税，本席昨曾邀请叶筱舫君到所，询问灰丝进口办法，据叶君云，灰丝进口时，由海关责令报关行保证，如'茧绸能办到，保证则事同一律，当然亦可发给免征证据'云云"，决议"待庞会长回申后，再定期召集开会"。①由此也牵涉到另一个问题，"鲁绸免税后，经手人向例所得之半税无着，应请补救"，最后形成决议："此案关系客帮与同业双方问题，须待邀集客帮联席会议后，方可解决。"②

四月十九日，府绸公所再次开会，讨论山东茧绸运输到上海时免税一案，并议决"山东绸之新章派司，统交本公所存记，待成交之日再由公所凭证交付"③。至于与在申客帮协调一事，则相对较为花费时间。

四月二十三日，府绸公所与都昌绸帮各号举行第一次联席会议，关于改用新章派司一案，"今日开会，为吾国政府为提倡国货，推广海外贸易，减轻商人的负担，实行免征土货出口税及转口复进口税，所以本所请诸君到此商榷一进行的办法，并对于改用新章派司的手续"，但仍未达成决议，只得下次再议。④

同日，府绸公所根据山东客帮各商号报告，称"烟台装申货物仍须完纳正半税，而在烟台出口装运外洋之货，只征丝品捐银二两"，对于这种不符合海关规章的现象，"本所闻讯之下，深为骇异，当向海关详细调查，始悉烟台办理免税手续尚未完备"，因此，详细向山东客帮各商号解读免税办法：

> 照海关章程，烟地运装府绸来申，须由该处报关行三家连环出立保结，向海关存案，以后有货装申，须由该三报关行向海关证明某家某货确系装申售与洋行出口，则只征丝品捐银二两，豁免正半税。将来绸货到申，所有一切手续概归申客帮与本所共同负责，决无他虞。为此函请贵帮赶速集议，并邀报关行会商进行办法，以三家为一组，出具保结送海关存案，俾嗣后装货运申，可以一体免税，事关重大，幸弗延缓，至申地提货，亦系

① 《民国九年庚申三月十七日会》，上海市档案馆馆藏：《山东河南府绸公所紧要议案》，Q116-1-19。
② 《民国九年庚申》（1920年），上海市档案馆馆藏：《山东河南府绸公所大事纪》，Q116-1-27。
③ 《民国九年庚申四月十九日会》，上海市档案馆馆藏：《山东河南府绸公所紧要议案》，Q116-1-19。
④ 《民国九年庚申四月二十三日本所各同业与都昌绸帮各号联席会议》，上海市档案馆馆藏：《山东河南府绸公所紧要议案》，Q116-1-19。

三家报关行连环具结，业已照办。

在此基础上，请求各客帮查照该办法来办理。①在茧绸及灰丝出口、转口免税案得到落实之后，府绸公所需要解决的，就是如何处理跑行友人（经手人）的报酬问题。

直到六月十六日，府绸公所才再次开会讨论"半税调剂案"，决议"行使新章派司，含有六两七钱半之责任，并偏枯于各号之经手人。现规定预提关元二两二钱半，凡与客帮成交绸货时，先由该客帮提交公所，以免责任。其提出之款，除备作派司补税外，余归调剂各经手人之需，计公所例扣什之一，保证派司补税什之三，经手人什之六（各号众友什之一在内），所有各同业自运来申之货，亦一律照提"。②

七月初七日，府绸公所代"旅沪山东绸业各跑行友人"致函都昌绸帮："此次贵处到申之货，正半税均已豁免，于成本上减轻荷担，敝同人深为欣慰。惟所难堪者，乃敝业中之一部分同事耳，向以收回半税，藉此补救正宗赚入之不足。"因此，"前日公恳罗坤祥君代达下情"，请求都昌绸帮给予资助。③次日，都昌绸帮复函称：

渠等向藉此项收回半税，视为正宗收入，今一旦陡然截撤，殊感困难，确是实在情形。但敝同业虽邀免税，而将来新派司之窒碍，不得不有以相当之保障，三家以上之报关行为敝同业具保，自应予以妥切之条件，初时敝同业曾议定每担酌提规银六钱七分五厘，以为担保之资。兹既承跑行各友一再请求，是以复邀集讨论，公议增至一两，而罗君坤祥又复谆谆勉劝，情分难却，当决议增加至每担准提规银一两二钱，由敝同业将此款汇交贵公所核收。至如何支配之处，应请贵公所自行分拨，惟将来新派司或有纠葛情事，悉由贵公所完全负责，与敝同业无涉。④

七月初十日，府绸公所开会讨论都昌绸帮为进口免税后贴费的复函，主席周祯祥报告，"接客帮复信，云嗣后所开成交之货，由客帮每担贴规元一两二钱，为保证免税后派司亏蚀之贴偿，倘有因派司而发生事故，统归公所负责"，会议公决，该两案"暂为保留，订明日（十一）再行开会，召集全体跑行友列席再议"⑤，还需要与跑行友人再进行讨论，确定如何分配。

---

① 《致各客帮公函》（民国九年庚申四月二十三日，1920 年 6 月 9 日），上海市档案馆馆藏：《山东河南府绸公所往来紧要函牍》，Q116-1-20。
② 《民国九年庚申六月十六日会》，上海市档案馆馆藏：《山东河南府绸公所紧要议案》，Q116-1-19。
③ 《代致都昌帮公函》（民国九年庚申七月初七日），上海市档案馆馆藏：《山东河南府绸公所往来紧要函牍》，Q116-1-20。
④ 《录都昌绸帮复函》（民国九年庚申七月初八日），上海市档案馆馆藏：《山东河南府绸公所往来紧要函牍》，Q116-1-20。
⑤ 《民国九年庚申七月初十日会》，上海市档案馆馆藏：《山东河南府绸公所紧要议案》，Q116-1-19。

次日，府绸公所准时开会，形成决议："对客帮向收每担规元一两二钱，对号东不要求加俸，惟请求凡售货每一百斤，由号东贴规元一两二钱；各号自己运申之货，照客帮例（此指各绸店自来之货）。以上两款，均按月结付公所，由公所汇存，至节上分别送与各个人。上列议案，以各号东、各经理多数赞同为证。"并做了详细的说明：

> 按此案因财政部扩充海外贸易，烟台海关免征出口税，同时上海海关亦免征进口税，故同业各号经手售货之人，向例所得之半税无着，因是请准各客帮、各绸号号东与经理，要求每售出绸货一百斤，由客帮与号东方面各贴规元一两二钱，按月提交公所，由公所汇存，逢节分送。其支配方法，以此款分为十份，什之三提存公所，备保证派司，亏蚀之贴偿什之一仍作公所例扣，什之一仍归各号众友所得，什之五归经手售货人所得。

> 所有由烟台出口报装转口运申之货，由上海报复进口办法，系在进口时由报关行向海关保证，一准出口，若不出口者，每担应偿纳正半税各一道，以旧例论，应需海关元七两二钱半，为此原由，故有以上之开会也。①

则等于每百斤茧绸，上海府绸公所各同业商号、山东客帮各贴银一两二钱，共计二两四钱，由府绸公所处置。相比之前的关税额度，确实下降了很多。

七月十六日，府绸公所又开会讨论派司及相关费用问题，在庞藻的主持下，形成决议，"客帮自贴费每担规元一两二钱后，以后对于派司损失，应由公所负完全责任。凡各同业开定客帮绸货后，其派司待公所、绸号双方接洽后，由客帮直送公所，盖印负责（无印者不凭）"，同时，"所有新派司事宜，先从存绸、存派司入手，抑请各客帮、各绸号自行报告（存绸数目，旧例派司数目，新例免税派司担数与件数），将新旧派司一律送所注册结束，以后所到新货，随到随报公所登记，请诸君讨论如何办法。再凡存有旧派司者，应即行来所掉换新派司去用，将旧派司一律收回作废，则新派司方不致溢余，可免受六两七钱半关元之赔偿"，是以府绸公所决定先将茧绸存货处理清楚，之后新来茧绸完全按照新的决议执行。经过讨论，"凡客帮送公所之（各绸号成交）派司，须将牌号、嘥头、船名、进口号头，一律注明，公所收受此项派司后，须分门别户，将各绸号成交细数，逐一列清，以免紊乱。……即日通告各洋行，咨照专用新派司"。同时，府绸公所同业商号的业务中，"绸号自办货，遵照上次议决案，与客帮贴费例同，惟须到即报。所有各绸号新旧派司，定九月一号起，一律送交公所，俟送齐，再开会讨论一两二钱之支配"。②次日，府绸公所复函都昌绸帮，交代具体办法："以后凡敝同业向贵帮各行号开定各货，所有成交担额，由双方备条报告，敝所留底，其派司请送由敝所盖印，以凭负责。"①

由此，也开始了府绸公所与洋行就子口税单经常出现的往来交涉，不过都是基于这一次的内部手续与利益分配。七月十八日，都昌绸帮就报关行担保等事致函府绸公所：

> 既蒙贵公所许为负责，还须有以切实之表示，因敝同行向海关提货，由久成、天泰亨、益顺恒三家报关行代为作保，而该报关行方面今尚未有相当之条件予以交换，何以餍该行之心理？今请以贵公所名义，向以上所指三家报关行具函作保，俾专责成而昭公允。想贵公所为谋公众利益起见，当可俯允。至于敝同行到申各货，一俟报关提卸后，当将派司送交贵公所存证，所有与贵同业成交各货，应随时将匹数、分量备条奉报，以备稽考。请贵公所于年终或半年，将敝同行售出之货，与派司之数，细加核对，设其间出货与派司不符，致派司有溢额之处者，自应由敝同行各负其责可也。②

府绸公所开会讨论后，由于庞藻会长因事赴三门湾，决定"待庞正会长回申后，邀请各客帮、各同业到所开联席会议，讨论解决"③。

八月初三日，府绸公所与都昌绸帮各号为海关免税、改用新派司等问题，举行第二次联席会议，关于改用新派司各项手续，公决："先向各绸号各客帮查明现存新旧派司及绸货数目，由公所核准，然后订定日期，由客帮将派司送交公所，再由公所汇总，分给各绸号，以绸号同客帮凭单为准，按时结算。如绸号已由客帮划转，派司到期，用不足数，应归绸号负责，如客帮所付公所派司用不足数，应归客帮负责。"关于交给洋行派司收回，公决："新派司交给洋行，须指日将派司收回取消，以清界限。"此外，关于客帮划交绸号的派司，公决："派司斤两，须照包子或箱子上报关斤两，双方核准，如再有亏耗，归绸号负责。"④九月廿六日，府绸公所与都昌绸帮召开第三次联席会议，讨论上次联席会议未决各案多项，并就各项问题达成决议。具体如下：

关于各绸号"无税派司"处理办法，公决"各号所有前来无税派司，一律送交公所，由公所汇总管理，各号后有开客帮绸货，须陆续将斤两件数报告公所，将派司尽先用出。嗣后客帮或绸号来货，以阴历十月初十日、阳历十一月廿日为止，一律仍照旧章完纳正半税各一道。所有客帮已开与各绸号无税派司，

---

① 《复都昌绸帮函》（民国九年庚申七月十七日），上海市档案馆藏：《山东河南府绸公所往来紧要函牍》，Q116-1-20。
② 《录都昌绸帮来函》（民国九年庚申七月十八日），上海市档案馆藏：《山东河南府绸公所往来紧要函牍》，Q116-1-20。
③ 《民国九年庚申七月十九日会》，上海市档案馆藏：《山东河南府绸公所紧要议案》，Q116-1-19。
④ 《民国九年庚申》（1920年），上海市档案馆藏：《山东河南府绸公所大事纪》，Q116-1-27。

如到期不用出，归公所交涉负责，与客帮无涉"，"如客帮开与各绸号之货，不向公所报告用去无税派司，此归客帮负责"。

关于"定期尽先起用无税派司"，公决"自阴历九月廿六日起，无论客帮绸号售出洋行之货，尽先将无税派司用尽，然后再用有税派司。再前客帮定与绸号之花绸派司，将来交货，照章完纳正半税，因该派司不能掉用，只得将原派司直交绸号"。

关于"逾期再报无税派司罚则"，公决"逾期之后，无论客帮及绸号如有再报无税派司者，察出每担罚银一百两正"。

关于"无税派司使用亏蚀分量，规定折扣贴费"，公决"凡前后使用无税派司，所有亏耗分量，以九五折合每担作九十五斤，所亏蚀之五斤，照关平银六两七钱半计算，由客帮贴与绸号"。①

上列决议案，经双方列席代表全体签字，一致遵行。同时，府绸公所将该次联席会议决议案通函都昌绸帮各商号。这一系列决议案，归结起来看，其实是属于府绸公所内部的交易规程，与海关、洋行的关系已经不是特别大了，这应该也是之后与洋行关系比较紧张的原因所在。

1913年，府绸公所与都昌绸帮在关于贸易流程方面，又有一次比较频繁的来往通信，主要解决的问题是依据何种标准进行绸匹交易。

为协调与府绸公所的关系，民国二年（1913年）五月廿七日，都昌绸帮向府绸公所提交了自己之前经过重整的旧规（光绪年间）与新订立的章程（民国二年），要求府绸公所根据新的贸易规程进行交易（具体章程参见附录9）。其中包括："嗣后卖货宽窄双绸，按匹论价，因为分量重出，纠葛再有，卖货成盘之日立开发票，不准于七十天外重宽期限。"②则该绸帮将原有按重量交易的贸易惯例，改为按匹论价，属于极大的变动。

第二天府绸公所收到该要求后，随即提出："顷奉惠札，并附贵业新旧章程各一纸，照收，当即咨请敝同业一体遵行，以副贵执事诸公整顿旧章之至意。惟宽窄双绸新章改为论匹作价一端，本思极意遵从，但照章办理，殊属窒碍良多，只得有违尊命，不克履行。"请求重新考虑办法。③同时，府绸公所召集全体会员商号，讨论相应对策，达成决议："双丝绸仍照旧章论分作价，如该帮不能谅解，惟有将该绸暂停交易，倘同业有违议者，察出罚依货价之什一。"④这就形成了与都昌绸帮非常紧张的对立。

---

① 《民国九年庚申九月廿六日本所各同业与都昌客帮联席会议》，上海市档案馆馆藏：《山东河南府绸公所紧要议案》，Q116-1-19。
② 《录都昌绸帮来函（为重整旧规新订章程事）》（民国二年癸丑五月十七日），上海市档案馆馆藏：《上海山东河南丝绸业公所历年事略》，Q116-1-23。
③ 《复都昌绸帮函》（民国二年癸丑五月廿八日），上海市档案馆馆藏：《上海山东河南丝绸业公所历年事略》，Q116-1-23。
④ 《民国二年癸丑》（1913年），上海市档案馆馆藏：《山东河南府绸公所大事纪》，Q116-1-8。

次日，都昌绸帮再次来函，解释变换交易办法的原因："敝业欲将宽窄双绸按匹论价，原非好变乱旧章，只求利己。因近来多有为分量不符徵色①，发声大起，交涉更有，延搁月余，始为过磅者，照此办法，断难善后。"因此，向府绸公所提出："今诸公以论匹为不可，谅必另有简易良规以教敝业，倘不公议新章，以杜弊窦，仍如从前之任意纠葛，则不惟敝业所不甘，亦诸位执事所不取也。"②保持了其比较强硬的态度。

府绸公所在收到这一强硬复函后，称其回复为"措词固执，不允让步"，于是，"同业讨论后，佥谓论分作价，于事实上窒碍难行，决议一面公推赵馨甫君、王在源君代表向该帮陈说利害，请其自行取消新例，一面推程凤笙君起草用书面答覆"。③同时表达了自己的立场："顷奉惠复，以宽窄双绸有延迟过磅，刻已悉照旧章，自不待言。至徵色发声，此更不足介意，盖分量整足，自无片言之枝节也。今以尊函转示敝同业，详加讨论，佥谓不如彼此协议于无形之中，凡卖买双丝绸匹，于议价之时以分求匹，以匹论价，双方合意，即能成交。"则府绸公所提出的办法是，由买卖双方根据具体情况，同时考虑按照重量和长度（匹）两种计算单位完成交易。府绸公所还表示："如此而行，敝同业已惨淡经营，别无立足之地矣。如贵同业必欲以此加入条规之中，则双丝绸一门，敝同业只能谢绝，别无良策。"④

民国二年（1913 年）六月初六日，府绸公所又开会通过决议，"请同业各号取一致行动"，并"赓续前议，由赵、王两代表报告云，往该帮说以利害，经渠等再四磋商后，始允取消新例，仍照旧章办理云云"。⑤于是，该项交涉以都昌绸帮的妥协而结束，完成了交易制度方面的交涉，之后所有交易基本上延续了此次交涉的结果，未再有与都昌绸帮就交易程序的纠葛。

府绸公所对生产过程的干预，源于对对外贸易中茧绸的质量控制。有研究认为，府绸公所先在商品流通领域进行干预，之后随着实力的增强，才延伸到生产领域。但根据史料记载来看，并非如此，而是完全可以说，对山东、河南等茧绸产区在生产领域的干预，基本上贯穿了府绸公所存在的整个时期。

早在 1915 年，府绸公所注册登记之后仅仅两年，就已经开始全面关注山东茧绸的整顿工作。民国四年（1915 年）四月初九日府绸公所会议上，"议长庞竹卿君提议整顿鲁绸策：（一）劝除硫磺薰绸，（二）劝免上水，（三）改良后之希望。经全体讨论后，一致表决赞成，提倡通过"，并于同日会议中，

---

① "徵色"，是当时江浙地区对"成色"的一种叫法。
② 《录都昌绸帮来函二》（民国二年癸丑五月廿九日），上海市档案馆馆藏：《上海山东河南丝绸业公所历年事略》，Q116-1-23。
③ 《民国二年癸丑》（1913 年），上海市档案馆馆藏：《山东河南府绸公所大事纪》，Q116-1-8。
④ 《复都昌绸帮函二》（民国二年癸丑六月初一日），上海市档案馆馆藏：《上海山东河南丝绸业公所历年事略》，Q116-1-23。
⑤ 《民国二年癸丑》（1913 年），上海市档案馆馆藏：《山东河南府绸公所大事纪》，Q116-1-8。

"拟以本所团体名义加入中华国货维持会，以期办理整顿鲁绸等各项事务，得有协助"，同样通过公决，"一准加入该会，公推庞竹卿议长为出席代表"。①则府绸公所直接对茧绸产区进行质量工作的协调，加入中华国货维持会，应该是出于对整顿茧绸生产过程一事的强烈关注。

民国四年（1915年）五月初一日，庞藻、朱鉴塘等人在府绸公所会议上提出整顿鲁绸问题草案十三则，并为整顿鲁绸事致函上海总商会，指出："虽特产丰饶，富有天然优美之原质，然因不知制造，坐失利源者，实难以数计。间有制造得宜，确有成绩者，又因不能精心研究，进求改良，而反用诈伪欺人之术以弋近利，故吾国实业之堕落，致一蹶不振，不堪挽救者比比皆然。"在这种"诈伪欺人"的大环境下，茧绸业也无法例外：

> 敝业鲁绸，一名府绸，为山东省天然之特产，其胶东道之昌邑县柳疃镇尤为出产汇集之区。绸之原料，系用山东野灰丝所织而成，惟丝色灰黄，不及家丝之白，然其性质之坚韧耐久，足与家丝相抗衡，故自清同治初年行销外洋以来，颇受西人之欢迎。营业之发达，诚非意想所及，最盛之年出口总数约六七百万金。至近年来产地纩织各户贪于近利，昧于远图，咸用硫磺熏炼，以饰外观，并将上等货品加黏浆粉，以增重量，俾其易于销售，以获厚利，不知所熏之色，遇有存搁，不及三数月，磺性渐退，其色亦变，更不如未熏以前。而所浆之货，一经潮湿，浆性反变，霉烂堪虞，因此丝性坚耐之力丧失殆尽，不能经久，故西人购之作衣服等类，不数月间即行破敝，受其欺者不知凡几，此中损失信用，亏蚀资本，诚匪浅鲜。且磺性燥烈，炼坊工人终日受其气味之熏，关系卫生亦属不浅。忆从前关东灰丝及盛泽洋纺均畅销外洋，颇堪获利，后因用黏浆之法，以弋近利，致失信用，故不数年间均遭失败，致不堪挽救。

这种作伪之风气，给山东茧绸业带来的危害极其明显："今鲁绸之弊害，既出一辙，且近闻日人收买山东好丝，用机纺织，以攫我利权，危机已伏，失败堪虞。今若不图，后悔何及？倘再不切实整顿，力求进步，窃恐非徒蹈灰丝、洋纺之覆辙，而鲁民之生计亦将为日人所夺矣。"因此，为了挽救该项产业，"特邀集沪地同业开会讨论，共图改良之方，金以劝导山东机户，革除熏磺、不用浆粉为入手办法，继以精选原料、研究织工为善后方针，庶几尚可挽救其既往，争存于将来"。但是，府绸公所毕竟远离山东茧绸产区，无法进行全面的质量控制，"深恐山东机户狃于积习，惟利是图，阻力横生，在所难免"，

---

① 《民国四年乙卯》（1915年），上海市档案馆馆藏：《山东河南府绸公所大事纪》，Q116-1-8。

故而请求上海商务总会（即之后的上海总商会）："详请农商部暨山东巡按使饬行所属产地各县，切实劝谕维持进行，并乞函达山东总商会，转知产地各分会，恺切劝导，以利进行。"①

同时，庞藻代表府绸公所呈请前农商部总长张謇："素仰先生热心毅力，遐迩咸钦，而提倡实业，维持国产，尤属无微不至。用敢仰乞转达农商部，咨请山东巡按使饬属维持，一面由沪商会详请山东大吏，饬行产地各县，切实劝谕督饬进行，以维实业。"②除此之外，府绸公所还通过上海商务总会先后提请农商部、山东巡按使、山东济南总商会，请求将《整顿鲁绸问题意见书》下发至产区，"饬行产绸地方官厅，会同该地商会，劝谕机户勉力改良，以维实业"③。

七月五日，上海总商会、中华国货维持会分别转来七月二日山东巡按使蔡儒楷公署的批覆，称：

> 详核该意见书，痛陈目前熏磺重浆之弊害，证以灰丝、洋纺失败之已事，而归本于精选原料、研究织工，以谋将来之发达，言皆切中肯綮，实足发绸业人之深省，曷胜嘉悦。本巡按使现已依据该意见书，择要编成白话告示，派员于业绸各县切实讲演，以资整顿，并劝令织户较多之处联合同业，广招股本，购买外国织机多架，设立一大工厂，从事纺织，一面讲求漂炼之法，庶几所出货色较之手工所织，尤为匀洁美观，销行更有把握。倘将来庞、朱二君对于此业研究之余，再有心得，仍盼源源报告于梓乡固有之生计，俾补实多，本巡按使有厚望焉。

同时也表示："现在欧战方酣，各国来源有限，正可提倡国货，以冀畅行。贵会研究有年，定多心得，尚祈嘉言时锡，惠我东邦。"④

七月八日，上海总商会转来七月五日农商部的批覆，称：

> 查鲁绸为山东大宗出产，外洋各市场行销颇旺，对于熏磺浆粉诸弊，亟应竭力禁阻，原料、织工等事，亦当加意改良，方可维持信用。若仅希图近利，涂饰外观，纵能侥幸于一时，终必失败于久远。核阅印刷品所论

---

① 《上上海商务总会整顿鲁绸节略》（民国四年六月），上海市档案馆馆藏：《山东河南府绸公所往来紧要函牍》，Q116-1-21。
② 《呈前农商部张总长整顿鲁绸节略》（民国四年六月），上海市档案馆馆藏：《山东河南府绸公所往来紧要函牍》，Q116-1-21。
③ 《录上海商务总会上山东巡按使禀》（民国四年六月十八日），上海市档案馆馆藏：《山东河南府绸公所往来紧要函牍》，Q116-1-21。
④ 《照录山东巡按使公署批覆上海总商会·第九一六八号》（民国四年七月二日），上海市档案馆馆藏：《山东河南府绸公所往来紧要函牍》，Q116-1-21。

各节，洵为整顿鲁绸根本要图，业经据情咨行山东巡按使，转饬所属产绸地方官厅遵照办理。①

据上述往来函牍所言，山东茧绸之所以有熏黄、浆粉等弊病，实因无力使用机器，致使茧绸产品缺乏美观，无奈才使用这些方法。若真如山东巡按使所言，能够以机器纺织，应当再无此类弊端。但历史的现实似乎并非如此，之后的山东茧绸质量，仍然令府绸公所一直无法放松。

关于如何整顿山东茧绸的生产过程，府绸公所一直在进行积极的关注与投入，并详细考察茧绸产业链的上下游关系。三年之后的民国七年（1918 年）十二月初十日，府绸公所召开会议，通报农商部有调查经济之举措，请求同业商号响应："吾人处于商战剧烈之场，对于经济一层，务须认定方针，不可稍有谬误，此次农商部调查经济，应如何答复，请诸君共同研究而商榷之。"②同时，庞藻向府绸公所各同业商号汇报，"奉省野丝作伪舞弊，实为吾业整顿改良之绝大障碍，且予吾人于经济上受无穷之损害，亟宜从速驱除障碍，然后方可根本改革，而达物质改良、经济完善之目的。昨日本所庞议长已向商部特派员汤幼谙君提出讨论，请其转达商部，详加研究，设法维护，以匡商人之不逮"，由此，根据已经拟具的节略，经过会议讨论之后，"请庞议长将节略向汤君面递，先作一度之接洽，为将来进行时之伏线"。③

于是，1919 年初，府绸公所为整顿鲁绸等事，与农商部特派员汤幼谙有过来往，提请严令原料产地的奉天省不准再有掺假行为。《整顿鲁绸意见书》全文，即《整顿鲁绸问题》，可参见附录 10。

在向农商部的呈文中，府绸公所认为，虽然已经于上年夏季"拟具《整顿鲁绸意见书》，邀集敝业全体同人在敝公所开会讨论。当经同业一致赞成，决议开具节略，呈请中华国货维持会、上海总商会，转陈钧部及鲁省长官，寻蒙钧部令行鲁省各产地长官，转饬所属，一体遵办。又蒙山东巡按使遴派妥员，至昌邑等县各产地，会同商会在当地开会，切实演讲，劝导机户等各在案"，但是，"推溯鲁绸腐败原因，与野丝原料颇有关系，故弊由浆丝，亦属一因"，之前奉天省境"锦、海、盖、安等产野丝各区域，昔为该处大宗产品，亦为该处每年最大之收入，计出口野丝岁约二万余担，嗣即逐年衰滞，迄今只销二千余担矣"，其原因则在于：

> 该野丝皆上有石粉、油浆，致外人怨恨无穷，故目下虽是上等清水好货，运往外洋，外人一见野丝，望而生畏，盖受创已深，无怪其然，所以

---

① 《照录农商部批·第一二一六号》（民国四年七月二日），上海市档案馆馆藏：《山东河南府绸公所往来紧要函牍》，Q116-1-21。
② 《民国七年戊午十二月初十日会》，上海市档案馆馆藏：《山东河南府绸公所紧要议案》，Q116-1-19。
③ 《民国七年戊午》（1919 年），上海市档案馆馆藏：《山东河南府绸公所大事纪》，Q116-1-27。

一蹶不振者，职是故也。敝业织绸原料，除鲁丝外，间有年世歉收，采用奉丝，当购买时，偶一不慎，失于检点，即被浆货朦混挽入，转辗受害，实堪痛恨。缘以该项浆丝所织之绸，假如以长五丈重三十六两之绸一匹，付之漂炼，重量顿减，浆粉轻者尚有二十两零；若重而次者，炼后仅剩十二两之谱矣。

就如何整顿这种原料质量，庞藻表示，"思欲亲往奉、锦、海、盖等处实地劝导，促其除弊改良，以尽商人天职，无如棉（绵）力有限，未足以资鼓励。顷见一月五日明令，我大总统具悲天悯人之怀，殷殷于民生憔悴、工商迍邅，思有以发扬我中华国产，推广海外贸易，首先注重航运与金融机关，诚得其所急哉！余如丝、茶、棉、毛、绸等织品，何莫非在洞鉴振兴之列，闻先生此次莅沪，亦具此悲悯之心，以救济工商之急"，故而请求特派员汤幼谙："敢请先生回京后，仰仗大力，代陈钧部，俯念工商困苦情形，迅令奉天省长，转饬所属产丝各县知事，切实劝谕，禁止上浆用粉，作伪欺人。自示之后，如果阳奉阴（阴）违，不遵劝谕者，当付诸法，决不宽贷，以儆其余。"①

在与汤幼谙沟通之后，府绸公所致函上海总商会："转送《府绸调查报告》，请其转呈农商部。"②这种做法，如果认真执行，确实可以在相当程度上解决茧绸质量低劣的问题，但根据后来茧绸贸易的情况，显然并没有得到有效的解决。上述之大总统"一月五日明令"，具体内容尚待考察。

1916 年，府绸公所又有成立整顿府绸南北联合会③一事。与以上政府机构互动的同时，府绸公所也在与茧绸生产和贸易的产地、商号等进行互动。其中最重要的工作，就是"整顿府绸南北联合会"。

该联合会的成立，始于民国五年（1916 年）。虽然从根本上来说，其成立是出于对茧绸质量改进的客观需求，但府绸公所经过民国四年与农商部、山东巡按使的交涉，获得了相当的自信，对未来充满了期望，这也是该联合会成立的重要条件。

民国五年七月初三日，府绸公所致函会长朱鉴塘，根据庞藻汇报的情况，"整顿鲁绸问题，亟需继续进行，已得先生同意云云。兹拟订本月初四日下午一时开会，讨论进行办法，但不识河南帮亦邀同列席否？"④最终不知是否邀请河南帮。

得到会长同意之后，府绸公所以通函形式告知同业各商号："整顿鲁绸

---

① 《致上农商部特派员汤幼谙君节略·为整顿鲁绸事》（中华民国八年戊午十二月十一日），上海市档案馆馆藏《山东河南丝绸业公所往来紧要函牍》，Q116-1-20。
② 《民国七年戊午》（1919 年），上海市档案馆馆藏：《山东河南府绸公所大事纪》，Q116-1-27。
③ 当时其名称并不统一，有时也称"整顿鲁绸南北联合会"。
④ 《致朱会长函》（民国五年丙辰七月初三日），上海市档案馆馆藏：《上海山东河南丝绸业公所往来紧要函牍》，Q116-1-23。

一案，去年经国货维持会、上海总商会转请农商部维持整顿，蒙农商部准予所请，咨行山东巡按使，转知产地官厅竭力维持，广为劝导，以资整顿各在案。但其整顿改良之法，非由同业结合团体入手办理不可，今拟请发柬邀集同业先行开会，联同业以结团体，共筹革除积弊之法，以为整顿改良之初步，将来得达目的。非惟吾同业前途之有幸，实鲁省人民生计前途之福也云云。查整顿鲁绸实系本公所之要务，且为目今切要之图，于国计民生两有裨益，既蒙官厅办理劝导于前，自应赞助继续进行于后。"并决定于七月初七日专门召开会议讨论此事。①

民国五年（1916 年）七月初七日，府绸公所按期开会，讨论实行办理整顿鲁绸案，议决"延聘书记一员，以资着手办理各处往来函牍，及关于整顿改良方面各项手续，先行试办半年，俟有成效，再议蝉联"。庞藻在会上专门向各同业商号宣讲山东茧绸之各项弊端："鲁绸出品弊窦之多，至今日可谓极矣。因将外洋退下之纱夹丝绸一段，遍示大众，并谓如不从速整饬改革，非但复蹈灰丝、洋纺之覆辙，且将激成重大之交涉。"经公决，"由本所具函各产地同业暨烟台、昌邑、柳疃、栖霞等处各商会，并将纱夹丝绸附去，请各该会邀集当地各同业、各织绸厂、各机户观览，以资改革，并请将如不根本整顿实行改革，势必激成交涉，失败堪虞，及从前灰丝、洋纺因作伪而失败之前车可鉴，挽救为难等种种情形，演成白话详细剀切劝导彼等，务必力求整顿，革除积弊，设法改良，日趋进境，方克争存于现世界"。②

经过一段时间的整理之后，七月廿一日，府绸公所再次开会，讨论整顿鲁绸一案，因其"关系同业綦重"，于是，有必要在产业链中，就生产与贸易各个方面协同从事改良："联络南北同业，立定名称，一体进行。决议暂定名称曰'整顿鲁绸南北联合会'，函致烟台、昌邑、柳疃、栖霞等处各同业，征求同意，联合进行。"③

八月初五日，府绸公所接山东昌邑、柳疃、烟台、栖霞等处同业来函，"承认整顿鲁绸南北联合会之名称，欢迎南北同业联合进行，并为便利会务起见，主张南北分两部办理，俾就近接洽，易于成效"，同时主张"南部办事机关设上海，所有附近各处属之，北部办事机关设烟台，所有烟、昌、栖等处属之，柳疃另设分所"，"北部已定九月三号开成立大会，并公推鄙人为烟、昌、柳、栖等处总代表，俾随时接洽进行"。此处的"鄙人"，就是上文曾提及的山东客帮负责人之一姜梦九。在该次会议上，府绸公所宣布整顿鲁绸南北联合会南部成

① 《致同业各号通函·为整顿鲁绸问题由》（民国五年丙辰七月初五日），上海市档案馆馆藏：《上海山东河南丝绸业公所往来紧要函牍》，Q116-1-23。
② 《民国五年丙辰》（1916 年），上海市档案馆馆藏：《山东河南府绸公所大事纪》，Q116-1-8。
③ 《民国五年丙辰》（1916 年），上海市档案馆馆藏：《山东河南府绸公所大事纪》，Q116-1-8。

立，并"通咨本会北部及柳疃事务分所，暨产地各同业查照"。①该联合会就此成立。

民国五年（1916年）九月十八日，府绸公所在冬季常会上通过了《修正整顿鲁绸南北联合会章程》，并决定该联合会经费"归本所担承，年终造报"②。

民国六年（1917年）正月十三日，府绸公所春季常会上关于整顿鲁绸方案一事，议长庞藻提议"整顿鲁绸入手办法，应由上海烟台联合会先行敦促昌邑，将事务所成立，然后再由各方努力进行，否则上海厕贩卖商之地位，若不从产地根本上实施改革，殊属徒费手续，难收成效"，决定"由本部函致北部会同敦促昌邑成立事务所"。③因而，这种改进仍然属于茧绸织造方面。

府绸公所主导下的联合会南部与北部的关系，在成立初期尚属融洽。民国六年四月初，"整顿鲁绸南北联合会柳疃事务所所长姜延龄梦九先生，顷间由烟来沪。闻伊此次来南，系赴杭进香，道经沪上，小作勾留"。府绸公所表示："本会同人以姜先生在昌、柳一带，对于改良绸务，进行不遗余力。吾业赖以整顿，无任感佩，金欲开会欢迎，一则瞻仰先生丰采，一则请报告北部经过情形，并请指示一切进行方法。……爰匆订于本月初五日星期五下午一时，在所开欢迎大会。"④两天后的初五日，"开会欢迎姜梦九先生，并由姜先生演述北部暨柳疃事务分所一切经过情形"⑤。但此次会议显然比较务虚，仅属于联合会事宜的交流，关于茧绸生产与改进的讨论并不多。

具体的茧绸改良工作，一直到十月才真正提上日程，初三日，"本所与联合会开联席会议，讨论对于鲁绸整顿改良问题，应着手切实办理案"⑥。之后，该联合会的工作一直处于停滞状态，直到民国八年（1919年）才有相关事务的出现。

1919年，府绸公所又参与了整顿府绸南北联合会的设立与事业推进工作，并设置了一系列的规章制度（参见附录15、附录16）。⑦

民国八年初，府绸公所春季常会上，庞藻除报告整顿鲁绸南北联合会上年收支总账之外，还特别报告烟台鲁绸公会寄来整顿尺码规则⑧，称"除已分送各同业外，拟再邀请昌邑帮预会，俾联席会议，以符南北联合之实。吾人处此商战剧烈之世，凡百工商改革之时，同业之间，苟不实行联合，互相辅助，于业务上妥筹除弊改良之法，以图争存于世界，势必土崩瓦解，淘汰无余。况此

① 《民国五年丙辰》（1916年），上海市档案馆馆藏：《山东河南府绸公所大事纪》，Q116-1-8。
② 《民国五年丙辰》（1916年），上海市档案馆馆藏：《山东河南府绸公所大事纪》，Q116-1-8。
③ 《民国六年丁巳正月十三日春季常会》，上海市档案馆馆藏：《山东河南府绸公所紧要议案》，Q116-1-19。
④ 《民国六年丁巳四月初三日会》，上海市档案馆馆藏：《山东河南府绸公所紧要议案》，Q116-1-19。
⑤ 《民国六年丁巳》（1917年），上海市档案馆馆藏：《山东河南府绸公所大事纪》，Q116-1-8。
⑥ 《民国六年丁巳》（1917年），上海市档案馆馆藏：《山东河南府绸公所大事纪》，Q116-1-8。
⑦ 上海市档案馆馆藏：《山东河南府绸公所关于整顿鲁绸南北联合会纪》（1919年），Q116-1-30。
⑧ 该整顿尺码规则，参见附录19。

事早经农商部暨山东巡按使竭力为之提倡，吾人岂可懈怠？且鲁省百万机工之生活，咸赖于此，亦当为之顾及。当此之时，惟有急起直追，是有赖乎吾同业诸君之互助，庶则我整顿鲁绸南北联合会之厚望焉"。同时，对于茧绸贸易非常关注的尺码规则，"请同业注意，对于应行改良各节，宜辅助会所之不逮"。①对该联合会的宗旨与重要性，以及府绸公所各同业商号的工作，都做了明确界定。

民国八年（1919 年）正月十七日，整顿鲁绸南北联合会遵府绸公所、都昌绸帮两团体意旨，致函烟台鲁绸公会，对其所订《整顿鲁绸尺码规则》十七条回复意见：

> 昨日在上海府绸公所邀集业内全体同人，并请都昌同业诸君莅会开联席会议，讨论贵会之整顿内部规则，一致赞成，各无异议。惟开读贵会大札，其中似略有误会之处，盖吾人处此剧烈商战时代，欲谋业内幸福，舍整顿行规、改良货品、厘定划一办法，殊不足以挽海外已额之信用。然欲根本改革，非先从联合南北同业入手不可，故前由庞君等发起联合南北同业，以组织南北联合会，实行整顿鲁绸，改良货品，顾是会之成立，岂庞君一人之力？乃得南北同业诸君之赞助而成也！且当时曾经中华国货维持会，暨上海总商会协办襄助，呈准农商部及山东长官，寻蒙商部咨行鲁省长官，旋蒙山东省长遴委委员至昌邑县，会同该处商会，向各机户切实劝导，各在案事实昭著，岂堪湮没？故敝会准联席会议之决议案奉答贵会，其旨，一面赞成贵会内部整顿规则，一面仍以联合南北同业，双方并进，如是则力量较厚，得益较广，同为同业，彼此共谋同业幸福，岂容有所轸域？至双方有何意见，何妨互相提出讨论，庶彼此交换智识，得相协助，岂特双方俱有荣幸，实于国计民生两有裨益！②

则府绸公所与都昌绸帮二者，挟之前上书农商部、山东巡按使之余风，似有欲与烟台鲁绸公会联合办事之意图，但并没有确切下文。

民国八年三月，府绸公所致函上海总商会，就奉、吉两省野丝之"上石粉、油浆等弊"所导致的"作伪欺人，信用扫地，以致外洋销路一落千丈，蹶而不振"的问题，表示议长庞藻"拟于月杪由烟台赴奉省安东、盖平详行调查，并会同该处商会，设法劝导改良，不独彼此幸甚，即国际贸易实利赖之。为此，函请贵会分函致安东、盖平两县商会，请为赞助，俾敝业藉堪进行"。③上海总

---

① 《民国八年己未正月十六日春季常会》，上海市档案馆馆藏：《山东河南府绸公所紧要议案》，Q116-1-19。

② 《致烟台鲁绸公会函》（民国八年己未正月十七日），上海市档案馆馆藏：《山东河南府绸公所往来紧要函牍》，Q116-1-20。

③ 《致上海总商会函》（民国八年己未三月初七日），上海市档案馆馆藏：《山东河南府绸公所往来紧要函牍》，Q116-1-20。

商会随即致函安东、盖平两县商会，称"府绸行销外洋，渐见发达，以丝有浆粉而碍销路，不独府绸业攸关信用，且有碍奉省野丝之生计，自应力为整顿"，请求协助庞藻"会同调查整顿"。①

然而，府绸公所与整顿鲁绸南北联合会的改进工作，似乎并没有立即收到非常明显的效果，各同业商号仍然不时收到劣质茧绸产品。民国八年（1919年）五月，府绸公所开会，提议抵制劣货，议定："吾同业一致以文明抵制，永远不购劣货为唯一方法。"②府绸公所及各同业商号是劣货的最大受害者，但这种抵制方法显然并不能从根本上收到效果。

六月初六日，府绸公所与都昌绸帮开联席会，讨论"抵制劣货案"③，但该次会议最终演变为主要讨论抵制对日贸易问题，对如何抵制劣质茧绸反倒没有太多关注。

二、河南茧绸贸易问题整顿案

如果说山东茧绸业面临的主要问题是如何处理劣货，那么河南茧绸业面临的问题更多。与劣货相比，更大的问题则集中于时局战乱与苛捐杂税的繁多。因此，府绸公所在处理此类事件时，显得更加不同。

民国四年六月初八日，府绸公所呈上海总商会，"为同业久成、大丰等号在河南镇平县开设绸行，前因白匪扰乱，加抽六厘绸捐，以应地方急需"，随着战乱被平定，"请求据情转呈河南巡按使，饬令镇平县将此项六厘加捐，按照原议迅予取销，以恤商艰"④，并详细梳理该事件来龙去脉如下：

> 兹据同业久成、大丰等号略称，在河南镇平县开设绸行，采办丝绸，陆续运沪销售各国，镇平县自前清时设立商会，当时因乏经费，由丝绸业每银一两抽捐四厘，以作商会经常之费，历年照办，至民国元年因白匪扰乱，前任县知事向各绸行商劝暂时加抽六厘捐，以备购办军械，防御地方之用，并声明一俟匪乱救平即行取销。时商等因事关保卫公共安全，暂勉担认其款，由商会经收，如何开支商等亦未深悉，迨乱事肃清，请照原议取销加捐，竟敢移花接木，强令缴入公款局，以充办学经费，不准取销。查办学乃地方公益事业之范围，商人除应纳国家法定捐税之外，对于地方公益不负法律上之义务，其力能捐助否，当自意愿，不能强迫征收，商人以血汗之金钱，无非纾公家之急难，不谓地方平靖，抽捐如故，乃因一时

---

① 《录上海总商会致安东、盖平县商会函》（民国八年己未三月初八日），上海市档案馆馆藏：《山东河南府绸公所往来紧要函牍》，Q116-1-20。
② 《民国八年己未五月初三日会》，上海市档案馆馆藏：《山东河南府绸公所紧要议案》，Q116-1-19。
③ 《民国八年己未六月初六日与都昌绸帮联席会》，上海市档案馆馆藏：《山东河南府绸公所紧要议案》，Q116-1-19。
④ 《民国四年乙卯》（1915年），上海市档案馆馆藏：《山东河南府绸公所大事纪》，Q116-1-8。

之乐输，反受永久之遗累。有是理乎？矧绸业近年以来，自日本机器丝绸品行销欧美，与我争利，则绸业固有之利，几为所夺，加以地方变乱，金融紧急，营业益形凋散。处此外人竞争之际，实绸业存亡危急之秋，商人方期公家之保护维持，以图生存，庶利权不为外人所夺，乃不为商人谋利益，反为商人增担负，商力有几，其何能堪？为此吁求贵所据情转呈上海总商会，转禀河南巡按使，请求饬镇平县知事，将此项六厘苛捐迅予取销等情前来。

据此。查镇平县商会经费已由该商等担认抽捐四厘，此项外加之六厘捐，前因白匪扰乱，由县署劝募，本属一种临时捐款，现在地方平靖，当然取销，且豫省产绸区域，如鲁山、许州等处，均无此项名目，镇平一县，岂能独异？近来绸业方与外货竞争之际，若增加捐款，商力实有不逮，成本愈重，销路尤难，足碍商业之发展。合行呈请贵会鉴核，俯念商艰，准予据情转呈河南巡按使，请求镇平县知事，将此项六厘加捐迅予取销，以纾商困，实为公便。①

随后，上海总商会立即致函河南省巡按使，转陈这一情形，表示"商会经费为该商应尽义务，已担认四厘，其外加之六厘，系临时特别捐款"，请求取消该项捐税，否则，"设地方再有危急情事，复谁肯力任其艰？灰商界之热忱，贻将来之隐患，恐非地方之福"，况且，"当此商业困难，政府亦深加体恤，凡一切杂捐，早经通令取销"。②镇平县该项绸捐，自不应再继续征收。

关于如何取消该项特别绸捐，经历半个多月交涉之后，上海总商会转来河南巡按使的处理办法："查此案先因镇平县绸业公所与该县商会会长乔震生叠次互控，委员查明，两造均有不合情节，甚为复杂。当由本巡使拟定整顿办法，饬知财政厅照办，并据本省商务总会转禀，明白宣布在案。久成等号在豫省营业，即应服从豫省政令。"③但这次是否取消了该项绸捐，并没有下文。

不过，可以明确的一些内容是：镇平县在民国初年，设有绸业公所，且影响力相对较大，可以直接与县商会往来交涉诉讼。仅仅几年之后的1919年，又有关于河南省厘金和统税税率的问题。④

民国八年（1919年）九月廿六日，府绸公所致函上海总商会，请求转呈河南地方政府，根据中央政府规定，减轻该项统捐税率：

---

① 《录上海总商会帖》（民国四年乙卯六月初九日），上海市档案馆馆藏：《上海山东河南丝绸业公所往来紧要函牍》，Q116-1-23。
② 《录上海总商会呈河南巡按使禀》（民国四年乙卯六月初十日），上海市档案馆馆藏：《上海山东河南丝绸业公所往来紧要函牍》，Q116-1-23。
③ 《录上海总商会复朱会长函·为河南镇平县抽捐由》（民国四年乙卯六月廿九日），上海市档案馆馆藏：《上海山东河南丝绸业公所往来紧要函牍》，Q116-1-23。
④ 《民国八年己未》（1919年），上海市档案馆馆藏：《山东河南府绸公所大事纪》，Q116-1-27。

　　兹据敝同业久成号等来所声称，豫省改办统捐，增加税率，商人层节报税，担负太重，殊属有碍土货出口，且与国家提倡土货之意相抵触，恳求仍照旧章征税，以恤商艰。查豫省产丝区域皆在山内，其织绸区域都在各处人烟繁盛之所，故丝绸在本省内时有运输。向例丝绸征税，产地每百斤纳税五元，由捐局给予采办票一纸，后或丝料，或绸匹，在本省内通过各卡，皆以采办票为凭，不再重征。此外如运装火车，南有鄂豫之税，北有直豫之税；如寄邮政，有包裹之税；至出口时有海关之税。以旧章论，虽曰厘税实已似统捐之办法，商人尚苦其繁，今改办统税，增加税率，丝绸重征，丝则百斤十元，绸则百斤十二元五角，较旧率几加四倍，手续亦更繁于前。苟实行改办，殊属重困商民，且有碍土货之出口，值此国家提倡国货，推广海外贸易之时，更宜减轻赋税，使土货成本减轻，以资利于销售。况豫省山绸向为大宗出口之货，尤宜减轻税率，以图扩充海外贸易，与列强争胜，以挽利权。且查邻省山东所产丝绸，出数较豫省何止倍蓰，该省长官因其为出口货品，提创推销丝则免税，绸则减轻征收规定，新章无论绸之大小轻重，每匹概捐五文，由产地发至烟台或青岛出口，被征海关税一道，此外并无他税，所以今日山东绸之出口得以逐年增加，争胜于外洋者，实赖此耳。既华茶一项，亦因推广海外贸易，呈请免税，曾奉大总统指令，发交商部批准在案。但丝、茶、山绸同为出口货品，今豫省丝绸既不能援华茶之免税，又不能仿山东减轻征税之办法，惟有恳请援照旧章征收，以惠商民，即改办统税，丝绸只能征税一次，不得丝绸并征，仍请沿用采办票，以资通过。为特缕陈颠末，务请函致贵会，转函汴梁商会，转呈豫省财政厅长鉴核。伏乞俯念下情，给予照准，不胜感戴之至等情。据此，为特据实函详贵会，务祈转函汴梁商会，转呈财政厅长鉴核，准予仍照旧章办理，以苏民困而恤商艰。①

　　因此，府绸公所提出的解决办法是"援照旧章征收"。上海总商会对此表示赞同，并致函开封总商会、河南财政厅称："查运输丝绸，向例在产地纳税后，由捐局给予采办票，经过各卡不再征税，今改办统税，较旧税率几加四倍，担负殊重，有碍土货出口。相应据情函达，惟希查照，转恳财政厅长鉴核，准予仍照旧章征纳。"②但这种照旧章征税的建议，似乎并不能解决问题，地方上的反应也未必是同意。此次交涉，亦不知结果如何，尚待深入考察。

　　民国十三年（1924年）六月，协丰、天庆永等同业商号来函，为河南省加

① 《致上海总商会函》（民国八年己未九月廿六日），上海市档案馆馆藏：《山东河南丝绸业公所往来紧要函牍》，Q116-1-20。
② 《致上海总商会函》（民国八年己未九月廿六日），上海市档案馆馆藏：《山东河南丝绸业公所往来紧要函牍》，Q116-1-20。

征厘税一案，请求开会讨论办法。府绸公所遂开会决议，分函河南省南阳、鲁山、许州、镇平、南召、拐河、石佛寺等处商会，请其转呈当地各机关，免予重征。①六月初十日，府绸公所致函各商会：

> 兹据敝同业协丰、天丰等号来所声称，接河南联号来函，报告今届豫省各产丝区域厘局，自新局长莅任以来，不照旧章，擅自加征厘税。无如吾业为连年货价昂贵，洋庄销路日见滞塞，所受困苦已觉难堪，值此新丝将次登场之际，全望底价低廉，或可畅销场而苏商困，挽利权而保血本，设再增加重税，新丝底价必高，而于对外贸易势必为之绝望，为特函报，求请设法免加等语。为此，请求邀集同业，开会讨论方策，以维市面等情。据此，当经邀集全体同业开会，一致公决，函请豫省各产丝区域商会，就近与该厘局局长商酌，取消新例，仍照旧章征收，则同业虽值兹市面萧条、销路滞塞，亦得勉力维持。如不蒙厘局长鉴纳，惟有赴省恳求财政厅长，俯念时艰，恤此商困，仍照旧章免予重征，或请遴委妥员莅沪，调查实在市情，以资核办。倘亦不蒙谅察，则上海方面同业决议不抛定新货，豫省方面经由同业各自去函咨照，决不办买新丝，任可歇业，不受重征，免致亏负，以全血本。除具函南阳镇平、许州、鲁山、石佛寺等四商会，请求办理外，为特函请贵会，恳烦查照上述情形，转商厘局长并请电陈财政厅长鉴核，准予取消新例，仍照旧章，俾恤商艰而苏重困，则受惠良多，不独敝同业已也。②

六月廿日，镇平县商会会长王奉章（锐岑）、副会长李士俊（克三）联名复函府绸公所，表示"已分函各县镇商会，一致进行，不达目的不止"③，并说明了此次重征厘税一案的细节：

> 因丝厘局改称征丝重征厘税一节，接阅河南财政厅布告以后，各丝商誓不承认，即由敝会设法抵制，分函各县各镇商会，一致进行，全体抵抗。敝会痛陈新章厘税重征，窒碍难行，分别七端，约有三千余言，呈请农商部、直鲁豫巡阅使吴、河南省长、河南督理、河南实业厅、河南财政厅、上海全国总商会七份，现未奉到批示，总以达到目的为休。惟当时敝会公函镇平分局，由分局呈请该总局，总局指令开呈："呈悉。此次所令并非改称，乃系划一称码，折扣仍照习惯，全境均用十七两五钱称。似此情形，与镇平习惯相符，仰即仍照旧章妥慎办理可也。此令。"等因。敝会窃思此等

① 《民国十三年甲子》（1924年），上海市档案馆馆藏：《山东河南府绸公所大事记》，Q116-1-22。
② 《致河南南阳总商会、许州商会、鲁山县商会、镇平县商会、石佛寺镇商会函》（民国十三年甲子六月初十日），上海市档案馆馆藏：《山东河南府绸公所往来紧要函牍》，Q116-1-21。
③ 《民国十三年甲子》（1924年），上海市档案馆馆藏：《山东河南府绸公所大事记》，Q116-1-22。

情形，所争执者只求取销新例，仍照旧章，倘蒙允准仍照旧章，亦属达到圆满目的，本复何求？所有厘税重征，应行抵制之处，现已仍照旧章。①

与之前数次抗议丝绸捐税的反应不同，此次很快就有了效果。六月底，接河南许昌县商会复函，说明该项加征厘税已经取消：

> 今届豫省各产丝区域厘局，自局长莅任以来，不照旧章，擅自加征厘税，以致贵同业所受困苦已觉难堪，并嘱令敝会就近与该厘局局长商酌，取销新例，仍照旧章征收，以免重征而恤商艰……敝会当即推派丝绸业董事韩君子杰，面晤该局长，将所有情形详为辩论。旋据该局长复称，已经取销新例，照旧征收矣。至鲁山、南阳、南召、方城等处分局，亦即备文行知，决无异议，惟此事与新丝销场有关，时机急迫，犹恐有劳锦注，特此布达。②

此事是一个比较独特的案例，因为府绸公所参与的各类请愿活动，难得有如此迅速地得到解决的情况。诸如此类加征税收的情况，似乎与当政者的具体施政办法也有关系。

府绸公所承担的启蒙民风之功能，1915 年国货展览会方面的协调工作是明显一例。民国四年（1915 年）六月初八日，中华国货维持会致函府绸公所，称"农商部为振兴国货，扩张销路，应时势之需要，拟设国货展览会于京师"③，"公文咸以展览会出品为前提，会毕收物回沪，决定由各贵公所每团体先举筹备员三位，外敝会当添举筹备员十八位，订于七月二十一号（即阴历六月初十日）星期三午后八时，在本会事务所开筹备员成立大会，商订一切章程"④。

六月十三日，府绸公所就国货展览会赴赛一事召开会议，决议："众意佥谓吾业居贩卖商地位，无出品者资格，未便预闻。惟鲁豫等省风气未开，吾人忝居同业，当尽先觉之天职。决议函咨各产地商会，请其当地征集，直接赴京预赛。"⑤随后就此事分别致函山东烟台、河南许州商会及昌邑柳疃商会：

> 我国贫弱至此，可谓极矣。推其原因，实由实业之不振，国货之不兴，有以致之也。盖国人只知墨守陈规，不克揣摩风气，出品简陋，未能精益求精，以致外货畅销，充斥于市，漏卮日甚一日。鸣呼！莽莽神州，遭此时势，不亟竞存，危乎殆哉！善哉农商部之言，曰及时提倡，责在公家，

---

① 《录镇平县商会复函》（民国十三年甲子六月廿日），上海市档案馆馆藏：《山东河南府绸公所往来紧要函牍》，Q116-1-21。
② 《录河南许昌县商会复函》（民国十三年甲子六月廿九日），上海市档案馆馆藏：《山东河南府绸公所往来紧要函牍》，Q116-1-21。
③ 《民国四年乙卯》（1915 年），上海市档案馆馆藏：《山东河南府绸公所大事纪》，Q116-1-8。
④ 《录国货维持会来函·为农商部国货展览会征集出品赴赛由》（民国四年乙卯六月初八日），上海市档案馆馆藏：《上海山东河南府绸公所往来紧要函牍》，Q116-1-23。
⑤ 《民国四年乙卯》（1915 年），上海市档案馆馆藏：《山东河南府绸公所大事纪》，Q116-1-8。

实力进行，责在当业。迩者敝所接上海总商会来函，内开，农商部为提倡国货，拟征集出品，开国货展览会于京师，先后呈奉大总统批准，业经遵批通咨各省，转饬遵办在案。且复由农商部呈请大总统特免厘税，以资鼓舞，亦奉批准，咨饬遵照矣。此事关系振兴国货，推广销场，凡经营工商各业者，亟应乘此时机，踊跃相将，共襄斯举。顾敝公所领读之下，即邀集同业全体，在敝所开会讨论，佥谓吾人虽业斯甚久，无如原料野丝乃贵省之天产，织成绸匹又系尊处之人工，故此项府绸当然属于贵省所产，沪地不过转运承销而已。此次赛会以产地为宗，应由贵处征集赴赛。惟敝业与贵省丝绸商，谊属同行，唇齿相依，用特以敝所名义函致贵会，有劳贵执事就近提倡征集，直赴京师农商部国货展览会与赛，俾得优等之奖，免遗天产之珍，是则敝业同人之所跂望焉！①

其实，这件事从侧面反映出府绸公所在成立初期，能够做到的事业仍然很少，更多需要借助地方生产者、商会来协作完成。民国十一年（1922年）五月，久成陈可培来函，称河南省土匪猖獗，"乱象日著，吾业影响所及，损失不赀，应请公所电请该省当局，速行设法制止，以清匪患而维营业"②。府绸公所程凤笙、骆吉昌二人联名复函，表示极其赞同："旨哉斯言，不禁为吾同业庆有人矣。盖仆等自闻许州被劫绸货之后，尝将此意提出会议，惜当时各同业并不十分注意，故未能为剧烈之鼓动（即如明春阳历二月间美京绸货展览会事，亦同此象）。今得尊函之助，是当尽力进行，先此奉达。"③在该复函中，府绸公所显然有所发挥，对于纽约第二届万国丝绸博览会筹集出品，同业商号反应平平，府绸公所各主事人员也面临着许多无奈。

民国十二年二月初一日，府绸公所先召开会议，讨论整顿河南茧绸尺码、门面、分量等问题④，随后由公所内经营河南茧绸的八家同业商号通函河南产区各商会，对河南茧绸的规格进行了一次比较大的整顿。

河南茧绸通过上海进行的对外贸易史，若追溯其起源，完全是以其质量优良而取得一席之地的："上海出口府绸……河南绸质地精良，驾于山东绸之上，惟到沪较晚，初仅消（销）于印度一带……自前数年……各洋行乃试办河南绸样子寄销欧美，彼邦人士见其绸身细密光结（洁），杆足面宽，又无粗松及浆水诸弊，咸喜改用。是于前年欧美销路始发其端，去年竟得畅销。"但是很快就出现了问题："出货节节次低，初则货身粗松，继则杆短面窄，甚至稀轻上

---

① 《致河南许州、山东烟台商会通函》（民国四年乙卯六月望日），上海市档案馆馆藏：《上海山东河南府绸公所往来紧要函牍》，Q116-1-23。
② 《民国十一年壬戌》（1922年），上海市档案馆馆藏：《山东河南府绸公所大事纪》，Q116-1-22。
③ 《复久成号友陈可培函》（民国十一年壬戌五月廿六日），上海市档案馆馆藏：《山东河南府绸公所往来紧要函牍》，Q116-1-20。
④ 《民国十二年癸亥》（1923年），上海市档案馆馆藏：《山东河南府绸公所大事纪》，Q116-1-22。

浆。"质量低次的原因为："河南绸之出货精良，向赖产绸诸处商会以及同业之公议社定章严密，生绸定有包炼浆，次定有罚规，不偏不倚，公正无私，乃得有此成绩。讵知去年货快之际，包炼者改为估匹，自此端一开，樊篱尽撤，不特前功全弃，抑且流弊无穷，盖买客图一时之便利，冀多收多买，而机户目光更短，惟利是图，以致杆短面窄、粗稀上浆，百弊丛生，充斥皆是。"①因此，府绸公所制定了《上海销地办法四条》：

（一）将所存次货，尽新丝前一律贱价卖清；

（二）由同业各告其河庄②，永远不得再买估匹；

（三）公同监督，如察出同业有买估匹货者，由公所开会，从重议罚，罚金充作善举；

（四）由同业各号盖章，备求公函，详陈利害，请求各产地商会暨丝绸公议社同意，严厉进行云。

同时为保证茧绸质量，该八家商号请求河南茧绸产地的各处商会、公议社等，"严订罚则，宣告大众，如有不遵章程，私自估匹，买卖两方，均须处罚……务希察照，一并宣布。倘有织窄织短，亦须议罚"，同时对茧绸的尺杆、面子等规格，另单开呈，"并请将该杆面刷印通告机户，遵章照织，如有故违定例，织短织窄等情，请严定罚规，以昭儆戒"（可参见附录13）。③在整顿茧绸贸易的过程中，对于估匹与论两（重量）计算的不同，府绸公所也考虑在内，可见其用心之全面。

在整顿茧绸织造方法与革除弊端的同时，该八家商号同时提请各处商会"于选择茧种，种植柞树，考量蚕食，增加育数，预防天时，保护幼蚕及剔选丝料，改良缫法，精究织工，研求炼法，漂亮色泽，精美装璜，一一加以精密之研究，尽力改革以期完善"④，可谓以尽善尽美为目标。

为增加此次整顿事业的声势，该八家商号鉴于许州在河南茧绸贸易领域中的特殊地位，于次日单独致函许州丝绸公议社："贵处诸同业往各产地办货，运许销售者居多，与敝处同业办货运申销售者无异，但犹恐敝处同业能力尚嫌薄弱，为此特具公函，邀请贵处诸同业一致进行，非达到生绸仍照旧规包炼之目

---

① 《录久成、大丰、三晋川、源大长、久昌、天丰、协丰、天庆永等八家致南阳、鲁山、镇平、石佛寺、许州、南召、方城、李青店等处各商会各丝绸公议社通函》（民国十二年癸亥二月初四日），上海市档案馆馆藏：《山东河南府绸公所往来紧要议案》，Q116-1-21。

② "河庄"，指经营河南茧绸的商户绸庄。

③ 《录久成、大丰、三晋川、源大长、久昌、天丰、协丰、天庆永等八家致南阳、鲁山、镇平、石佛寺、许州、南召、方城、李青店等处各商会各丝绸公议社通函》（民国十二年癸亥二月初四日），上海市档案馆馆藏：《山东河南府绸公所往来紧要议案》，Q116-1-21。

④ 《民国十二年癸亥》（1923年），上海市档案馆馆藏：《山东河南府绸公所大事纪》，Q116-1-22。

的不可。想贵社长以及贵同业诸君，定乐予赞助也。"①该次整顿工作中，牵涉的河南省内各茧绸同业组织如表 3-5 所示。

表 3-5　民国十二年府绸公所整顿茧绸生产牵涉的河南省内同业组织

同业组织名称	负责人
南阳商会	李子平、王俊三
镇平县商会	王宝树
镇平石佛寺镇商会	冀灼甫、毕浴佛
鲁山县商会	刘巨卿
南召县李青店镇商会	张子圣
方城县拐河镇商会	
许州丝绸公议社	
鲁山丝绸公议社	
南召李青店丝绸公议社	
方城拐河丝绸公议社	

以上茧绸同业组织，有些并没有提及负责人的姓名，但从中可以基本了解当时河南省内与茧绸贸易相关的同业组织。府绸公所如果需要全面改善中国茧绸业的现状，与这些组织的深入合作是必不可少的。但是，从结果来看，府绸公所对原料及茧绸产地的指导工作，收效似乎不大。在近代的大背景下，虽然市场可以决定很大部分的事情，但总有一些因素无法控制，导致产、销各链节均陷入困难之中。

三、鲁山茧种改良借款案

1934 年之后，呼吁更换河南茧种，并积极投入其中，组织贷款等事，是府绸公所最大的一件交涉案。

茧种的重要性，府绸公所作为茧绸业的直接从业者，对此理解得更为深刻。茧种改良一事持续数年，成为全面抗战前对府绸公所影响最大的一项工作。鲁山茧种改良借款案最早始于 1934 年 10 月，鲁山县下汤区区公所区长谢幹年向府绸公所求助：

> 我鲁因连年来受丝绸业滞销影响，致人民生计几濒绝境，查四区辖境，今秋大水为患，田禾冲尽，居民困苦已极，所有茧种业已完全坏□，际此茧种当换之时，正丝绸业改良机会，亦即当地蚕农生死关头。幹年调任四区，目睹地方惨状，良深悲痛，现拟由改换茧种入手，为改良丝绸业之张本。惟

① 《录同业久成等八家号再致许州丝绸公议社函》（民国十二年癸亥二月初五日），上海市档案馆馆藏：《山东河南府绸公所往来紧要议案》，Q116-1-21。

因年饥，购买茧种，特请先生提倡，或募捐或贷款或召集官商出资贩卖。计四区名下需换茧种约五千万个，本年至少亦需三千万个，方可支配。如能办到郧阳种更好，否则山东关东种亦可适用，倘需干年以政治力量帮忙者，愿以全副精神人格担保，将此事完全办妥之处，如何办理，请随时函示。①

府绸公所遂激于同业之情，开始为此事奔走，立即召开全体会议，决议"佥谓际兹市面萧条、营业疲滞，外洋绸货倾销，申地同业俱属心余力绌，惟以事关救济蚕农，当尽力设法援助。议决，由本所暂行筹垫洋五千元，以为购买茧种经费，该款本息，本年度应先收回若干，余俟来年新丝登场时，由鲁山县商会会同该县下汤区公所，共同负责归还"。1934 年 11 月初即以快件形式，由杨润林、沈子槎、朱梅亭、庞藻、罗坤祥、罗坤阳等人共同复函谢干年及鲁山县商会会长胡兆瑞，并根据府绸公所掌握的茧种情况和网络关系提议："今岁茧种关、山东产者最佳，价亦较底（低），如无处（出）意外，往山东采购者，可选任熟悉茧种者二人前往烟台采办，敝处当预函通知（烟台西盛街彙昌泰号，姜梦九先生接洽）招待，并将该款划至该处，则既省汇水，且又便利。……再尊处如募有的款，可随身带往，总之多多益善，得保雨露遍施，则先生之德泽当永垂不朽。"②是以，府绸公所预备将此款直接汇至山东烟台姜梦九处，由鲁山县派人前赴烟台，直接采购茧种。如此看来，府绸公所对该事务的重视程度，可谓相当高了。

该项借款于 1934 年 12 月办理完毕，府绸公所为债务人，由常务委员沈子槎、骆吉昌、朱梅亭等人以"本公所山海关路房产道契及权柄单"作为抵押，"借到久成治记名下代垫河南鲁山购买茧种款项洋五千元正。……言明利息按月一分计算，期至来年新货登场时归还"③，则其性质属于公所向所属同业商号的借款。

之后二十余日，府绸公所未接到鲁山县商会的回复，遂再次向谢干年致函询问："今接该区谢区长来函，并□会同该县商会共同负责之语，且亦未见该县商会复函，准再函复该区长，请□会同商会来函证明，以便函知烟台姜君接洽，庶符前议而利进行。"④

但此事之后的进展颇费了一番周折。鲁山县派代表二人前赴烟台，1934 年 12 月 9 日中午抵达烟台。姜梦九随即致电府绸公所："鲁山购办茧种代表

① 《致鲁山县商会函》、《致鲁山下汤四区区公所区长谢》（1934 年 11 月 3 日），上海市档案馆馆藏：《山东河南丝绸业公所关于交易问题致鲁山县商会函》，Q116-1-4。
② 《致鲁山县商会函》、《致鲁山下汤四区区公所区长谢》（1934 年 11 月 3 日），上海市档案馆馆藏：《山东河南丝绸业公所关于交易问题致鲁山县商会函》，Q116-1-4。
③ 《茧种借款据底稿》（1934 年 12 月），上海市档案馆馆藏：《山东河南丝绸业公所关于交易问题致鲁山县商会函》，Q116-1-4。
④ 《复鲁山县四区谢区长函》（1934 年 11 月 26 日），上海市档案馆馆藏：《山东河南丝绸业公所关于交易问题致鲁山县商会函》，Q116-1-4。

赵元（昭）、高学（教）二君，业已到烟，申垫款五千元速汇烟，电复。"但府绸公所因往来手续，"迨至本月十二日晨，始接尊函，当即召集各会员开会讨论，因已时隔三日，未知赵、高二代表曾否回鲁，故即议决去电挽留"，因此又向谢幹年解释一切："不料赵、高二君行色匆匆，遽赋归去，敝所同人岂得非常抱歉？但此事乃地方公益，关系甚巨，对于来年出丝问题，非常重大，为此再电烟台，仍请姜君赶速办妥……请得另派伙友运豫，托同益公代为发卖（其如何收回茧种成本办法，另行规定），以利蚕农，届时如同益公号派人到贵区分发代售时，乞请台驾设法帮忙。"①

据档案中的记载，赵、高二人肩负采买茧种的重任，竟然会如此匆忙地离去，这恐怕是二人能力有所不足之故。不过，二人离去前应该是有所交代。最终，此批茧种由姜梦九等烟台商人办妥，运往许昌转送鲁山。

1934 年 12 月 20 日，府绸公所致函鲁山县四区、二区两位区长及鲁山县商会："刻茧种已托烟台彙昌泰办妥，日内即可运许，再由许送到鲁山商会。请贵区长见信后，先与该商会接洽，俾到后即可运乡发放。至于如何手续，请大才斟酌妥善行之。至该茧本临时能收回现款若干，请先收下汇总，划付同益公号收明，余少之款，请二公与商会会商一妥善办法，共同负责，于来年新茧时归还，以重敝公款。"②对该款购办茧种之事，表示重视。随后在第二年，鲁山县商会陆续还款情形如下。

1935 年 6 月 25 日，府绸公所致函鲁山县各相关机构人等，称"陆续收回洋一千一百元外，尚欠洋四千余元之多"，并嘱托鲁山县商会等，"所有前项垫款，请早收回，陆续汇解，况时已夏季，新茧行将登场，乡民具有归还力量，正当收回之好时机。烦请速予催取，免被拖延"。③

1935 年 7 月 30 日，府绸公所据上海久成绸庄通知，"由鲁山汇来返还茧种垫款银一千四百元"④，此时共归还借款二千五百元。

1935 年 8 月 9 日，府绸公所据上海久成绸庄通知，"续又收到尊处由鲁山汇来返还茧种垫款银六百零三元三角"，并对鲁山县商会、谢幹年等表示感谢："深感尊处不辞劳瘁，频催尽力，业将此次来款照数登载入册外，其余短欠之数，应如何迅速催收，早谋了结，想台端等素抱热毅之忱，早有成竹在胸，无待厌喋。倘能于短时期内清偿债主，则于本所对外之声誉美满无疵矣。"⑤

① 《复鲁山下汤区谢幹年函》（1934 年 12 月 15 日），上海市档案馆馆藏：《山东河南丝绸业公所关于交易问题致鲁山县商会函》，Q116-1-4。
② 《复鲁山四区谢、李二区长函》、《复鲁山商会函》（1934 年 12 月 20 日），上海市档案馆馆藏：《山东河南丝绸业公所关于交易问题致鲁山县商会函》，Q116-1-4。
③ 《函河南鲁山四区区公所谢幹年、贰区区公所李超凡、商会会长》（1935 年 6 月 25 日），上海市档案馆馆藏：《山东河南府绸公所稿簿》，Q116-1-44。
④ 《函复鲁山商会主席、区长谢幹年》（1935 年 7 月 30 日），上海市档案馆馆藏：《山东河南府绸公所稿簿》，Q116-1-44。
⑤ 《致鲁山县商会、区长谢幹年》（1935 年 8 月 9 日），上海市档案馆馆藏：《山东河南府绸公所稿簿》，Q116-1-44。

1935 年 9 月 9 日，府绸公所据上海久成绸庄通知，"续又收到尊处由鲁山汇来返还茧种垫款银二百八十二元七角"①，此时共计偿还借款 3386 元。

1935 年 9 月 16 日，府绸公所召开临时会议，表示"尚欠之本金，再函该商会主席，从速催收了结。关于息金部份，该县既因蚕事收成不良，免除借户负担"②。次日，就借款事致函鲁山县商会主席等人，称"自去年十二月份起至本年八月底止，共计付出息银三百四十五元一角一分"，但考虑到"今庚尊处蚕事收成之不良，难使借户负担，本组既抱互助宗旨，对于此项息金，自愿牺牲，但本金究约何日可以收齐，尚祈先予见示，至所企盼"。③则府绸公所似乎已经有所预见，宁可不计利息，也要尽早收回此项借款。

1935 年 10 月 10 日，作为债权人的久成致函府绸公所，称："以去冬所垫茧种款项，原订新丝时期归还，现在新丝时期已经过去，除归尚欠款项未便再延，请由本组先行筹还，以清手续。"府绸公所决定"尚欠久成之数，商恳久成暂为展缓，一面备函，托由同益公派人面向该商会主席催取，并询明未能收齐之原因，函复到组，再行核办"。④则该项借款，府绸公所在河南当地有同业商号同益公为催收一事奔走。

1935 年 10 月 15 日，府绸公所收到消息，"以四区区长新旧交替，致种款未得催收，现新区长业已就职，该款正在严催，俟有成数，即当续解，决不拖延"。地方行政长官变动，府绸公所担心归还借款被延误，因而再次向鲁山县商会催还借款："此项垫款，当时之约期原在新丝登场，且经台端保障负责，所以不辞棉（绵）薄，特借以应雅命。敝公所尚有多家专营山东绸而无关于河南绸者，当日以公所名义，对外借款应用，亦无非原情通融，现在久延不了，该专营山东绸各号，难免啧有烦言，而债权方面，复以约期已过，不断催促，实使敝所困于应付。"⑤府绸公所竟然将自己的"家丑"拿出来讲，看来确实想要尽早收回借款。

1935 年 11 月 28 日，府绸公所再次致函鲁山县商会："现逾约期又有数月，短欠本金一千八百余元，债务人屡加追逼，敝所一再延约，现实至于延无可延，利息日增月累，损失尤属不赀，且敝所内部复多以延不了结相责难，外受债务之追逼，内受同人之责言，内外相逼，实使敝所各委员左右为难。"⑥不知此时

---

① 《致鲁山县商会、区长谢干年》（1935 年 9 月 9 日），上海市档案馆馆藏：《山东河南府绸公所稿簿》，Q116-1-44。
② 《廿四年九月十六日临时会》，上海市档案馆馆藏：《山东河南府绸公所议案》，Q116-1-11。
③ 《函鲁山县商会主席》（1935 年 9 月 17 日），上海市档案馆馆藏：《山东河南府绸公所稿簿》，Q116-1-44。
④ 《廿四年十月十日古历九月十三日常会》，上海市档案馆馆藏：《山东河南府绸公所议案》，Q116-1-11。
⑤ 《函鲁山县商会主席》（1935 年 10 月 15 日），上海市档案馆馆藏：《山东河南府绸公所稿簿》，Q116-1-44。
⑥ 《函河南鲁山商会主席》（1935 年 11 月 28 日），上海市档案馆馆藏：《山东河南府绸公所稿簿》，Q116-1-44。

为何尚欠本金变为一千八百余元。

1936年2月5日，府绸公所开会讨论鲁山茧种垫款一事，考虑到屡屡催收都无法收回，"债权方面已由组先行垫还清楚，押据亦已收回涂销"①。此后，也即只剩下府绸公所与鲁山方面的债务追偿，并不断加紧催收。

1936年2月7日，在府绸公所不断的催促之下，终于"接由久成绸庄汇到国币八十六元……尚欠本银一千七百廿元一角□分"，府绸公所表示，"而自始借迄今，息金竟达四百元出零，关于此项息金，前曾函许免各借户负担，此亦无非为求济丝绸公益事业，不惜忍痛牺牲，至所欠本银为数甚巨，敝所乃一清贫之小团体，经济方面，向无积储，重以连年商务衰落，府绸外销一落千丈，收支年项短绌，使无风波震荡尚在不能维持，若遇意外事端，委实无法应付，而况无产可破，抵偿无从乎？在债权方面，一再拖延，自惟敝所是追，但赤手空空之敝所，试思何以应对？"因此再次催促，"现在年关已过，律转春回，乡民经济力量渐苏之际，全赖鼎力严予催收，络续汇掷，以便转归债权，免滋口舌"。②可谓焦头烂额。

直到1936年7月初，府绸公所通过"陈玉亭先生调查去后"，才真正得知鲁山四区前任区长谢幹年的确切行踪，"兹据陈玉亭君函报，谢现服务河南灵宝县"，并决议"函谢幹年催询"，准备"严厉追偿"尚结欠的茧种借款。③

1936年7月3日，府绸公所非常失望地致函鲁山县商会："讵近数月来，音信杳然，消息断绝，敝组陈诉至于舌敝唇焦，而结果竟致不能得到贵会一复，至债权之追逼，与应付之无策，贵会以未当其冲，更漠然不加闻问。查当时此项借款之成立，全凭贵会之信誉与切实之负责，故不揣棉（绵）薄，力求其成，但至现在之地步，贵会应设身处地，为敝组着想，未可视若无关，听其受困。"④

1937年2月23日，府绸公所开会讨论"谢幹年来复卸责，应如何另筹追偿方法"，并形成决议："再函谢幹年，婉词托为设法追收，一面函鲁山商会催索，并请先将收存货物变款汇申，将来必要时再请市商会设法救济。"⑤

1937年3月9日，府绸公所致函鲁山县商会主席，表示"接上海久成绸庄汇到茧种垫款三百十三元八角，已照收到，但不知此款是否由贵会变售去年收

---

① 《二十五年二月五日（古历正月十三日）常会》，上海市档案馆馆藏：《山东河南府绸公所议案》，Q116-1-11。
② 《函鲁山县商会》（1936年2月7日），上海市档案馆馆藏：《山东河南府绸公所稿簿》，Q116-1-44。
③ 《廿五年七月一日（旧历五月十三日）全体会》，上海市档案馆馆藏：《山东河南府绸公所会议录》，Q116-1-40。
④ 《函鲁山县商会》（1936年7月3日），上海市档案馆馆藏：《山东河南府绸公所稿簿》，Q116-1-44。
⑤ 《廿六年二月廿三日（古历正月十三日）圣诞节会》，上海市档案馆馆藏：《山东河南府绸公所会议录》，Q116-1-40。

存货物之款，抑系四区新近欠户所收汇来者"，并再次声明，除此次汇还外，"尚少一千四百余元，仍恳继续设法追偿，实因拖延已将三年，债权不断追逼，敝组困难已难尽言，下余所欠，仍恳竭力代为追收，竟其全功"。①总算又收回了一些借款。

1937 年 5 月 26 日，府绸公所在全面抗战前最后一次致函鲁山县商会和谢幹年，称"关于茧种垫款，除以前陆续汇还外，尚欠本金计有一千四百余元。……现届蚕汛，乡农收成可期，正为此款追收之时机，回忆贵会热心公益，挟助农商，主持办理在前，现在时越三年，事悬未了，揆之人情，当亦未安"，请求鲁山县商会"当恳贯彻当初负责之热忱，继续竭力追偿，陆续汇申，如得早日解决，则贵会之荣誉，将永垂不朽，正不独敝组感激盛德已也"。②

此后，七七事变爆发，全国陷入战乱，该项借款就此被搁置了。1941 年 2 月初，府绸公所在全体大会上，对于如何处理该茧种借款做出提议："历届征信录账上存鲁山商会法币□□，已无收回希望，应可出消，免得长此挂宕。"并议决通过。③追偿借款事件，就此告一段落。

就在与鲁山县纠缠于茧种借款的同时，府绸公所参与了河南省改良茧种申请政府垫款一案，与茧种改良同属一类事务。

1936 年 3 月底，同业商号久成志记（出口部）庞志德致函府绸公所，表示"今年丝厂同业为对外推销计，爰举代表进京请求政府机关硕划指导，并予以经济上之援助，业经政府采纳，允先垫款以济各厂家，为改良机制之需要"，认为改良河南茧绸一事，也可以采取这种办法，并建议从根本上更换茧种，以求恢复该产业的繁荣：

> 我河南府绸一业，在前尚称发达，统年销数亦复可观，乃晚年因产品之失善，致对外信用，顿告锐减，虽经同业等经之营之，力求改良，稍得挽救于危难，终以近年来农村破产，原料大减，织绸应销，实有供不应求之感，更以茧种羸弱，产丝不良，长此以往，是业恐将消灭于无形矣。谋救之策，首在更换茧种，使其产品优良，臻于至善，以谋久长。而换茧之费，须五六万元之谱，回顾同业中无多余力，惟有效他业故辙，呈请政府机关援助垫款。倘获允准，则可请当地民政机关担任购办及颁发茧种之责，以昭公允而易推广，一面劝告产地各区农民，遍植栎树，用以饲蚕，两者兼进，事易见功，原料充足，产品精良，则对外畅销可操左券。事关推广国际贸易，及为河南全省农民生计与补救农村经济，实属刻不待缓，而于

---

① 《函鲁山县商会》（1937 年 3 月 9 日），上海市档案馆馆藏：《山东河南府绸公所稿簿》，Q116-1-42。
② 《函鲁山县商会》、《函谢幹年先生》（1937 年 5 月 26 日），上海市档案馆馆藏：《山东河南府绸公所稿簿》，Q116-1-42。
③ 《民国三十年二月八日即古历正月十三日圣诞节全体大会》，上海市档案馆馆藏：《山东河南府绸公所会议录》，Q116-1-38。

我业之盛衰，尤余事也。①

庞志德提出的这些建议，即"请求政府垫款购办优良茧种，救济豫绸，并劝令豫民广植柞树，充足饲料"，等等。府绸公所召开临时会议讨论，同业各商号均表示认同，并议决"函绸缎同业公会，转函市商会，分电外、实两部请求，并呈请国际贸易局分呈外、实两部"，请求给予经济支持。②

1936 年 4 月初，府绸公所通函各同业商号，表示关于更换河南茧种案，业经议定办法二项："（一）函请市同业公会转呈政府，请示救济。（二）分函河南各地城镇商会，呼吁联络一致，向该省政府建厅以及蚕农机关吁请筹垫款项六万元，采办关东良种，实施救济。"③在致河南各地（鲁山、镇平、南阳、许州、石佛寺、李青店、拐河等处茧绸产区）城镇商会的通函中（参见附录 20），府绸公所分析了河南茧绸出口贸易没落的原因："自属出品不良所致，但出品不良约分两点：一则由于造织不知整顿，常有短码轻分之取巧举动，以及其他丝条粗细杂错不匀；一则由于茧种久年不换，往复相传，种性日趋劣弱，根本原料不良，以致制成绸匹之后，质地色采两俱窳劣，致失外人之信仰。"同时以鲁山县茧种借款为例加以说明："关于茧种之更换，前年亦曾不揣棉（绵）薄，由敝组筹借小数款项，购办良种，贷放乡农。惟苦商人力薄，仅及一隅，未能普遍。"但考虑到茧种为绸匹之根本，"就河南育蚕区域需要茧种垫款约计须六万元，农既无能自谋，商亦无力旁助……转念救济蚕农，有关民生，挽救外销，有关国计，陈诉政府，似亦未可漠视"，因此"函请上海市绸缎业同业公会转呈国民政府，俯赐救济筹垫款项六万元，饬令河南当地官厅购办关东优良茧种，贷放蚕农，俟其蚕事告竣，即行收回此项茧种垫款"。④这种呼吁，也是在提升政府对产业的控制能力。

同时，府绸公所通过绸缎同业公会转呈国民政府实业部等机构。首先阐明河南茧绸的兴衰历程："敝组各同业经销之河南茧绸（又名府绸），原属出口货物，行销欧美各国，往昔繁盛时代，统计出口银数，年可八百万元。惟以不及丝茶等类出口数量之巨，故不为政府所注意。同业等为挽救漏卮计，于沉默之中专心致力，以求出口之改善，冀以保持国际贸易之地位。惟近数年来研究，虽竭尽心力，而国际销路反年趋衰落，驯至今日，仅存百分之十五，究厥原因，则为河南茧种，农民久年不换，往复相传，种性日趋羸弱，因之产丝不良，制成绸匹，质地与色泽两皆窳劣，致使外人信用大减，销路日益呆滞。在过去之

① 《久成志记庞志德致山东河南府绸公所函》（1936 年 3 月 26 日），上海市档案馆藏：《山东河南丝绸业公所关于交易问题致鲁山县商会函》，Q116-1-4。
② 《廿五年三月二十六日临时会》，上海市档案馆藏：《山东河南府绸公所会议录》，Q116-1-40。
③ 《函本组各号》（1936 年 4 月 10 日），上海市档案馆藏：《山东河南府绸公所稿簿》，Q116-1-44。
④ 《函河南各地商会》（1936 年 4 月 10 日），上海市档案馆藏：《山东河南府绸公所稿簿》，Q116-1-44。

廿四年间 ①，春蚕则因雨水不调，秋蚕又被黄峰（蜂）咬坏，收成几等于无，出产遂告断绝，外洋小有交易，转苦无货以应。今年蚕事承去岁荒歉之后，茧种益形劣弱，收成势难起色，出产又必大减。如果长此以往，对于茧种不谋补救改良之方，则河南府绸在国际之销路，实有消灭之虑，而回顾出产地之河南人民，赖育蚕织绸以谋生者，数在千万人以上，使此出口河南府绸归于淘汰，失业必更增多，生计必愈穷蹙。"为拯救该项产业，"更换河南茧种，以谋根本原料之改革，实为目今切要之图。惟是育蚕区域辽阔，要求良种散放普遍，势非筹垫相当款项，购办巨量茧种不可。但兹事体大，际此经济恐慌之秋，商人经济力量处于困迫蹶竭之中，实无能力兼谋及此"，因此"惟有请求政府顾念出口商务之衰落，与国内人民生计之重要，俯赐救济筹垫款项六万元"，如此一来，"在政府方面不过一举筹垫之劳，而在人民生计，国产推销，获到巨大利益。一面尤赖当地官厅布告民众，广植柞树，用以饲蚕，两者兼进，收效自宏，原料既得优良，出品必臻精美，国际销路，或易恢复原状"。②在自己尽力以借款形式帮助河南茧绸产地的同时，府绸公所也试图建议国家进行这一工作。

因此，府绸公所虽然于 1936 年 4 月底收到实业部等机构的批复，但向河南各地商会致函之前，对该事的未来已经隐约有些担心，便于 5 月初开会讨论"实部指示，要否咨照河南各地商会，请公决"，决议"分函镇平、鲁山、南召各商会，将本组请求经过叙明，并请各该商会联合对河南省府请求"。③但信函一直到 5 月中旬才寄出。

5 月中旬，府绸公所接到实业部农字第五三七二号批复："据称改良河南府绸，先拟采办优良蚕种，不无见地，应将详细计划呈部核夺，至所请贷款一节，仰迳（径）向河南农民银行接洽可也。"则实业部采纳了该项建议，但经费来源方面，需要请河南地方各商会等自主寻求河南省政府资助。同时，府绸公所接到全国经济委员会蚕丝改良委员会函："选办优良蚕种，改良河南府绸，事属切要，如在可能范围以内，本会自当协助进行。惟所嘱转咨农民银行贷款六万元一节，系属地方贷款性质，又布告劝令民间广植柞树，藉增蚕儿饲料一节，亦属地方政府职权范围之内，应请迳（径）陈河南省政府核办，以资便捷。"因此，府绸公所随即致函河南镇平、许州、南阳、南召等处商会："现在实业部既能许予救济，自应秉承部批意旨，尽力以赴，未可坐失时机。至关于进行步骤，如贷款购种、拟订计划等问题，全仗贵会会同该区区长筹商办理。……务希迅予会同宛、鲁、召、镇、许各地商会，并各区区长，开会商议应如何

① 指 1911—1935 年。
②《函上海市绸缎业同业公会转呈国民政府请求垫款购办关东茧种救济河南蚕农》（1936 年 4 月 10 日），上海市档案馆馆藏：《山东河南府绸公所稿簿》，Q116-1-44。
③《廿五年五月一日（旧历五月十三日）全体会》，上海市档案馆馆藏：《山东河南府绸公所会议录》，Q116-1-40。

向河南农民银行接洽借款，如何派员前赴关东定购茧种［购种时期在阳历八月，必须先派（识）种人员前赴关东定购］，并应如何预令农民整顿栗坡，及应如何拟具改进河南丝绸详细计划，条陈实部以备采择施行。"①则中央政府认定此事为地方事务，并不以此为务。

7月1日，府绸公所根据之前致函各地商会的情况，召开会议进行报告："前函鲁、召、镇、许各商会，请为转呈河南省府，请求垫款购种，业已接到许、镇、拐三商会来复称，已转呈请求来后，请众参阅。"②即各地商会将呈送河南省政府的请求一事，转告府绸公所知悉。但此次请求的结果颇不乐观。8月下旬，镇平县商会致函府绸公所："以关于请求河南省府垫款购种一案，业已奉到省府指令，未获准许，合境丝绸商人，大失所望。"府绸公所遂复函称："查河南丝绸业内而育量大减，外而销路日衰，当此垂绝之际，实施救济刻不容缓，乃当地政府漠然不加重视，深可慨叹。"但府绸公所仍表示："敝组对于此案，犹不愿灰心放弃，尚拟继续请求，期达救济之目的，所有贵地省府批复贵会全文，尚祈抄示，以便参酌办稿……再，贵会前上省府请求呈文原稿，并祈抄示全文，俾资借镜。"③则此次请求政府垫款资助茧绸业一事，经过府绸公所发起，虽然河南镇平等各地商会积极参加，并呈文河南省政府，但最终还是未能达到目的。这也是在经济衰落的大背景下，一种"深可慨叹"的自然结局。

不过，府绸公所仍然抱着对未来的期望，直到1936年9月底，在召开全体会议时，专门讨论"关于请求政府贷放茧种款项事，河南镇平商会来信及抄附原呈，并省府批令"④，为今后类似事件提供经验教训。

总体来看，府绸公所在河南省内茧绸业的改良方面，投入了巨大的精力，但在国际市场与国内产业双重衰落的背景下，似乎并没有取得明显的效果。

第三节　府绸公所举办的社会公益活动

府绸公所在承担社会责任方面，确实做得比较到位。对于与自己业务直接相关的区域，府绸公所表现得非常热心。1923年初（农历正月十一日），在鲁山县从事府绸贸易活动的天丰向府绸公所报告，代募"豫西鲁山灾荒赈款"。两天

---

① 《函河南镇平、许州、南阳、南召等处商会·附印上海市绸缎业公会复函全文一件》（1936年5月12日），上海市档案馆藏：《山东河南府绸公所稿簿》，Q116-1-44。
② 《廿五年七月一日（旧历五月十三日）全体会》，上海市档案馆藏：《山东河南府绸公所会议录》，Q116-1-40。
③ 《函镇平县商会》（1936年8月31日），上海市档案馆藏：《山东河南府绸公所稿簿》，Q116-1-44。
④ 《廿五年九月十九日全体会议》，上海市档案馆藏：《山东河南府绸公所会议录》，Q116-1-40。

后的春季常会通过了该灾荒筹赈案，公决"由本所名义捐洋四百元，并请同业各号自由乐助"，当场"共认捐洋六百五十五元"。①其中，天丰、久成分别捐助 100 元、50 元，显示了与地方关系的紧密性。民国十二年（1923 年）十一月初二日，久成来函，报告称"附河南宛属匪灾筹赈会来函，请求代募赈捐"②。但随后经过会议讨论，"未决"③，并未就此事后续有何决议。因此，并非所有此类事件都能得到回应。

在全面抗战时期，府绸公所积极配合上海市绸缎商业同业公会的各项慈善活动，为当时的上海乃至全国各地的经济救助提供了力所能及的帮助。1938 年 11 月，府绸公所通函下属各商号："提薪百分之二，用以捐助慈善机关……每号准本月二十前开具名单，连同款项一并送组，以便汇齐转送。"④在抗战胶着的 1940 年 8 月，府绸公所采纳上海市绸缎商业同业公会函件的建议，向流落在上海的灾民募捐寒衣款，各商号根据自己的实力分别捐助，具体情况如表 3-6 所示：

表 3-6　1940 年府绸公所各同业商号捐助寒衣款名单　　（单位：元）

商号	捐款数额	商号	捐款数额	商号	捐款数额	商号	捐款数额
大丰	200	协丰泰	170	久成	50	怡成	50
久成新	200	三义和	100	庆丰永	50	春源	50
协丰正	40	久成志	30	福康	30	诚昌	30

资料来源：《念九年式月念号即古历正月十三日春季圣诞节全体会议》，上海市档案馆藏：《山东河南丝绸业公会会议录》，Q116-1-38

当然，府绸公所最为关注的几项公益事务，还是与同业商号密切相关的部分事务，包括恤嫠捐、英文夜校的开办等。

一、恤嫠捐

恤嫠捐是府绸公所承担社会责任的一种表现。民国四年（1915 年）九月十五日，在府绸公所会议上，会长朱鉴塘、议员罗坤阳提议"兴办恤嫠"，并通过决议，"准先办同业一文愿捐，于明正举行"；廿八日，又开会决定："同业恤嫠会一文愿捐办法，俟明正开办时议定。"⑤但直到民国六年正月的春季常会上（不知为何过了一年），府绸公所同业商号才提议，"本所举办恤嫠"，并通过决

① 《民国十二年癸亥正月十三日春季常会》，上海市档案馆藏：《山东河南府绸公所紧要议案》，Q116-1-17。
② 《民国十三年甲子》（1924 年），上海市档案馆藏：《山东河南府绸公所大事纪》，Q116-1-22。
③ 《民国十二年癸亥十一月初四日冬季常会》，上海市档案馆藏：《山东河南府绸公所紧要议案》，Q116-1-17。
④ 《通函本组各号》（1938 年 11 月 7 日），上海市档案馆藏：《山东河南丝绸业公所稿簿》，Q116-1-42。
⑤ 《民国四年乙卯》（1915 年），上海市档案馆藏：《山东河南府绸公所大事纪》，Q116-1-8。

议，"先起草章"。①闰二月廿二日，府绸公所又开会，关于举办恤嫠，"经上次决议，先定草章，应请即日推定起草员，着手进行"，公决"推举陈桐生君为起草员，将草章拟就交会审查"。②

但是，这件事的推进工作进展极慢，民国八年初的春季常会上，庞藻才"重提吾业设立恤嫠会"，并称："吾业设立恤嫠会，事前经朱故会长与罗议长早有提议，曾经于乙卯年九月十三日会议通过在案。乃迟至今日，仍未见诸实行，殊深慨叹！兹本席重行提出，请同仁念孤儿寡妇之苦，尽力提倡，乐予赞助，并请即日施行，以重善政。"经过讨论后，"当经全体赞成，并各签字为证，通过"。③二月廿四日，再次开会，"讨论本业恤嫠会章程……公推陈桐生起草"④，时间过了两年，又回到了原点。

民国八年（1919年）七月初六日，府绸公所开会，讨论"恤嫠会进行办理……请诸君速定办法"。关于同业恤嫠会章程，"上次公推陈桐生先生起草，兹已拟定……俟审查后，下次会期再行逐条通过"。⑤终于在十月专门就此事召开了会议，报告恤嫠会章程起草完成，"由主席宣读一过，经众逐条讨论，加以修正后，由主席一一付表决，全体通过"。会议主席周祯祥称："恤嫠捐规定，每愿每日一厘，凡同业入会者，每人每年纳洋三角六分为一愿，请诸君自由乐认，多多益善，量力而行，功德无量。"⑥宣告了该项事务开始进行。

民国九年的春季常会上，府绸公所再次就修订恤嫠会草章进行了讨论，并决议，对于"尚有应行修正之处，公推沈子槎君会同原起草员陈桐生君，详细审查，再行付议通过"⑦。直到一年之后的民国十年春季常会，对于恤嫠会的进行情况，公决："暂保留，俟下次开会再议进行办法。"⑧进展得非常缓慢。民国十一年的春季常会上，议长罗坤祥提出，"恤嫠会亟应继续进行，毋负发起同仁初心"。会议通过决议，"继续进行，捐务由今年正月份起，捐额每人每日至少担认大洋一厘，全年统计三角六分，以次累进，或每日一分，或日认一角，悉听各便，量力行之，多多益善。订下次开会，请同业诸公自由乐助"。⑨则这些年内，都是在积累恤嫠基金吗？正月二十二日，继续春季常会的决议，"请同仁自由乐写……当场未写，暂保留"⑩。看来直接要求捐款还是比较困难的，直到

---

① 《民国六年丁巳》（1915年），上海市档案馆馆藏：《山东河南府绸公所大事纪》，Q116-1-8。
② 《民国六年丁巳》（1917年），上海市档案馆馆藏：《山东河南府绸公所大事纪》，Q116-1-8。
③ 《民国八年己未正月十六日春季常会》，上海市档案馆馆藏：《山东河南府绸公所紧要议案》，Q116-1-19。
④ 《民国八年己未二月廿四日会》，上海市档案馆馆藏：《山东河南府绸公所紧要议案》，Q116-1-19。
⑤ 《民国八年己未七月初六日会》，上海市档案馆馆藏：《山东河南府绸公所紧要议案》，Q116-1-19。
⑥ 《民国八年己未十月十五日会》，上海市档案馆馆藏：《山东河南府绸公所紧要议案》，Q116-1-19。
⑦ 《民国九年庚申正月十七日春季常会》，上海市档案馆馆藏：《山东河南府绸公所紧要议案》，Q116-1-19。
⑧ 《民国十年辛酉正月十三日春季常会》，上海市档案馆馆藏：《山东河南府绸公所紧要议案》，Q116-1-19。
⑨ 《民国十一年壬戌正月十六日春季常会》，上海市档案馆馆藏：《山东河南府绸公所紧要议案》，Q116-1-19。
⑩ 《民国十一年壬戌正月二十二日会》，上海市档案馆馆藏：《山东河南府绸公所紧要议案》，Q116-1-19。

二月十七日，"恤嫠捐应遵上届议案，请同仁自由乐写"①。

该恤嫠会的缓慢进展，导致部分同业商号开始怀疑府绸公所的办事效率。民国十二年的春季常会上，"同业久成号来函，要求发还恤嫠捐，决意收归自办"，但经过讨论，"此案虽由久成号函请收归自办，然事关同业义举，应由公所名义办理"，最后仍然形成决议："仍由本所用同业名义办理，其办理章程另订之，俟章程拟妥，连同捐册，同业各送一份，于两星期内报告本所。"②至于究竟资助了多少，尚待检验。不过，经过多年的积累，终于在民国十二年三月，恤嫠会第一次发放抚恤，"同业久成号顾橘泉君报告，同业沈荣祥病故，身后萧条，请求恤嫠会抚恤"，公决"准照恤嫠章程办理，由本年三月分起给付"。③六月，府绸公所对该捐的收取方式做出改变："准本月底向同业各号各户收取全年捐款，一次收清。"④

关于恤嫠会的解散，1930 年，府绸公所沈子槎提案应如何处理（应该是被合并入上海市绸缎商业同业公会的缘故），决议"实行解散该捐款，照认数摊还息结出再议"⑤。但 1938 年，恤嫠款项仍然存在："本级征信录存欠项下，欠公记二十元二角九分，另列一目，殊嫌复杂……（决议）拨入恤嫠项下，以清帐目。"⑥未知是何缘由。

1941 年 6 月初，府绸公所各同业商号在圣诞节的大会上，提议"本届圣诞筵资〆十元，移充善举，捐入恤嫠会"⑦。1942 年 4 月底，为恤嫠会一事，府绸公所专门召开临时会议，会议主席沈子槎提议，恤嫠会"际兹高度生活以月费数元付于受恤者，何能瞻（赡）养二三口之孤弱？爰以人类同情之心，拟将月费酌增，聊尽本组昔日创立斯会之矜孤恤嫠初衷，对于恤户之在申者，业已派秦粹成前往每户查询一过，根据报告，共计大口五人，小口七人，其增加数若干，谨请付决"。经议决，"大口每月每人十二元，小口每月每人六元，自三十一年六月份起发给"。此外，经费方面"尚存二千十数元，经主席提出，当场请同业诸公捐助，并请朱梅亭先生向三晋川等劝募捐款"，列入纪事册。⑧直到 1947 年 6 月的圣诞节会议上，府绸公所讨论，恤嫠会中"由恤户恳求增加恤金，际此确系生活日高，所发月费难以瞻（赡）养，本会员同情之心，今拟增加，聊尽本组昔日创立斯会之矜孤恤嫠初衷"，决议"大口每人每月

---

① 《民国十一年壬戌二月十七日局部会》，上海市档案馆馆藏：《山东河南府绸公所紧要议案》，Q116-1-19。
② 《民国十二年癸亥正月十三日春季常会》，上海市档案馆馆藏：《山东河南府绸公所紧要议案》，Q116-1-17。
③ 《民国十二年癸亥三月十三日会》，上海市档案馆馆藏：《山东河南府绸公所紧要议案》，Q116-1-17。
④ 《民国十二年癸亥六月廿二日会》，上海市档案馆馆藏：《山东河南府绸公所紧要议案》，Q116-1-17。
⑤ 《民国十九年（1930 年）3 月 3 日全体会》，上海市档案馆馆藏：《山东河南府绸公所议案》，Q116-1-9。
⑥ 《民国二十七年二月十二日圣诞节（即古历正月十三日）全体会议》，上海市档案馆馆藏：《山东河南府绸公所会议录》，Q116-1-40。
⑦ 《民国三十年六月七日即古历五月十三日圣诞节全体大会》，上海市档案馆馆藏：《山东河南府绸公所会议录》，Q116-1-38。其中"〆"为苏州码。
⑧ 《民国三十一年四月廿七日临时会议》，上海市档案馆馆藏：《山东河南府绸公所会议录》，Q116-1-38。

一万元，小口又五千元"。①这些补助，显然很难满足贫困孤寡者的生活，但毕竟聊胜于无。

府绸公所几乎与恤嫠会相始终，1949 年 12 月的常会上，即专门讨论"恤嫠会今庚未发恤嫠户姚陈氏，大、小口一人、二人，因在去年即三十七年九月底以后未取"，经其屡次恳求，府绸公所决定，暂付至 1949 年 12 月底止，即付人民币十万元，容来年自当设法调整。②

这种社会救助的责任，原本应该由政府来承担，但从传统时期以来，以同业公会为代表的社会组织，很大程度上在自身经济功能之外，出于社会、亲缘关系的原因，担负起了原本应该由政府承担的责任。这究竟是利还是弊，似乎并没有确切的答案，但对于府绸公所的同业商号而言，在某种程度上增加了其业务运作的成本，若再从对老幼的养育来看，却又可以认为是分担了商号从业人员的压力——因此，还是要做具体分析。

二、英文夜校的开办（1916—1938 年）

府绸公所从事茧绸出口贸易，与洋行的来往自然无法避免，因此对英语人才的需要非常迫切。这是其倡导开办英文夜校的主要动因。

民国四年（1915 年）九月十五日，在府绸公所会议上，会长朱鉴塘、议员罗坤阳提议，"在本所事务所内设立英文补习夜校，以备同业各号学生晚间来校肄业，以期造成绸业良好人才，免致抛荒学业，浪废光阴，且可拘束身心，导入正轨，一举三备"，并议决"准年内先行筹备，明正开办"。③经过几个月的筹备，民国五年正月十一日，府绸公所专门召开会议，决定："自丙辰年春季始，在本所事务所楼上附设英文补习夜校，专以教授同业各号之学生，每号额定二人，延聘教员二位，其校规等由该教员另定之。"二月初一日，府绸公所开会讨论英文补习夜校章程，通过规定办法七条。廿九日，开会讨论夜校经费，决议"嗣后同业各号收录新学生时，所有席敬一项，不论多寡，一律收受，拨充英文补习夜校经费"。同业商号对此热情颇高，甚至有伙友自愿贴费加入本所夜校肄业者。府绸公所则表示，"伙友热心向学，果属其志可嘉，奈案经成立，万难变更，沪上不少良好之夜校，与其贴费来校补习，盍不择善而从之"，也是为同业商号考虑。五月廿一日，府绸公所开会讨论夜校毕业程式，公决："暂定两年制，以读本第四册终止为卒业。"④

---

① 《民国三十六年六月二十八日会议》，上海市档案馆馆藏：《山东河南府绸公所会议录》，Q116-1-38。
② 《公历一九四九年十二月三日即农历十月十四日常会》，上海市档案馆馆藏：《山东河南府绸公所会议录》，Q116-1-39。
③ 《民国四年乙卯》（1915 年），上海市档案馆馆藏：《山东河南府绸公所大事纪》，Q116-1-8。
④ 《民国五年丙辰》（1916 年），上海市档案馆馆藏：《山东河南府绸公所大事纪》，Q116-1-8。

英文夜校的成立，似乎很快就派上了用场。就在成立当年（1916 年），与洋行关于货箱、包扎、纸张等费用的交涉，其信函往往由"朱会长来稿，由戴帜翔先生修正，托本所夜校周教员译成英文，由谭宗荣先生校核"①。此后，复函美大洋行时，"此函系朱会长与周教员商酌修正移译"②，"此函仍由朱会长请周教员润色译正"③。是以英文夜校的开办，也是一件顺理成章的事。

民国六年正月的春季常会上，朱梅亭就英文夜校的情况进行了汇报，称"本所英文补习夜校章程，准上次决议案，每号额定来校肄业学生二人，多则每人每月贴费洋一元。而学生好学心切，争先恐后，均皆到校肄业，因是号中乏人，所以暂留一二人在号照料，讵知学生家属颇有烦言。事出两难，应请修订妥章，以善其后"，并确认了上年关于"新生之席敬拨充夜校经费一案，准今年实行，通咨各号准照"。④此次大会，府绸公所提请修正本所英文补习夜校校规，并通过决议："改订学额为每号四人，分单双日班来校肄业，其课程两人为星期一、三、五日，两人为星期二、四、六日，庶公私两尽，各无偏废。"⑤

接下来两年多时间，英文夜校相对平稳地在运行中，民国七年（1918 年）的夏季常会上，"会长报告补习英文夜校事"⑥。民国八年正月的春季常会上，校长谭宗荣报告，"同业各号来校肄业学生，每有照定额溢出者，应请将本夜校章程重行厘整，增订学额，如有逾出额外者，应酌收学费"。府绸公所形成决议："重定学额，增为每号四人，如有照定额溢出者，应于报名入学时，每人先付学费半年，计洋三元。"⑦

民国十一年正月的春季常会上，府绸公所又讨论夜校事务，"于每月抄记录学生到校分数表"⑧。当年，由于府绸公所事务繁多，对该夜校除重大事务外，其余各种琐细事务开列专门的"夜校记录"⑨，不再由大会讨论。同时，夜校规模逐渐扩大，各种经费开始不敷开支，遂致函府绸公所，请求筹募经费。但府绸公所没来得及处理此事⑩，遂一直被搁置下来。直到九月的

① 《复印度行美大等洋行函》（中华民国五年丙辰八月十四日，1916 年 9 月 11 日），上海市档案馆藏：《上海山东河南丝绸业公所往来紧要函牍》，Q116-1-23。
② 《译录印度美大等洋行来函·为免除箱包费由》（中华民国五年丙辰八月十一日，1916 年 9 月 8 日），上海市档案馆藏：《上海山东河南丝绸业公所往来紧要函牍》，Q116-1-23。
③ 《复印度各洋行函》（中华民国五年丙辰八月廿六日，1916 年 9 月 23 日），上海市档案馆藏：《上海山东河南丝绸业公所往来紧要函牍》，Q116-1-23。
④ 《民国六年丁巳正月十三日春季常会》，上海市档案馆藏：《山东河南府绸公所紧要议案》，Q116-1-19。
⑤ 《民国六年丁巳》（1917 年），上海市档案馆藏：《山东河南府绸公所大事纪》，Q116-1-8。
⑥ 《民国八年己未五月十三日夏季常会》，上海市档案馆藏：《山东河南府绸公所紧要议案》，Q116-1-19。
⑦ 《民国八年己未正月十六日春季常会》，上海市档案馆藏：《山东河南府绸公所紧要议案》，Q116-1-19。
⑧ 《民国十一年壬戌正月十六日春季常会》，上海市档案馆藏：《山东河南府绸公所紧要议案》，Q116-1-19。
⑨ 《民国十一年壬戌正月二十二日会》，上海市档案馆藏：《山东河南府绸公所紧要议案》，Q116-1-19。
⑩ 《民国十一年壬戌正月二十四日会》，上海市档案馆藏：《山东河南府绸公所紧要议案》，Q116-1-19。

秋季常会上，校长谭宗荣表示"辞去校长兼职"，府绸公所各同业商号通过决议，称："谭副会长热心教务，长校于兹，业已数载，对于校务颇得教职员之同意，而于训诲更得诸学生之情感，培植同业后起人材，实多深造，诚有大功于本校，而为本所夜校之第一伟人，应请谭君继续任职，勉为其难，嘉惠后学，当经全体一致主张挽留，以重校务。"①

之后夜校基本步入正轨，一直到 1930 年，府绸公所才有整顿夜校校务的议案，"凡学生因事请假，须由本店证明。如无证明书到校，擅自缺课者，准记该生以大过一次"②。此议案应该是对夜校规则的零星修正。由于府绸公所的改组，以及国际贸易形势的惨淡，1931 年初，府绸公所召开全体大会，讨论"本所附属英文夜校，因房屋及经费问题，应否继续办理"，经各同业商号公决，"仍继续办理，惟对于校规应取（严）格主义，重行整顿。本学期起，凡同业学生来校报名肄业，须先缴保证金十元，俟学期终了后发还，如半途辍学不与考试，或未经请假无故缺课至五次以上者，应即开除，保证金没收，下次不得再来肄业。规定学额以三十名为限。其余一切校务规则，请谭校长主持办理"。③由此可以看出，虽然存在经济上的诸多困难，但对于与教育相关的投入，府绸公所仍然一直保持着关注。

此后英文夜校一直维持，后因"八一三"事变曾暂停一段时间。1938 年初，府绸公所又讨论该校事务，"附设英文夜校，去秋因战事，沪上局势紧张，曾暂停办，现当新年开始，沪隅较靖，夜校要否继续办理"，经同业商号决议，"本年上学期，因学员太少，暂行停办，修订夜校章程，候本月十二日大会讨论公决"。同时关于"席敬"，"英文夜校学员在新进学业时，照章应缴付本组席敬十元，现查夜校各新进学生，有未遵章缴纳者，应如何整顿划一"，决议："各号新进学生，规定席敬六元，至少四元，缴组移充英文夜校经费。"④是以虽然上海沦陷，但英文夜校的工作依然在进行中。

数日之后，府绸公所在全体会议上讨论本年度夜校事务，"同业各号学员报名，未满二十名"，因此决议"依照新章，本期暂停，下期开办。通告各

---

① 《民国十一年壬戌九月十三日秋季常会》，上海市档案馆馆藏：《山东河南府绸公所紧要议案》，Q116-1-17。
② 《民国十九年二月二十一日春季常会》（1930 年 2 月 21 日），上海市档案馆馆藏：《山东河南府绸公所议案》，Q116-1-9。
③ 《民国二十年三月一日全体大会》（1930 年 3 月 1 日），上海市档案馆馆藏：《山东河南府绸公所议案》，Q116-1-9。
④ 《民国二十七年二月九日全体会议》（1938 年 2 月 9 日），上海市档案馆馆藏：《山东河南府绸公所会议录》，Q116-1-40。

号"。①1938 年 6 月，府绸公所讨论"秋季将届，本组英文补习夜校要否恢复办理"，决议"先通函各号学员，在七月一号以前报名如足校章规定数目，秋季恢复办理"。②7 月初，因"英文补习夜校，依据校章满二十名以上者，方始开办。本期前经通告，限七月一日以前报名，但学员报名者不甚踊跃，截至七月四日止，除久福、泰记外，其他应享权（利）之各号报者仅十二人"，府绸公所遂决议"不满章程规定数目，仍暂停办，通函各号咨照"。③其实这时夜校的报名人数已经不少了，但总归不符合章程，无法开办。

1938 年 7 月 21 日，久成新、大丰、协丰正三号学生来函，"以本组英文补习夜校组织不善，拟请用团体名义，附读外界英文夜校，俾宏造就"，请求会议讨论处理。得到的答复是："本校人数不足，暂行停办，前经议决有案，未便因少数提议而推翻。该三号学生志图上进，本组仅能予以精神上之援助，用本组名义代为接洽，校费归各号自理。"④因此，虽然可以允许这些学员去其他英文夜校学习，但只能以其个人名义，而不能以府绸公所英文夜校的名义集体去参加。

自 1937 年全面抗战爆发，英文补习夜校已经在事实上停办。在内忧外患加剧的历史背景下，设立英文夜校以应对贸易流程中的纠纷等问题，就成为产业同业组织在面对外部压力时，不得不采取的一项应对措施。虽然从短期来看，其对产业的发展尚未显现出益处，但这种选择其实已经是相对最优的解决方法了。

---

① 《民国二十七年正月十三日圣诞节全体会议》（1938 年 2 月 12 日），上海市档案馆馆藏：《山东河南府绸公所会议录》，Q116-1-40。
② 《民国二十七年六月十八日第七次执监常会》（1938 年 6 月 18 日），上海市档案馆馆藏：《山东河南府绸公所会议录》，Q116-1-40。
③ 《民国二十七年七月四日临时执监委员会议》（1938 年 7 月 4 日），上海市档案馆馆藏：《山东河南府绸公所会议录》，Q116-1-40。
④ 《民国二十七年七月廿一日临时执监委员会议》（1938 年 7 月 21 日），上海市档案馆馆藏：《山东河南府绸公所会议录》，Q116-1-40。

近代中国丝绸产业的演变过程中，国际市场的不断变化深刻地影响了中国丝绸产业的产业链，使这一产业更多依赖对外贸易，因此，介于国内商品生产与国际商品市场之间的丝绸同业组织，其地位的演变就是一个非常值得考察的问题。

近代中国丝绸产业的生产与贸易，在整个世界丝绸产业链中，虽然经历了绝对数量上的提升，但相对而言仍然处于一种原料供应的地位，外国市场占据着主导性的地位，使中国的丝绸从业者只能在由列强制定的国际贸易框架下，被动地接受对外贸易与丝绸生产的规则。丝绸业同业组织的出现，则在一定程度上改变了这种不利的状况，并促使中国丝绸业在大的历史背景之下被纳入现代化的进程之中。

近代上海的丝绸业同业公会，以及更早出现的山东河南丝绸业公所（府绸公所）的演变历程，就是近代中国丝绸业兴衰的一面镜子。在清末战乱的时代背景下，原本以苏州等传统工商业中心为根据地的茧绸贸易商，开始将自己的重心迁移至新兴的贸易、金融、产业中心上海，并在清末宣统元年（1909 年）与旧有的同业组织进行分割，开始了自己独立发展的历程。因此，府绸公所从其成立之初，就有了传统与现代相重合的特征，这可以从其组织机构的变迁过程中观察到，从传统的会长负责制到董事制，再到南京国民政府时期的委员会制度，组织机构变迁的背后，是府绸公所协调与国家关系的深层次表现。虽然在成立之初，府绸公所是以一个同业组织的面貌出现的，但之后的发展过程中却无法摆脱政府机构的控制，并最终在 1930 年被纳入了受政府力量主导管控的上海市绸缎商业同业公会，与其他绸缎业同业组织一道，成为下属的一个分组——山东河南丝绸组，但是又因为国家力量的相对薄弱，府绸公所仍然可以相对独立地运作，并在 1930 年之后开展了一系列的业务，展现了一个同业组织对本产业发展应尽的义务。

在近代上海丝绸业同业组织的变迁过程中，最有意义之处在于其将各个不同种类的丝绸产品同业组织合并起来，形成了一个相对完整的同业组织，并在政府主导之下发挥着共同对外的功能，为近代中国丝绸产业的发展及规划做出了自己的努力。但也应该关注其不足之处。上海市绸缎商业同业公会是完全依靠行政力量建立起来的，在建立之初便受到原存各类传统丝绸同业组织的抵制，因此虽然在建立之后有了独立的框架，但并不影响原本存在的各个同业组织的活动。本书即在分析近代上海市绸缎商业同业公会的基础上，以"山东河南丝绸组"（即府绸公所）为例，探讨这种看似一体实则各组相对独立的情况。

府绸公所的事务中，最基础的就是自身形象与地位的建构，通过组织机构的变迁，将各个同业商号聚拢起来，并在会所建设、会员商号的商标注册、会员的会费征收、各类茧绸商品种类和性质的调查等方面着力，使府绸公所成为上海乃至中国东部地区茧绸贸易的代表，主导着上海这一通商口岸的茧绸贸易。在直接关系茧绸贸易的事务方面，府绸公所充分发挥了自己的长处，在与洋行就贸易流程方面的交涉、抵制竞争者日本的茧绸产品等方面，都取得了相应的成果；同时也根据自己的具体情况，积极参与各种国内、国外博览会，为茧绸产品开拓市场，以及在合并入上海市绸缎商业同业公会之后，在与检私委员会的互动中尽力维持茧绸业的利益。最值得关注的，还是府绸公所直接介入茧绸原料的生产环节中，包括与山东、河南茧绸原料及成品产区的互动，对于这些地区的茧绸织造技术与规范都提出了自己的建议，甚至垫款协助鲁山县的柞蚕茧种更换改良，并一度造成府绸公所自身的财政危机。

在与基本业务相关的活动之外，府绸公所还积极承担社会责任，包括捐助贫穷市民、救济各地灾荒饥民等，最重要的还是对于本公所会员的关注，通过恤嫠捐的设置、英文夜校的开办，府绸公所在作为一个社会组织角色的同时，也部分承担了原本应该由国家和地方政府负责的事务。

综上，在近代中国丝绸业发展的大背景下，府绸公所和上海市绸缎商业同业公会应运而生，并在清末民国时期经历了曲折的四十年发展历程，见证了国运的升降与产业的兴衰。这两个丝绸业同业组织的命运变迁，很大程度上也代表了在近代国际市场的强大影响下，中国国家能力不足时，一个产业的从业者如何通过同业组织，承担着在产业和经济职能之外的社会责任。这既是近代中国丝绸业曾经兴盛的标志，也是在历史大背景下的一种无奈。

附 录

附录 1 《长洲县示禁保护茧绸业敦仁堂公所善举碑》

在任候选府江南苏州府长洲县正堂卓异加一级王为给示永禁事。据职监王守铭、同知汪泽民禀称：职等茧绸一业，兵燹前立有公所，名曰"敦仁堂"，同业集资置有公产，坐落长治半十九都昌四五图叶家弄上下岸房屋两所，立户办赋。向举殷实可靠之人，经收房租，专济同业孤嫠所需，实收实用，毫无私弊。讵料同治四年至光绪五年八月分止，所收租金均被经理人司马姓侵吞入己，并盗押房屋联单。经同业等查悉禀究，蒙金前宪讯明吞租盗押属实，屡经追缴。据司马姓供，因家贫无力，求请帮助。是以劝谕职等推念同业之谊，除让免外，再帮贴银两，将房照赎回，并将吞租之人辞出，各在案。当议房租由守铭经收，归公济用。每至年终，将收用各款造具清册，以昭征信。接办多年，毫无异议，惟恐日久玩生，仍蹈覆辙。兹集议至再，惟有将房屋印照、图形呈案，环求批注钤印给示勒石永禁。等情。到县。据此，除将房屋图形钤印给谕执守外，合行给示勒石永禁。为此示。仰该公所经理人及公产租户暨该同业人等知悉：尔等须知公产房屋租金，系为周济同业孤嫠之用款，归公所善举，经理人务须妥为办理，将房租实收实用，至年终造具清册，以昭征信，无许侵欺。其屋不得盗押盗卖，租户亦不许吞租。如有以上情事，许同业指名禀候提究。其各凛遵毋违。特示。①

附录 2 《上海山东河南丝绸业公所成立纪实》

查吾业当清季中叶，同业咸荟萃于宁省，集中于苏垣，设有敦仁公所，为吾同业聚集会议之所。计最初经营者，以棉绸、茧绸为大宗，迨咸同之间，海

---

① 王国平、唐力行主编：《明清以来苏州社会史碑刻集》，苏州：苏州大学出版社，1998 年，第 309 页。

禁大开，海上为通商巨埠，各国商贾咸来贸易，其时适值洪杨难作，为避难故，同业均徙居来沪。至光绪初年，上海同业有益昌、大春、诚昌、大昌、裕昌亨等五家，拟谋恢复敦仁旧所，嗣以涉讼未果。此后吾业绸货运销外洋，逐年发达，吾同业为应时世之需要，谋国货之畅销，竭力提倡改良物质，由是在鲁在豫，遍设机房，产丝之区无远勿届。至宣统二年庚戌，营业更日增，交涉日繁，为便利办理对外交涉，亟谋自卫起见，由庞、朱及罗、赵等诸君，先后创议发起，在申另组公所，结团体互相协助，订规约以谋自治，谋物质之改良，图营业之发展，合群力而御外侮，期强固而图久存，于是年秋组织成立，暂设事务所于公共租界中区河南路中和里。公议筹募巨资购地建筑所屋，以固团体而资久远，越二载至民国纪元壬子，由同业捐资购置坐落上邑新闸大王庙后陈家浜地方，即公共租界西区山海关路中段基地一方，计地一亩二厘四毫，英册道契B.C. 第三千四百四十二号。于翌年癸丑春间开始建筑，坐北朝南，三幢二厢，本所所屋一宅，另于西首连建市房十幢，于是年十月建筑告成，规模得以粗具。因吾业绸货皆由山东、河南二省采运而来，为该二省天产人工交组而成之产品，遂名其堂曰"鲁豫"，以志鲁豫一家，不分畛域之意。至民国十一年壬戌，同业等因嫌山海关路本所原址地位太狭，房屋不敷分配，且规模简陋，不适观瞻，决议另置地产，重建新所，即于是年秋间购置坐落闸北太阳庙路基地一方，计地二亩六分七厘，道契英册B.C. 第五千七百零四号，于翌年癸亥春间开始重建，坐北朝南三开间平房新屋一所，另于两旁附建市平房左右各三间，于十三年甲子正月落成，计需地价、建筑等费共一万七千余两。所有山海关路旧址所屋暂行出租，以资贴补。计自吾业在沪另组公所成立以还，于兹十有五载矣，凡关于同业中一切对外对内应兴应革事宜，莫不次第举行，而于办理外交、整理内政尤觉秩然有序，适合时宜。至教育、慈善、公益、娱乐等事，如英文补习夜校、同业恤嫠会、储蓄聚餐会、俱乐部等，均已举办多年，粗有成绩，将来得能经济宽裕，尚拟创办同业日校及攸关文化事业暨社会公益、地方善举与有益同业身心之娱乐，均当一一进行，以臻完善。①

附录3　《镇平县试办绸业商会禀》

敬禀者：窃维《周礼》司市设官，凡陈肆办物禁伪除诈，皆为商政所备。乃西人师其意谋商战，故事必合群而物必求胜。华商心志不一，其强有力者以排基

---

① 上海市档案馆馆藏：《山东河南府绸公所成立纪实，杂载，历届会董及职员表，英文补习夜校章程》，Q116-1-28。

为得计，而黠者又以营私舞弊图目前而不图将来，宜乎，商务之败坏而不救也。

卑县商业以丝绸为大宗，行销以八丝绸为最广，山西太谷商坐庄收买，近则运诸蒙古，远直运诸俄国。中稔之岁，外销之数约得五六十万金，亦制造品中岁入一巨款也。近年以来，织业不良，奸商且工于作伪，缫丝上机之后，计图少用丝斤，杂以豆粉、糖浆，所成之货，色泽不鲜明，服用不经久。数年前，有巨商运绸甚多，未抵俄京而强半腐败，以致成本大亏。自兹以往，各商引以为戒，贩绸者相率之他，商业顿衰，日非一日。

卑职有教养之责，不能为地方别开生计，又视其坐失固有之利，何以自安？是以莅任以来，力劝绅商设法整顿，创立商会联络商情，作伪货者议罚之惩之，成新货者奖励以导之，互相稽察，互相考求。县境石佛寺为商贾辐辏之区，商会总局即设于此，以文生华拱辰、张星甫为总理，绅监生刘华堂亲为协理。绅督议章程十四，条传谕各商一律遵守。定于五月初一日开办。嗣后绸匹织成远商领运时，悉由商会查验，加盖图纪，发给承保凭单。如出货窳败，收买后不合行销，责成商会赔偿。乘积弊之后而欲广招徕，非此不足去群情之疑阻。惟商会所以振兴实业保护利权，自应酌提行用以济公需。卑县高等小学堂常年经费已筹者岁仅数百金，不敷尚巨，会绅筹议于此项丝绸业行用中，每年提出四成充学堂经费，前于开办学堂禀内声明在案。查卑县绸业行用向分内用、外用名目。本地零星售卖者，卖户买户各出佣钱，谓之内用，外用远商贩运者仅收卖户内用，不收客商外用。访查南阳、鲁山、南召等县，无分本帮、客帮均兼收内、外用钱，本外用有一分六厘、一分二厘不等者。前因镇平向无外用，客商接踵而来，迨误购伪货大受折阅，视镇绸为畏途，相戒不入。于是甘出外用争购鲁山、南阳之绸，镇平虽格外放盘而招之不来，商情向背概可知矣。今商会议定，客商外用每钱银酌提八厘，较南阳等处几减大半，劣货有会中承保赔罚，客商所出八厘，数较廉于他县，而货物精良百倍于昔，商贾首崇信实，商会官为维持，出立保单，该商利赖实多，自必趋之若鹜（鹜）。兹由商会各绅出所议新章遍示晋商，咸称改良尽美，决不惜此外用。试办得法，诚卑县绸业一大转机也。销数每年暂以五十万两计之，八厘外用，可得银四千两。以四成提充学堂经费，以三成归商会开支，以三成为各镇办理初等小学堂之用。此一举也，实于筹款、保商两形其便。

伏思民志每易涣而难群，官商宜通办而合作。自欧风东渐以还，梯航相属于途，不善以中原为五都纽枢，彼日致其精，我日趋于敝，长此悠忽，漏卮何穷。昔管子治齐，必使商民群萃州处，相教相辅。今日商会其权舆也。仰蒙宪台筹浚利源，转移风会，属在下僚，自当奉宣德意，兴利剔弊。

抑卑职更有进者：卑县织户虽多而蚕事不讲，山丝、家丝本境所出之数不敷所用之数，每岁购自他县约十成之四五。家有田园，不自谋其桑土，而剥茧抽丝半资外力，非所以劝实业保利权也。本年奉发湖桑八百株，督令如法栽种，同上年成活之桑加意培养，土桑甚落，谕令试复桑秧，并发给山东沂州椿蚕茧种，宣示法程，饬令各乡仿办，以辟利源。卑县椿树最多，饲养甚为便利，另购蚕桑各种书籍存储学堂，听由他人借阅。近来城乡士绅纷纷传借，佥以研究蚕学为心。卑职现令创设蚕学讲习会，即以学堂延客室为讲习所，每逢星期学堂仃（停）课之日，演说一次，使乡民聚听，亦共知栽桑之便、养蚕之利，胜于官家条告万万也。如果蚕事大兴，三五年后，本境产丝必多，丝价愈落，织户愈多，绸业愈兴，当有倍蓰于今日者。际此民生日蹙之时，宜筹富教兼施之计。卑职惟有殚竭愚衷，示民以信，用副宪台怀保群生之意。所有卑县试办绸业商会、酌提行用藉充学堂经费缘由，理合开折禀请鉴核示遵。

抚部院陈批：禀折均悉。该县丝绸出产本丰，徒以奸商作伪，遂致行销阻滞商业顿衰。兹经该令创立商会，考验货质，承保以赔，以示信用而广行销，立法甚善。所拟章程亦甚妥密。足见办事切实，具有条理，且酌提行用以充学堂经费，创设蚕业讲习会以劝实业，洵可谓富教兼筹，知为治之本者矣。务当始终不懈，力求成效，本部院有厚望焉。①

附录 4　英册第 3442 号道契

大清钦命监督江南海关分巡苏松太兵备道余为给出租地契事。照得接准大英总领事官霍照会内开，今据本国商人博易禀请，在上海通商口岸，永租业户继春堂汪地一段，计　　亩　　分　　厘　　毫，北　，南　，东　，西　，给价共库平银四百两正，每亩计价　正，其年租每亩一千五百文，每年预付银号等因，前来。本道已饬业户汪姓将该地租给该商收用，倘该商并后代管业之人，将来以其地转租，不禀明本国领事官，移道登籍，及每年不将每亩年租钱一千五百文预付银号，违犯斯章者，并经严饬仍抗不遵，则此契作为废纸，地即归官。须至租地契者。

光绪二十六年五月二十六日给地契第三千四百四十二号。

查该地坐落二十七保十图念字圩岊。徐子良。此批。

此项租地，饬据会丈局会同勘复，坐落二十七保十图念字圩，土名郑家浜

① 原载《河南官报》光绪三十一年（1905 年）第 27、28 期，后收入河南省地方史志编纂委员会编：《河南辛亥革命史事长编》上卷，郑州：河南人民出版社，1986 年，第 129—131 页。

之东，丈见实地壹亩贰厘肆毫，四址东至半巷赵姓地，南至公路，西至英册三千三百三十八号地，北至英册三千三百三十八号并赵姓地，绘图到道，该商应照丈实亩址管业，相应批明盖印备考。

光绪二十六年十二月十二日监督袁印给。①

附录 5　英册第 5740 号道契

中华民国上海观察使兼外交部特派江苏交涉员杨为给出租地契事。照得接准大英总领事官法照会内开，今据本国商人通和有限公司禀请，在上海通商口岸永租赁业户张姓地一段，计壹亩肆分贰厘叁毫，北至小路，南至官路，东至静修堂并小路，西至沈姓地，给价共四百两正，每亩计价　　正，其年租每亩一千五百文，每年预付银号等因，前来。本使已饬业户张为衡将该地租给该商收用，倘该商并后代管业之人，将来以其地转租，不禀明本国领事官，移使登籍，及每年不将每亩年租钱一千五百文预付银号，违犯斯章并经严饬仍抗不遵，则此契作为废纸，地即归官。须至契者。

中华民国三年九月九日给地契第五千七百四号。

此地坐落二十七保十一图作字圩，土名太阳庙，西北井亭。此批。民国四年七月初七日印给。（骑字印章上刻字"江苏沪海道尹之印"。）

查此契原有地壹亩肆分贰厘叁毫，今丈见壹亩叁分肆厘伍毫，又添租业户沈石氏单地，丈见壹亩叁分贰厘伍毫，两共合计实地贰亩陆分柒厘，四址东至静修堂并小路，西至小路并沈姓地，南至井亭路，北至永兴路。该商应照丈实添租亩址管业。

此批。

民国十二年二月三日

总办本交涉使　　许

会办本道尹　　　王

批印。

（骑字印章上刻字"江苏沪海道尹之印"。）

此契业经查明，为山东河南丝绸组所有，俟整理旧契时换给土地执业证。

---

① 蔡育天主编：《上海道契》第十二册，上海：上海古籍出版社，2005年，第70页。

中华民国三十二年三月二十二日上海特别市地政局批。

调字第七八一号

此契于卅五年四月廿二日，由业主山东河南丝绸组声请，为第一次所有权，登记收件闸六字第十九号，业经审查完竣。

中华民国卅五年六月十九日
上海市地政局批 ①

附录 6　昌邑县、潍县合组保商公会简章（1917 年 12 月）

（一）本会由昌、潍两县出洋贸易卖绸商人公共组成，定名为保商公会。

（二）本会设在昌邑王耨街。凡出洋绸庄商人，由各人志愿，均得为本会员。

（三）本会呈报该管官署立案后，得公推公长一人，副会长，管理本会事务，但不支薪，并不常川住会。

（四）本会绸庄出洋伙友，多系雇用，每月工价若干，如得疾病，用公费诊治，如有死亡，工价按月支给伊家，由死之日截止，并格外发给治骨丧资费大钱六百六十吊，合大洋二百数十元，由伊家随意处理，余事资东概不负责任。

（五）本会绸商无论伙友雇工，如有侵吞款项等情，得由公会开会，议决勒限追出，并呈请地方官署依法惩办。

（六）本会因出洋贸易，挽回利权，有关国体，除省县备案外，并呈请钧部核准。

（七）本会开会时期，由正副会长临时召集。

以上简章七条，如有不适宜之处，得随时公议更改。②

附录 7　山东河南府绸公所复上海总商会函
（民国十一年壬戌九月廿八日）

敬复者。

接奉大札，敬悉一是。承示贵会业经议定，凡团体代表入会，亦由会员二

① 蔡育天主编：《上海道契》第二十册，上海：上海古籍出版社，2005 年，第 255 页。
② 赵宁渌主编：《中华民国商业档案资料汇编》第一卷上册，北京：中国商业出版社，1991 年，第 157 页。

人介绍，迭经照办在案。并附下介绍书、履历空白二纸，嘱为依式填注，送呈贵会核办等情。兹鄙所为尊重贵会议案，已准照办妥。今将敝业改推入会代表会员沈君子槎之介绍书、履历等各一份，一并送奉，即希察收，乞请提交贵常会核议裁夺是荷。专此，祗颂

公绥

谨启壬九月廿八日

附介绍书、履历各一份。

附介绍书式

具介绍书陈保钦、潘祥生，今遵照本会章程，介绍沈子槎君入会为会员。查得沈子槎君在沪经商，循规蹈矩，愿遵会章入会，理合缮具介绍书，并附沈君信约，请常会核议为荷。此致

上海总商会台照

本会会员陈保钦（印）、潘祥生（印）
中华民国十一年十一月一十六日

附信约式

具信约商人沈子槎，今愿遵《商会法》及上海总商会章程，入会为会员。理合缮具信约，请会员二人介绍，并开具履历如下。

计开

姓名	沈永瑞号子槎	年岁	四十二
籍贯	浙江吴兴	职业	丝绸
通讯处	汉口路兆福里四一四号大丰府绸庄	住址	同上
电话	通讯处住所中一七〇三		

此请

上海总商会查照

沈子槎印（加盖大丰绸庄书束）
中华民国十一年十一月一十六日

（又附另单一纸，请入会诸君将另单所列姓名、籍贯等项，分填中西文，连同信约，一并送会，俟常会通过。凡入会各代表，由会录送公廨，此为优待体面华商起见，务希照填为要。）

正面

姓名	中文	沈子槎
	西文	TSUN T CHOR
籍贯	中文	浙江吴兴县
	西文	CHEKIANG
职业	中文	丝绸
	西文	SILK PONGEE
年岁	中文	四十二岁
	西文	

续表

代表	中文	山东河南丝绸业公所
	西文	The Shangtung & Honan Silk Pongee Guild
通讯	中文	汉口路兆福里四一四号大丰绸庄
	西文	Dah Fong & Co. No.414 Hankow R D
电话	中文	中央一千七百〇三号
	西文	C 1703

背面

一、介绍商人入会，须合《商会法》第六条资格者，方得介绍入会为会员。

（附录《商会法》第六条）总商会、商会会员不限人数，但以该区域内中华民国之男子具有左列资格之一者为限：（一）公司本店或支店之职员为公司之经理人者；（二）各业所举出之董事为各业之经理人者；（三）自己独立经营工商业，或为工商业之经理人者。

二、介绍入会至少以三年为限。

三、介绍人须审查入会之商会确有体面商人之资格。

四、介绍人担负入会者完全责任。

五、以上四条为慎重会员资格起见，介绍人与入会人均宜注意遵守。①

附录8　久成号呈总商会文（附合同议据）

具呈人庞竹卿、朱鉴塘、宋季生等谨呈，为遵章注册，恳请核转给照，以资保护事。窃商等于清光绪二十二年正月在上海英租界河南路中和里 C 字四百四十二号门牌，集资开设久成府绸庄，计资本银贰千两，专营山东河南各种茧绸事业，运销外洋，颇受彼都人士之欢迎，是以信用昭著，营业日臻发达，历经中外赛会，均得优奖在案。因是益自奋励前进，以期精益求精，稍挽利权于万一。兹为欲求保护营业起见，谨按商人通例，所定声明各款开具于后，并按商业注册规则第七条之规定，缴呈注册费洋三元，呈请贵会察核转咨县注册所，准予注册给照，依法公告，实为德便。谨呈

计开

一、具呈人　　　朱鉴塘、庞竹卿、宋季生

二、资本数目　　贰千两

三、设立地址　　本店设在上海公共租界中区河南路中和里 C 字四百四十

---

① 上海市档案馆馆藏：《山东河南府绸公所往来紧要函牍》，Q116-1-21。

二号,支店设上海棋盘街久成南号及久昌号,分店设山东烟台及河南南阳镇平、许州等处

四、营业　　　　山东河南茧绸

五、设立年月　　清光绪二十二年正月

六、附件　　　　附呈合同抄式一纸,山东河南绸商标、样本各一本

附抄合同议据

立合同议据。

朱鉴塘、庞竹卿、宋季生今议定在上海四马路中和里四百四十二号门牌合创久成字号,经营山东河南茧绸事业,共集股本银贰千两作为拾股,每股计银贰百两,庞竹卿得三股半,朱鉴塘得三股半,宋季生得三股,公请总经理一人、副经理一人,号中生意往来,银钱出入及伙友进退等事,均归总经理及竹卿、鉴塘等秉公办理筹画。兹议妥规条八则,载明于后共同遵守,恐后无凭,立此合同议据。

一、官利按月一分计算,年终付给。

一、每届年终结帐,凡有盈余,按股分派,设遇亏耗,按股照认填足。

一、每年除付股息外,获有盈余,作十六股半分派,股东得十股,总经理得一股,庞、朱二君各得办事酬劳一股,副经理得半股,各伙友得二股,其余一股作为公积。

一、股东总经理各伙友等均不得有在号中移动银钱,私做买卖等事,如被察觉,股东议罚,经理及各伙友辞歇。

一、总经理、副经理如不得力,应由股东集议,另行延订。

一、各股东既经彼此情愿合办,如欲折股及增加资本等,必至年终结帐后方可各陈意见,总以从多数之言为定。

一、号中图书除号中应用外,概不准代人作保。

一、本合同议据一式四张,股东各执一纸,尚余一纸存储号中为凭。

光绪二十二年正月　　日立合同议据　庞竹卿

朱鉴塘

宋季生

见议　萧懋照

顾辰生 [1]

---

[1] 《致上海总商会函》(1918 年 9 月 24 日),上海市档案馆馆藏:《山东河南府绸公所往来紧要函牍》,Q116-1-20。

附录 9　都昌绸帮公议重整条规

同行共议。兹我绸行一业，前在苏省业已多载，俱有成规，均无相违。自咸丰九年移至上海，亦是现银交易，并无期限。嗣后来者日夥，各乘其便，不论章程，卖贷银期全无定准，致使同行杂乱无章，殊不成生意之道。又兼买货之家所买货物，当时不能起清，仍存于原主，倘遇有变，殊难出妥。今议定条规，各宜恪守规范，倘有不遵，大家共整。今将规条开列于左。

计开

一议，卖货之银，两月清账，不许再有期限，违者罚。

一议，卖定之货，半月起清，过期不起，如有霉烂等情，于卖主无干，违者罚。

一议，来货必须报明数目，出货必登公帐，违者罚。

一议，卖货贵客当场验明，成交之后，以公发票为凭，立票之后，概不退换，违者罚。

以上凡立条规，有违者，每百两罚银十两。

光绪　　年　　月　　日　同业公具

附新订规章

嗣后卖货宽窄双绸，按匹论价，因为分量重出，纠葛再有，卖货成盘之日立开发票，不准于七十天外重宽期限，此系大家公议，违者罚。

民国二年癸丑五月　　日　同业重订 ①

附录 10　整顿鲁绸问题
庞藻、朱鉴塘

一、鲁绸之源流

鲁绸，即俗称之府绸也，为丝织品之一，其种类繁多，阔狭不一，为山东

---

① 《上海山东河南丝绸业公所历年事略·往来紧要函牍》（1913 年 5 月），上海市档案馆藏：《上海山东河南府绸公所往来紧要函牍》，Q116-1-23。

省天然之特产，故总名之曰鲁绸。出产以济南府所属各县为最多，纺织等工，均用土法，全以人力为之，鲁省人民，恃此业以糊口者，不下数万余人，每年出产总额，几及千万金，洵为鲁民之大利源也。但创行已久，其初始于何时，创自何人，现已无从详考，虽询之当地织户，亦竟无有知之者，则此绸之源流，既远且久，可概见矣。

二、鲁绸之性质

绸之原料，系用山东所产之野灰丝所织而成，此种野丝，性质坚韧耐久，惟色带灰黄，不及家丝之光洁，故织出之绸，亦带有灰黄之色，然质地之坚韧耐久，与家丝所织之绸相等，其最好者，较之家丝绸，竟有过而无不及也。则此绸性质之朴实坚耐，洵为天然特色，故所以能博社会之欢迎，为鲁省之大利，历久而不衰也。

三、销场之沿革

向来销路，以本国内地为主，故不能十分畅旺，自清同治初年，通销洋庄后，至光绪十年间，始能逐渐推广。于是山东客帮，有分设于香港等处，至光绪二十年以后，销路益形发达，复于烟台、青岛等处继续分设，至光绪末年，欧洲各国及印度等处，均已畅销无阻，大受西人之欢迎矣。

四、营业之发达

清同治初，始通洋庄时，销路极微，每年不过数万金，其所销绸匹，种类亦甚少。至光绪十年左右，逐渐发达，销数日增，每年约四五十万金，迨至光绪二十年后，益形发达，所销种类，亦渐繁多。以上海一埠而论，每年销数，已增至百余万金，其后逐年增加，上海销数已达二百余万，其中营业最盛之年，出口总数约有六七百万金，倘能剔除积弊，切实改良，精选原料，研究织工，将来营业之发达，正未可限量也。

五、熏磺之弊害

夫鲁绸之色带灰黄，系其天然本色，同业中因其色泽不及家丝绸之鲜美，于光绪三十年后，始有熏磺之法。初不过一二家，后来效尤日众，同业中咸皆用之，至现在几无不熏之绸矣。虽然，已熏之绸，较之未熏者，固属色泽鲜美，易于销售，惜同业诸君，仅见其利，而未尝计及其弊害也。考鲁省野丝，原系干纩，丝质已为碱性所伤，今又受燥烈硫磺之熏炼，绸质之耐力损伤可知，且遇有存积之时，不及三数月，磺性渐退，其色亦变，更不如未熏以前，又现出一种班（斑）痕，非经覆水再熏，不能复其旧观。因此绸质坚韧耐久之性，受燥烈硫磺之一再熏炼，以致丧失殆尽，不能经久，故西人用之作衣服等类，不数月间，即行破敝。其所以不堪耐久者，皆熏磺之弊也，况外人购运出洋，船中燥湿不一，时间迟速不定，因之颜色反变，迭遭损失，西人已啧有烦言。倘再苟安因循，不将熏磺之弊，从速剔除，至将来信用全失之后，虽欲挽救，恐已不及，而未熏之绸，虽存搁至一年半载，其身色非惟不见其劣，反较新货为美，故金以陈货为高，咸乐购用。今若不求根本之改良，及工料之研究，徒恃熏磺，粉饰外观，顾目前之利，不计日后之害，恐将来失败之虞，可不卜而知矣。且磺性燥烈，含有极毒之质，与卫生有密切之关系，已不待言，而呼吸之间，空气绝少，则肺部之受伤，尤为剧烈，病机隐伏，危险堪虞，关系卫生，岂浅鲜哉？夫熏磺之可以损绸质，失信用，阻营业，碍卫生等处，既详且明，为害亦至大且距（巨）。然其利害关系，固吾同业诸君所深知而熟虑之矣，务望共起维持，力求改革，以保信用而维营业。

六、重浆之弊害

从前山东织户，以次丝所织之货，嫌其分量之轻，货品之劣，故用重浆之法，使其重量加增，易于销售，此固无碍于营业之信用，而西人亦有浆绸之用途也。但现在竟有将上等货品，亦用重浆，每匹约用浆十分之一二，冀获厚利。然其有关信用，阻碍营业之处，实属不浅，西人购之而作衣服等用，一经落水，浆粉全脱，不堪复用，故售者虽幸获微利，购者已怨恨无穷。且遇有存积及装运出口，一经潮湿，浆性反变，霉烂堪虞，损失信用，莫此为甚，而血本之亏折，更属难免，若再积习相沿，因循坐误，将来必致一蹶不振，不堪挽救，吾国同业幸毋再作伪欺人，以自取败亡也。

七、关东灰丝与洋纺之失败

（关东野灰丝）　自光绪十二三年起，上海洋商初办出口，每年约销四五千担，每担售银一百二三十两。其后销数，每年增加，至光绪十七八年，约销至八九千担。当时山东帮，有仿照上海白丝厂办法，创办灰经，每年销数，初不过一二千担，然货色既高，又系清水，较之灰丝，质良而好摇，故洋商咸乐用之，价值亦较灰丝为高，因之获利颇丰。而业灰丝者，非惟不思改良之法，反用粉浆之，每担约用浆二十分之一，或十分之一，幸销场尚好，每年可销二万担，然灰经销路，逐年增加，价亦渐涨至四百两左右。至光绪末年间，灰经销路年约二万担，灰丝渐减至一万五千担，彼时洋商办灰丝者，尚未知有浆，是以价亦涨至三百余两，因此矿户私相庆幸，做浆丝者愈多，其中用浆手段之最高者，可做十分之三四，而各洋行装运出口，其中暗受亏蚀，实匪浅鲜。故自宣统以来，洋行买丝，须先洗验有无浆质，然后交易，因此灰经销路岁岁增加，价值依然，而灰丝则年少一年，价已跌至一百余两矣。推其原因，实由矿户只顾求目前之利，不图改良，致有一落千丈之势，而不能复振矣。

（洋纺）　系江苏盛泽镇及附近之王江泾所产，故亦名盛纺，其质较之杭纺稍薄。在光绪三十年间，销路甚广，约及三百万金，获利甚厚，而产地机户，不思精益求精，别图改良之法，反杂以次丝，浆以白粉，其初用浆不过十分之一二，后因生意无恙，遂大显其用浆之手段，竟有用至十分之四五者。如此作伪自欺，其不失败者几希，从此生涯日落，一蹶不振，近数年来，统年销路，仅十余万矣，可胜叹哉！

八、现在之情状

综观灰丝、洋纺二者失败之原因，俱由用浆所致。今鲁绸既有重浆之弊，复有熏磺之害，故其弊害之深，实较灰丝洋纺，尤为剧烈，现在销场状况，虽未见堕落，但失败之根，实已隐伏，若再不切实整顿，革除积弊，窃恐蔓延日甚，至不堪挽救。殷鉴不远，毋蹈覆辙，愿吾同业，引以为戒，急起而图之。

九、将来之危机

近来日人，收买山东好丝，用机仿织，其所织之绸，丝路匀净，身色美丽，远胜于山东所出。考其绸，既不熏磺，又不黏浆，其持之耐久，可想而知。且据西人云，日本所出之绸，定能畅销于各国，窃恐鲁绸之销路，势必江河日下。盖日人之绸，既不熏磺，可久藏不坏，且织法既佳，身色又美，而鲁绸之织工欠佳，又少有研究，且一经熏炼之后，质地已劣，耐力全丧。现在危机已伏，若长此因循，不求进步，不图改良，吾恐鲁绸之利源，将尽为日人所夺矣。

十、除弊之方针

鲁绸之弊害隐伏，已如上述。而日人之乘隙而起，用机仿织，以夺我利权，又日益进迫。吾鲁绸今日之命运，已处于极危险之地位，成败之机，间不容发，则劝除熏磺，实为目前要图。为今之计，惟在竭力劝导矿织各户，毋贪目前之小利，不顾日后之厉害，将熏磺、重浆二端，急速革除，别图改良之方法，为根本之补救。并将其中利害关系，编成白话，亲至产地，切实劝导，务使矿织、炼坊等人，深明熏磺、重浆二端之害，俾其翻然悔悟，互相劝（诚），将数年积弊，一旦扫除。然后群策群力，互相研究，外以维持信用为宗旨，内以改良工料为方针，如此双方并进，则吾业前途，其庶有豸乎！

1. 精选原料

改良鲁绸之方针，当以精选原料，为入手办法也。今山东机户，对于原料一层，本少研究，故往往上等之货，其中杂以次丝，故所出之绸，身色不能匀净，销路亦因而窒碍。现当劝导织户，将次丝剔除净尽，毋得搀杂，再将各种丝料，悉心研究，分别成色，何种丝料，可织何种绸匹，一一分别等次，庶几出绸较有把握，切勿朦混搀杂，以昭信用。并研求漂炼之法，竭力改良，或参以泰西学术，庶丝身既洁，色泽自佳，如此则所织之货，丝路自然匀净，身色自然美丽矣。吾同业谅勿河汉斯言。

2. 研究织工

洋商定货，尺寸既有一定，即每匹重量，亦均规定。今山东机户，既无学识，又乏经验，对于织工一层，实系素无研究，故每匹重量若干，实属毫无把握。凡遇洋商定货，其分量往往轻重不一，其重者约须超过定额十分之一二，譬如每匹定额，为一百两者，其所出之货，轻者短少一二两，或三四两，重者多至六七两或十余两至二十余两不等。洋商遇有此等与定单不符之货，必多方挑剔，轻者不免减价相就，重者又以不合销路为言，总总（种种）为难，不堪言状。因此，凡与洋商交易者，几至舌敝唇焦，而受其亏累者，诚匪浅鲜，此皆机户无经验、少研究所致耳。然每匹用料若干，出绸若干，固有一定之准则，今当劝导机户，竭力研究，务使与定货重量，适相吻合，最为紧要。但分量之轻重，与原料之精粗，亦有关系，今宜与选料相提并进，互相切磋，务当考求原料之精粗，为出绸轻重之标准，庶几所出之绸，无过轻过重之弊，身色亦因之而匀净矣。

十一、改良后之希望

吾国凡百工业，皆因不图改良，不求进步，以致日就衰落，利权丧失殆尽，不堪挽救。今鲁绸弊害之隐伏，及日人之仿织攘夺，言之已详，吾同业其从此振刷精神，翻然悔悟，庶几尚可挽救其既往，争夺于将来，倘若执迷不悟，非徒蹈灰丝、洋纺之覆辙，且生计将尽为日人所夺矣。若能照此方针，切实改良，毋贪小利，毋饰外观，为根本之补救，则所出之绸，既不熏磺，又不黏浆，再加以原料之精选、织工之研究，定可与日货相抗衡，以争存于优胜地位，将来营业之发达，定必蒸蒸日上也。

顾吾同业，竭力改良，剔除积弊，维持国货，保守利权，群策群力，共尽天职，是则余等之所厚望也夫。今为保守营业，革除弊害，挽目前之积习，谋将来之发达起见，故将吾业之利弊得失，详细审察，条列于右，俾吾同业，互相参考，研究改良之方。凡吾同人，利害与共，定荷鼎力赞助，维持进行，惟事关公益，责任至重，窃恐以一二人之思想，难免无挂一漏万之讥，故特于某月某日，在公所开会讨论，共图进行，届时务望惠临，各抒所见，俾收集思广益之效，倘蒙赐以宏论伟议，尤属无任欢迎之至。

劝除熏磺重浆四言浅说

庞藻、朱鉴塘

改良鲁绸，由我发起。维持国货，毋失时机。维吾鲁绸，行销久矣。
货物精良，风行泰西。数十年来，可称得意。每年出口，为数不细。
倘能改良，尚可图利。惜哉织工，并无远虑。徒饰外观，以弋近利。
用磺熏绸，最为大弊。若不戒除，为害非细。营业前途，大有关系。
况今日本，心存觊觎。用机仿织，经营百计。利源的居，乘机攘取。
此项鲁绸，早被留意。买我原料，夺我生计。改良仿造，色色俱齐。
磺既不熏，丝又匀细。性质坚韧，色泽鲜肥。比较吾货，更加美丽。
能经久用，欧人欢喜。惟吾鲁绸，恐难与齐。倘不改良，自甘抛弃。
将来悔悟，窃恐无济。奉劝诸君，莫贪小利。绸经熏磺，色虽艳丽。
不数月间，依然退去。若再熏之，坚韧全废。用之不久，非破即敝。
加黍重浆，尤为大忌。购作衣服，初甚欢喜。一经水洗，浆粉渐离。
待至浆尽，既松且稀。本真全失，粗糙无比。因此浆货，为人厌弃。
可知熏浆，有弊无利。损失信用，关系匪细。有碍营业，咎由自取。
若再因循，失败无疑。前十余年，并无此弊。畅销外洋，尚堪获利。
现用熏磺，反为失利。好货用浆，尤属自欺。灰丝洋纺，亦犯此弊。
不数年间，衰败无底。若不悔悟，覆辙可虑。凡我绸业，深明大义。
与人贸易，不用诈欺。货真价实，中外咸宜。鲁省同胞，当早知机。
目前侥幸，获利式微。一旦失败，悔无及矣。研究织工，精神振起。
选料精良，根本自励。万勿熏磺，作伪自毙。并除重浆，弗再自欺。

切实整顿，免人唾弃。互相劝勉，联络一气。同心警戒，坚持到底。如此办法，尚属容易。力求进步，长保权利。永除熏磺，重浆等弊。戒之慎之，切记切记。优胜劣败，天演公理。顾吾同业，奋臂而起。兴利除弊，各宜注意。①

附录11　山东蔡巡按使劝导绸业各机户弗再熏磺上浆白话告示

山东巡按使告示第二十八号

为出示劝导事。照得鲁绸一项，是山东天然的特产，本色略带灰黄，性质又坚韧耐久，自清同治初年才行洋庄，光绪二十年后销路更好，至光绪末年欧洲各国及印度等处均能畅销，颇受西人欢迎。调查最盛之年，出口总数约值银六七百万两，这种营业亦可算发达极了。但是近来制造鲁绸的有一种通行毛病，就是熏磺及重浆，长此不改，将来一定卖不出去，到那时候懊悔已迟了。本巡按使现接上海总商会来信，寄到山东绸业代表《整顿鲁绸意见书》，说的最为中肯。今将其意见书择要演出，印在后面，给你们大家看看。

一、熏磺之弊害

鲁绸色带灰黄，是其天然本色，同业中因其色泽不及家丝绸之鲜美，于光绪三十年后始有熏磺之法。初不过一二家，后来效尤日众，至现在几无不熏之绸矣。但是已熏之绸，较之未熏者固属色泽鲜美，易于销售，惜同业仅见其利，而未尝计其害。考鲁省野丝，原系干矿，丝质已为碱性所伤，今又受燥烈硫磺之熏炼，绸质之耐力损伤可知；且遇有存积之时，不及三数月，磺性渐退，其色已变，更不如未熏以前，又现出一种斑痕，非覆水再熏，不能复其旧观。因此绸质坚韧耐久之力，受燥烈硫磺之一再熏炼，丧失殆尽，不能经久，故西人用之作衣服等类，不数月间，即行破敝，其所以不能耐久者，皆熏磺之弊也。况外人购运出洋，船中燥湿不一，时间迟速不定，因之颜色反变，迭遭损失，西人颇有烦言。倘再因循苟安，不将熏磺之弊，从速剔除，至将来信用全失，

虽欲挽救，恐已不及，而未熏之绸，虽存搁至一年半载，其身色非惟不见其劣，反较新货为美，故皆以陈货为高，咸乐购用。今若不求根本之改良，及工料之研究，徒恃熏磺，粉饰外观，顾目前之利不计日后之害，恐将来失败之虞万不能免。且磺性燥烈，含有极毒之质，与卫生有密切之关系，炼坊工人终日受其熏炙，其体质之受伤已不待言，而呼吸之间空气绝少，则肺部之受伤尤为剧烈，病机隐伏，危险堪虞，关系卫生岂浅鲜哉？夫熏磺之可以损绸质，失信用，阻营业，碍卫生等事，既详且明，为害亦至大且巨，务望共起维持，力求改革，以保信用而维营业。

二、重浆之弊害

从前山东织户，以次丝所给之货，嫌其分量之轻，货品之劣，故用重浆之法使其重量加增，易于销售，此似无碍于营业之信用，而西人亦有浆绸之用途也。但现在竟有将上等货品亦用重浆，每匹约用浆十分之一二，图获厚利，其损失信用，阻碍营业之处，实属不浅。西人购之作衣服等用，一经落水，浆粉全脱，不堪复用，故售者虽幸获微利，购者已怨恨无穷。且遇有存积，及装运出口，一经潮湿，浆性又变，霉烂堪虞，而血本之亏折，更属难免。若再积习相沿，将来必致一蹶不振，吾同业幸毋再作伪欺人，以自取失败也。

三、关东灰丝与盛纺之失败

关东野灰丝，自光绪十二三年起，上海洋商初办出口，每年约销四五千担，每担售银一百二三十两，其后销数逐年增加，至光绪十七八年约销至八九千担。当时山东帮有仿照上海白丝厂办法，创办灰经，每年销数初不过一二千担，然货色既高，又系清水，较之灰丝质良而好摇，故洋商咸乐用之，价值亦较灰丝为高，因之获利颇丰。而业灰丝者，非惟不思改良之法，反用粉浆之，每担约用浆二十分之一，或十分之一，幸销场尚好，每年可销二万担。然灰经销路逐年增加，价亦渐涨至四百两左右，至光绪末年，灰经约销一万担，灰丝渐减至一万五千担。彼时洋商办灰丝者，尚未知有浆，是以价亦涨至三百余两，因此矿户私相庆幸，做浆丝者愈多，而各洋行装运出口，暗受亏蚀不少，故自宣统以来，洋行买丝，须先洗验有无浆质，然后交易。因此灰经销路岁岁增加，价值依然，而灰丝则年少一年，价已跌至一百余两矣。推其原因，实由矿户只顾求利，不图改良，致有一落千丈之势，而不能复振矣。

盛纺，出在江苏省，其质较杭纺稍薄。光绪三十年间，销路甚广，每年约三百万金，获利甚厚，而产地机户不思精益求精，别图改良之法，反杂以次丝，浆以白粉。其初用浆，不过十分之一二，后因生意无恙，遂大显其用浆之手段，竟有用至十之四五者。因此生涯日落，近数年来，统年交易，仅十余万矣。

四、比较之情形

综观灰丝、盛纺失败之原因，皆由用浆所致。今鲁绸既有重浆之弊，复有熏磺之害，其弊害之深，较之灰丝、盛纺更甚。现在生意虽未见堕落，但失败之根，实已隐伏，若再不切实整顿，革除积弊，窃恐蔓延日甚，至于不能挽救。殷鉴不远，毋蹈覆辙，愿吾同业，引以为戒。

五、精选原料

改良鲁绸之方针，当以精选原料为入手办法。今山东机户对于原料一层，本少研究，故往往上等之货，其中杂以次丝，致所出之绸，身色不能匀净，销路亦因而窒碍。现当劝导机户，将次丝剔除净尽，不可搀杂，再将各种丝料悉心研究，分别成色，何种丝料可织何种绸匹，一一分别等次，庶几出绸，较有把握，切勿朦混搀杂，以昭信用。并研究漂炼之法，竭力改良，或参以泰西学术，庶丝身既洁，色泽自佳。如此则所织之绸丝路自然匀净，身色自然美丽矣。吾同业谅不以斯言为河汉也。

六、研究织工

洋商定货，尺寸既有一定，即每匹重量，亦均有规定。今山东机户，既无学识，又乏经验，对于织工一层，本来素无研究，故每匹重量若干，毫无把握。凡遇洋商定货，其分量轻重往往不一，譬如每匹定额为一百两者，其所出之货，轻者短少一二两，或三四两，重者多至六七两，或十余两至二十两不等。洋商遇有此行与定单不符之货，必多方挑剔，轻者不免减价相就，重者又以不合销路为词，种种为难，不堪言状。因此凡与洋商交易者，几至舌敝唇焦，而受其亏累者诚匪浅鲜，此皆机户无经验、少研究所致耳。今当劝导机户，竭力研究改良，务使与定货重量恰合最为紧要，但分量之轻重，与原料之精粗亦有关系，今宜与选料相提并进，互相切磋，务当考求原料之精粗，为出绸轻重之标准。庶几所出之绸，无过轻过重之弊，身色亦因之而匀净矣。

以上六条，是上海山东绸业代表卫护山东人做的意见书，书中大意是要劝你们不再熏磺，不要上浆，并讲究选料，考较织工，与你们营业前途大有关系。

你们务必及早改变宗旨，认真整顿，要不然你看灰丝与盛纺，现已失败，就是将来鲁绸的镜子。可怕不可怕哩？遂有民国元年冬间，驻法使馆商务随员吴匡时先生报告山东茧绸不能畅销外国的原故，从前工商部虽也行知过各商会，怕你们还未见着，今一并印出给你们大家看看，要照着办才好。

附录报告

山东茧绸五年前风行于法国，其用处最繁者，以供女子之夏衣门面，以新尺一尺二寸为最合宜，质宜坚厚。查法之进口税则，由所产国直接来者可特援最轻税则例，每新担纳税三百七十五方，倘先运至他国货栈而转运于法，则须从重税则纳税，其数为每新担六百方。考运销山东绸者，多间接而少直接，今虽销路已减，而去年尚有十五万方之输法，故亦不可谓不巨。目下山东绸之销法有二，但皆间接且严守秘密，不知从吾国何厂运来，既而查其货箱上税关封条，方确知其自烟台来也。

其第一销法，如巴黎之各大铺，托在华坐庄（立兴洋行等经理）代购现货，或择繁货销场最广而最易者预定期限，由在华坐庄之洋行向绸商订购，限期交货，此之为定货，故每批之货为数甚大，坐庄取用钱之法，照发票所开之购价得九五扣，此外别无利益，其运费、关税等由买主自理。

第二销法，则专为贩卖者之组织，先于在华坐庄随时以最廉之价收下，汇寄马赛海口或巴黎税关货栈寄存关上，或在关中之货栈内租一室以存之，或即存于总货房中。此项绸货尚未有主顾，故在关上声明叙为暂时路货品寄置于货栈，然后绸商向各外埠兜售，俟得有主顾，即以应销之匹向关上说明，纳税取出，方得自由发寄，此项纳税仍得援最轻税则例，惟略添货栈寄存之小费耳。

山东绸之销售，无论为定货为非定货，而销出时则自阳历十一月至二月为大宗，因此时销出方可备夏日之需。按此项商业，若全恃间接出销，则必日见退减，且法之里昂设有一专厂，购吾国山东烟台所产之野蚕丝，改用匣瓣织机而自织之，其所出之货较之手工织造为速，而成本又轻，丝路匀净，更复美观。且生丝进口无税，则进口税又免去矣（野蚕丝用新法缫成者，由上海转运至法国里昂，每新觔斤价八方七十五生丁左右，货款系九十天期），故此竞争与吾国山东绸营业受害甚烈。今欲补救而挽回利权，莫如由华商直接运销，而其售价须比在本国所售者不再加多，更须设法酌量减少。然欲使吾绸成本减轻，惟有集大资本创立一国货外销工厂，选购铁制机械于瑞士，或义（意）大利，或法兰西，设工场于山东省产煤较近之区，或有瀑布左近之处，使机力之成本减轻，更觅交通便利之道以利运输。况野蚕丝原料出自鲁省，为吾国所自产，而烟台已设有新法之缫丝厂前年都郎博览会得有优奖，倘能互相连合，组织一厂，即令法国不能悉数尽销，而用吾山东绸者原不止法国一国，且吾国工勤而价廉，原料取之甚易，苟于机力上更图减轻成本之法，则此项工业确有可与他国争胜者也。

　　以上一条，就是吴匡时先生报告之文，其中大意，第一说手工织的不及铁机织的匀净光洁，既好持又省本；第二说间接运销不及直接运销，可照外国的最轻税则纳税。本巡按使劝你们趁早不要熏磺上浆，一面联合大家立一个大公司，购买外国上等铁机多架，更把拣选原料与漂炼之法格外研究，将来织成绸子不但不得滞消，更比从前格外畅旺些，亦是意中的事。大凡我们中国人做工商业的，向来不知外情，每有一样物品从前行销外国以后，渐渐不行销，便说外国是不作兴了，殊不知是我们的出品不好，不晓得改良，外国人拿着钱，谁不想买上等货色？教人吃亏也只能吃一遭，便宜不是常得的，这鲁绸是我们山东一项大出产，不要闹到人家不问信了，到那时你们一般做绸业的人，岂不断了生机吗？本巡按使就你们山东绸业代表的意见书，以及吴匡时先生们的报告，再演成白话劝导你们，望你们赶紧的听着，照着去办，不要放在脑背后，切要切要。此示。

山东巡按使　蔡儒楷
中华民国四年七月　　日 ①

附录12　府绸调查之报告
庞藻

1. 现状

自欧洲发生战事以来，凡出口各货，莫不受其影响而归失败。府绸亦出口货之一，其凋敝情形较未战前，不啻有霄壤之别。

种类	产额	市价	销地
河南绸	五十万至七十万匹	五两至廿余两	各国
山东绸	八十万至百五十万匹	三两至廿余两	各国
四川绸	四千至七千匹	五两至十四五两	各国

---

① 上海市档案馆馆藏：《上海山东河南府绸公所往来紧要函牍》，Q116-1-23。

2. 将来之希望

欧战告终，百业图新，我府绸一业，苟能力求改良，革其旧染之恶习，振兴其刷新之精神，将来希望正方兴未艾也。

3. 扩充产额之方法

织造府绸，其丝取自山茧，然亦仅限于河南、山东、关东、贵州等数处，所产者为原料，而其他各省虽间有所产，然数皆不多，惟因故步自封，一任天时之支配，故产额有减无增。兹拟扩充产额之法，凡产野丝各地，每届植树节，宜由当地官厅与人民共同合作，广植桑柘橡栎等富有黏性之树，俾饲蚕有料，则蚕育自繁，蚕育既繁，产额自裕。一面并组织公司采用机械，使出货较多，身色匀净，不难扩张销路，自侪优胜地也。

4. 推广销路方法

我国营业多囿于方隅，故出口之货，大逊于进口货之数。我府绸业苟能厚集资本，组织公司，在各国通都大邑、著名区域自设商业机关，直接运销，庶消息灵通，不受洋行之欺饰，非特销场推广，抑且利益多沾。

5. 祛除贸易上之障碍

我府绸一业，因循守旧，不加改良者，由来久矣。近复舍本求末，贪一时之微利，为取巧之捷径，于是尺码日短，幅面日狭，浆粉愈重，色泽愈暗，种种障碍，均系自取束缚。目下果能力加整顿，严行取缔，使短梢狭面者不能见容于市场，浆重分轻者概遭摈弃于商肆，作伪者自危，弄巧者成拙，如是，庶有鼎新之一日也。惟尚有予吾业最重大之障碍者，莫如厘金，沿途转运，不独逢卡抽捐，增重成本，且往往有意留难，延误时日，果能一朝裁去，诚惠工惠商之善政，不禁企予望之。

6. 欧战中所受之影响及战后之补救

欧战发生以后，外来船舶日少一日，府绸亦在军用品之列，美国政府曾悬禁令，视为禁品，以致销路日减。计战前销数年约规元壹千数百万两，近来骤减至六七百万两，所受影响岂不巨且大哉！战后补救，端赖改革，改革之法，须设立公共机关，随时考察，亟谋所以整顿之道。此则全赖吾同业诸君，一致进行，庶克有济。①

附录13　久成、大丰、三晋川、源大长、久昌、天丰、协丰、天庆永等八家致南阳、鲁山、镇平、石佛寺、许州、南召、方城、李青店等处各商会、各丝绸公议社通函

敬启者。上海出口府绸，向推山东绸为大宗，行销欧美数十年矣。河南绸质地精良，驾于山东绸之上，惟到沪较晚，初仅销于印度一带，销数价值反远不及山东绸之畅旺，同业恒以为憾。自前数年山东绸出货低，次杆面窄，分轻浆重，其时适值河南绸印度滞销，货高价昂，各洋行乃试办河南绸样子寄销欧美，彼邦人士见其绸身细密光结（洁），杆足面宽，又无粗松及浆水诸弊，咸喜改用。是于前年欧美销路始发其端，去年竟得畅销，同业正在私相庆幸，往后河南绸畅销欧美，能与山东绸并驾齐驱。不料变迁迅捷，山东产绸诸地，一见河南绸盛行，已在开会结团，竭力整顿，积极改良，而吾河南产绸诸地，非但不思整顿，并因连年畅销之故，出货节节次低，初则货身粗松，继则杆短面窄，甚至稀轻上浆。推其原因，河南绸之出货精良，向赖产绸诸处商会以及同业之公议社定章严密，生绸定有包炼浆，次定有罚规，不偏不倚，公正无私，乃得有此成绩。讵知去年货快之际，包炼者改为估匹，自此端一开，樊篱尽撤，不特前功全弃，抑且流弊无穷，盖买客图一时之便利，冀多收多买，而机户目光更短，惟利是图，以致杆短面窄、粗稀上浆，百弊丛生，充斥皆是。查去年绸价之高，已极达（达极）点，而所出｜一②三分甚至分轻不足廿两，小单二尺宽等绸竟有不到十两者。当此货到申时，同业早料其装到外洋，必有周折，讵果不出所料，业有数家来信交涉，甚至欲将原货退回上海。结果恐同业等势非赔贴损失不可，并据同业最近调查所得，去年装运欧美之河南绸，已受彼处排斥，如不急于整顿，窃恐欧美等国势必仍用山东绸，甚或改用东洋绸。盖东洋出品之府绸，其身份尚在山东绸之上，如是则河南绸在彼之销路，恐将从此绝望。因此，同业等在申特开紧急会议，佥谓此举为个人私利计者小，为产地公益计者大，缘豫省产丝区域，近来愈推愈广，以迩来年粮食之贵，生计之高，人民

---

① 《致上农商部特派员汤幼谙君节略为整顿鲁绸事》（1919 年 1 月 16 日），上海市档案馆馆藏：《山东河南府绸公所往来紧要函牍》，Q116-1-20。
② 此为苏州码。

之靠此丝绸营生不致受饥寒者何止万万，若一旦倒兹销路，阻塞危险堪虞。为此，同业等不得不奔走警告，并筹积极整顿之法。兹经在申同业一致决议，上海销地办法四条：

（一）将所存次货，尽新丝前一律贱价卖清；（二）由同业各告其河庄，永远不得再买估匹；（三）公同监督，如察出同业有买估匹货者，由公所开会，从重议罚，罚金充作善举；（四）由同业各号盖章，备求公函，详陈利害，请求各产地商会暨丝绸公议社同意，严厉进行云。

窃思上海乃销场之地，敝号等系贩卖之商，所有应行整顿改良之处，非由产地着手进行，殊不克以收成效。贵处为丝绸出产之区，机户林立之地，整饬改良，易于为力。凤仰贵会、社长暨诸位先生热心毅力，远识宏谋，务乞将申地敝同业会议情形以及货身低次必受淘汰之种种利害，恳切劝告机户，幸春已将残，如有织成之次货，尽新丝前赶速卖出，自新丝为始，一概不准再织次货，不论何绸均须尺杆面子照章织足，论两包炼，贵贱不准估匹卖货。并请贵商会、公议社会同公议社、商会，严订罚则，宣告大众，如有不遵章程，私自估匹买卖两方，均须处罚，至于尺杆面子，另单开呈。务希察照，一并宣布。倘有织窄织短，亦须议罚，以上办法，如荷采纳，千祈迅赐核办，惠工惠商，实所利赖。亮以贵会、社长暨诸位先生苤才硕画，嘉惠桑梓，必能予吾人之所望，则豫省千万工人幸甚，敝同业幸甚。除分函豫省各产地公议社、商会外，用特函达。务祈查照施行，至纫公谊。

此致

南阳商会李子平、王俊三先生
镇平县商会王宝树先生
镇平石佛寺镇商会冀灼甫、毕浴佛先生
鲁山县商会刘巨卿先生
南召县李青店镇商会张子圣先生
方城县拐河镇商会
许州丝绸公议社
鲁山丝绸公议社
南召李青店丝绸公议社
方城拐河丝绸公议社

大丰　　源大长
久成　　三晋川
久昌　　协丰
天丰　　天庆永　等同谨启

癸二月初四日

（八家俱盖印）

附上海同业公决议定之尺杆面子较准表

‖一面大宽绸	宽二尺六寸	炼熟至少长	五丈二尺
‖二面宽绸	宽二尺二寸	又	五丈二尺
二尺面宽绸	宽二尺	又	四丈
‖千头绸	宽一尺六寸	又	五丈二尺
小单绸	宽一尺四寸半	又	五丈二尺

　　上开尺码，祈请察核，所有每匹生长应织若干，还希尊裁，并请将该杆面子刷印通告机户，遵章照织，如有故违定例，织短织窄等情，请严定罚规，以昭儆戒为盼。此请

公鉴。①

附录 14　山东河南丝绸业公所与礼荣洋行就茧绸在中东贸易问题的往来信函

一、礼荣洋行致府绸公所函

LEO AZADIAN

……

Shanghai　　31st January 1928

Dear Sirs，

I beg to inform you that precepts of Mohammeden religion prohibit the wearing of cloth made out by silk worm exclusively and will be much obliged if you supply me with a written testimonial that other materials are included in the manufacture of pongees.

Herewith a rough scheme for name.

Such document will help a great deal in the sale of Chinese pongees.

I remain，dear Sirs.

Yours faithfully
Leo Azadian（手写）

---

① 上海市档案馆馆藏：《山东河南府绸公所往来紧要议案》，Q116-1-21。

To The Shantung and Honan Pongee Guild

Shanghai

This is to testify that Honan pongee is made out of material different from the silk produced by the usual silk worm and that Honan as well as Shantung and Shanghai pongees are generally mixed with silk vegetable and other materials.

Messrs Leon Azadian，

Present

Please receive on cover from The Shantung & Honan Pongee Guild.

Leo Azadian（手写）

礼荣洋行

二、府绸公所致礼荣洋行函之一

Shanghai，11th Feb.，1928.

Messrs Leon Azadian，

11 Avenue Ed. VII.

Present

Dear Sirs，

We beg to acknowledge receipt of your letter of 31st January the contents of which are having our careful attention.

Yours faithfully，

For The Shantung and Honan Pongee Guild

Secretary

（译文）

礼荣洋行诸位先生台鉴。贵行一月卅一日之大函，业已收到，该函所有之内容，现正得到敝公所深刻的注意。即请

大安

二十一日

S/KBC

三、府绸公所致礼荣洋行函之二

山东河南丝绸业公所

THE SHANTUNG & HONAN PONGEE GUILD OF CHINA

C 440 Chung Ho Lee，Honan Road，

SHANGHAI.

14th Feb.，1928.

Messrs Leon Azadian，

11，Avenue Edward VII.

Shanghai

Dear Sirs，

With reference to your letter dated 31st...We have now much pleasure in sending you herewith our official certificate which we trust you will find in order.

Please acknowledge receipt of same and assure you of our best attention and service at all times.

Yours faithfully，

For THE SHANTUNG & HONAN PONGEE GUILD OF CHINA

（signature）

Secretary

S/KBC

Enclosure：

Copy in dup. of certificate

（译文）

迳启者。今附上茧绸正式证明书正副各一纸，此书所叙述之证明，谅必能使贵行满意也。此致

礼荣洋行

附件：

山东河南丝绸业公所

THE SHANTUNG & HONAN PONGEE GUILD OF CHINA

C 440 Chung Ho Lee，Honan Road，

SHANGHAI.

TO WHOM IT MAY CONCERN

The famous Chinese Pongee which have already enjoyed a very high esteem in the world as garment material possesses to a high degree the properties of strength，elasticity and durability.

Pongee materials are only produced in the northern part of our country in the provinces of Honan，Shantung and Manchuria. The raw material，method of cultivating and weaving are entirely different from that of Genuine Silk.

The following shows the physical differences between Pongee and Pure Silk（Basis on goods that are undyed）.

	Pongee	Pure Silk
Colour	Brown or fawn	White or yellow
Specific property of fabrics	Even but slightly rough when touched	Delicately soft and smooth
Action of dyestuff	Resistant to it and absorbs very little	Combines energetically with it and absorbs a fairly big quantity
Approx. dia. of fibre	1/800 of an inch	1/1700 of an inch

In addition to above we started manufacturing a few years ago some new designs of Pongee and their trade names are known as "Shanghai Pongee"，"Huchow Pongee"，"White Pongee"，which are composed of vegetable and worsted fabrics.

They have pure white，slightly bluish or golden-yellowish colours respectively and their affinity for dyestuff are quite noticeable.

We，therefore，certify that Pongees produced in our country are made out of material different from the Genuine Silk which is woven exclusively from silkworm and that Honan，Shantung or Shanghai Pongees generally contain mixtures of vegetable and other fabrics.

We hereby declare that the above is true and correct.

For THE SHANTUNG & HONAN PONGEE GUILD OF CHINA

（signature）

Secretary

14th Feb.，1928.

（译文）

立证明书

中国上海山东河南丝绸业公所

查我中国所产茧绸，其有坚韧耐久等特性，素受世人欢迎采用，作为制衣等之原料。

纺制茧绸之物质，只产于敝国北部河南、山东及东三省，一切原生物质，与夫裁制、纺织诸法，与天然真正丝织品者迥异。

左列为茧绸与真正丝织品物理的差异比较表。

种类	茧绸	真正丝织品
颜色比较	褐色或黄褐色	白或黄色
纤维上的特性	光平微糙	精细柔滑
颜料作用	吸收颜色剂量甚有限，故抵抗性强	极易与颜色剂化合，故吸收量甚大
纤维直径	八百分之一吋	一千七百分之一吋

此外，数年前，敝国又纺制新式茧绸数种，该绸商业上的名称为"上海茧绸""湖州茧绸"，及"白茧绸"，此数种茧绸成分之组成，均含有植物与其他毛线纤维，该绸色采纯白，惟间有稍带蓝色或金黄色者，至其对于颜色剂所发生之吸收量，颇堪注目。

今胪列上项根据，可以证实敝国所产之茧绸，与全赖蚕茧织成之真正丝织品者，可谓毫无相同之处。至敝国产之"山东茧绸""河南茧绸""上海茧绸"等，大都系属动植物纤维混合织品。

今特郑重宣言证明无误如此。①

附录 15　整顿府绸南北联合会南部简章

第一条　本会为整顿鲁绸而设，以达改良目的为宗旨，由上海、烟台同业绸商联合团体共同组织之。

第二条　本会名称由南北同业绸商全体公议，定名曰"整顿鲁绸南北联合会"。

第三条　本会应设南北事务所，为南北通信机关，南部事务所附设于上海四马路中和里山东河南丝绸业公所内。

第四条　本会合南北为统一机关，应由南北部各举正会长一人，副会长一人，评议长一人，南部由上海同业中公举，北部由烟台同业中公举，担任各部会务，任期一年为满，连举联任。

第五条　本会选举届期由全体会员到会，用记名投票法选举之，得票最多数者当推为正会长，次多数者推为副会长，再次多数者推为评议长。

第六条　凡上海同业诸君，本会均公认为评议员。

第七条　本会恭请坐办一人总理会务，办事员数人助理会务，办事员视事繁忙，随时酌定增减。

第八条　本会会期定每星期六日开常会，如遇重要事件，开临时会。倘各议员有特别建议事宜者，或南北两部有要事发生，亟需动议者，开特别会。

第九条　本会南北部合议事件，如发生于南部者，先由南部会议决定，咨请北部同意，如发生于北部者，先由北部会议决定，咨请南部同意。事关公益，免生窒碍。

① 上海市档案馆馆藏：《山东河南丝绸业公所关于交易问题致鲁山县商会函》，Q116-1-4。

第十条　本会南北部单行会议事件，如南部议决之案即咨送北部查照，以备采取（北部同）。倘有不同意之处，彼此尽可提出理由驳覆，俾臻完善。

第十一条　本会表决提议事件，以出席议员多数之同意为准。

第十二条　本会开会时，应推举速记员一人，记录议案。

第十三条　本会开会议事时，应由评议长主席，如评议长因事制度时，应由出席议员公推临时主席，会长如因事不能到会，应请代表列席与议。

第十四条　本会如有要事发生，亟需派员调查者，得由会长指请某议员调查之（或临时公举）。俟调查确切，应具说明书报告本会，以凭核办。

第十五条　本会南北部应缮具公函，陈明整顿鲁绸实行改良日期，呈请省长主席，并请颁发告示，剀切劝导产绸各地方各织绸机户，革除积弊，研究改良，以期得达整顿改革之目的。

第十六条　本会在事务所内，特组一同业俱乐部，为各会员莅会休憩之所，以期联络感情，互通声气。

第十七条　本会南部事务所一切经费，公议暂由山东河南丝绸公所担任。

第十八条　本会简章各宜遵守，如有未尽事宜应行修改者，得随时提出，由会长召集会员，共同讨论，公决修改之。[①]

附录16　整顿府绸南北联合会北部简章

第一条　宗旨

本会为整顿鲁绸尺码，改良工艺，兴利除弊起见，由南北经营绸商共同组织之。

第二条　名称

本会定名曰"整顿鲁绸南北联合会"。

第三条　会址

本会暂设烟台朝阳街丝业公会内，设立北部事务所，以为通讯及会议机关。

第四条　职员

本会职员定正会长一人，副会长一人，评议长一人，评议员九人，任期一年为限，期满重选，连举联任。

第五条　选举

---

① 上海市档案馆馆藏：《整顿府绸南北联合会记》，Q116-1-30。

本会选举由全体会员到会，以记名投票法选举之，得票最多数者为正会长，次多数者为副会长，再次多数者推为评议长。至评议员由正副会长推任之。

第六条　会议

本会会期定每月一次，以第一星期六日举行，为定期常会。如遇发生重要事件，亟须开会讨论者，得由正副会长召集全体会员开临时会，或由会员二人以上之请求，临时由会长召集会议之。

第七条　南北会议

本会如有南北部合议事件，倘发生于北者，由北部开会讨论表决之，发生于南者，由南部开会讨论表决之。惟议决后，应各咨请同意，并详述案由，以便记录。

第八条　表决权

本会北部会议时，以到会出席会员四分之三即行开议，以多数会员之同意表决之。

第九条　议案

凡同业有进行条陈，尽可递交本会，于开会时提出讨论，一经采择，由全体会员表决者即行实施。所有南北两部议案，经本部议决后，彼此咨请同意，凡关有益无损可以仿行者，即同意通过，倘有窒碍难行之处，可提出理由，切实驳覆。

第十条　经费

本会经费，由同业各会员酌量认定，按年征收。

第十一条　议罚

如同业有不遵定章，经本会察出后，照章议罚，所有罚款悉充本会经费。

第十二条　交涉

如同业有受不堪容忍之贸易交涉时，当事人得申诉本会，由本会从公议断，以解纠纷。

第十三条　调查

本会如有应行调查事件，于开会时由会员公推之。惟被举者不得推诿，须认真调查，切实报告，以便开会共同解决。

第十四条　附则

本章程如有未尽事宜，得随时提出修改，经本会公决后，即能发生效力。①

---

① 上海市档案馆馆藏：《整顿府绸南北联合会记》，Q116-1-30。

附录17 整顿府绸联合会柳疃事务所简章

自商战之说起,而世界各国工商界之争竞愈演愈烈,科学昌明,物质进化亦愈求而愈精,举凡物之天产或人造者,莫不皆以研究为前矛(茅),以工艺为中坚,以信用为后盾,希图得占优胜地位,争存于世,然舍此则未有不利权失败者也。吾昌邑绸业制造有年,成绩优良,驰名迩遐,颇为中西人士所欢迎。近因狃于故习,不思研究改良,以谋精益求精,遂致弊窦丛生,销场室滞,岌岌乎有不可挽救之象,南北同业诸君有鉴于斯,金以非从整顿改良入手,殊不足以革恶习,祛积弊,疏通销路,扩张贸易。是以有整顿鲁绸南北联合会之发起,意至美,法至善也。况吾邑为鲁绸产生之区,人民均恃此以生活,更有切肤之痛,燃眉之急,因由商会会长李汇东君、孙志堂君召集本邑全体同业各商号、各机户诸君,公议组织一整顿鲁绸事务所,依照南北联合会办法,以促进行而维绸业。兹将所定简章开列于左。

第一条　本所以整顿鲁绸,扫除积弊,以促改良为宗旨。

第二条　本所定名为"整顿鲁绸柳疃事务所"。

第三条　本所所址附设于昌邑县商会内,暂不另设机关。

第四条　本所职员定正所长一人,副所长一人,由商会全体会董开会公推之。定评议员八人,调查员四人,干事员四人,由正副所长推任之,任期一年为限。

第五条　本所定每月四号为会期,届时由所长召集之。举凡一切会议事件,均于是日行之,得多数同意取决。

第六条　本所自成立后,当一致努力进行,其间得何效果,有何障碍,均须函知南北联合会商酌进行,以匡不逮。

第七条　本所一应办事手续,均按照南北联合会规定纲目以为进行标准,不再另议,以免两歧。

第八条　本所入手办法,先将薰磺、窄面、短梢三种弊端揭出,认真查办。公议明定限期,一律截止。浆绸一种,销路颇多,原无删除净尽之必要,不过清水重绸须禁用粉浆,以除弊窦。现须将清水货及上浆货切实调查,著令分门别类,不可以假混真,致失信用。

第九条　本所成立后,如有违犯定章者,当予以相当之处分,以儆将来,公议罚则另订之。

第十条　本章程如有未尽事宜，得随时提出讨论，经开会全体公决后，即更正修改实行。①

附录18　整顿府绸南北联合会公议整顿鲁绸改良纲目

整顿鲁绸南北联合会何为而发生也？盖自鲁绸销路日见发达，而制造鲁绸之弊亦日见丛生，如减少重量、短缩尺寸、多用重浆、磺薰假色，均不一而足，此等弊端已渐为欧西各国厌弃。加以现在东洋用野灰丝仿织之绸，大见改良，颇合西人意旨，故吾鲁绸亟应从速根本整顿，以免前途失败。南北同业咸鉴于斯，因是有整顿鲁绸南北联合会之发生，盖不结合团体，共同改良进行方法，定难得收实效。所有整顿鲁绸问题，去岁曾经一再上书农商部暨山东巡按使，请求转饬各产地劝谕改良，迭蒙农商部咨行山东巡按使转饬遵办，又蒙山东巡按使派委妥员亲赴各产地演讲劝导，并发白话告示，以资整顿各在案。兹本会南北部公议鲁绸整顿，须从根本上解决，根本问题即在产绸各地各织绸厂、各机户，第一须将从前种种弊病揭出，先行铲除净尽，从根本上切实改良，为整顿进行之方针，一切须迎合社会心理及西人适用为要点，方可力挽固有之权利。惟目前整顿鲁绸办法，先将尺码改良入手，逐渐进行，庶各产地织出之绸，能合西人意旨，自然销路愈臻发达，永无嫌恶见弃之志。今特公议鲁绸整顿改良纲目十七条，载明实行日期，刷印分送产绸各地各织绸厂、各织户，咸使周知。改良规则列后。

计开

第一条　各种鲁绸，长短宽窄俱有定格，无论定期购现，均须按照所指分量梢面交纳，不得有违定章，否则照章议罚，以昭公允。

第二条　造绸上浆及磺薰诸弊，应随时逐渐设法革除。

第三条　本会整顿各绸梢码，一经议妥，凡我同业无论由何处购买，必须遵守定章，注定梢码，不得贪图价贱，私买短梢窄面。倘有故违会章，定按货值百分之十议罚，如抗不遵章认罚，本会即认为同业之公敌，除登报声明其劣迹外，永与断绝关系，以杜弊端。

第四条　昌邑山里老宽、南山经及经纬、南山丝织者，宽英尺三十三四寸，长十九至二十码。

---

① 上海市档案馆馆藏：《整顿府绸南北联合会记》，Q116-1-30。

第五条　昌邑老宽经纬、关东丝织者，宽英尺三十三寸，长十八至十九码。

第六条　昌邑山里二宽无论经纬、南山及东山丝织者，宽英尺二十七八寸，长十九至二十码。

第七条　昌邑二宽经纬、关东丝织者，宽英尺二十七八寸，长十九至二十码。

第八条　昌邑一九五宽绸经纬、南山及东山丝织者，宽英尺二十五六寸，长十五六码。

第九条　昌邑一九五宽绸经纬、关东丝织者，宽英尺二十五六寸，长十四至十五码。

第十条　昌邑山里一尺四五寸五分窄绸经纬、南山及东山丝织者，宽英尺十九至二十寸，长十九至二十码。

第十一条　昌邑一尺四五寸五分窄绸经纬、关东丝织者，宽英尺十九至二十寸，长十八至十九码。

第十二条　无分昌邑山里，名曰三十码者，长二十八至三十码。

第十三条　无分昌邑山里，名曰五十码者，长四十八至五十码。

第十四条　凡有定购异样梢面各绸，本章程中未经规定者，须依定购时所指尺码为标准，不得以短码或窄面现货收下，充作定货，违者照第三条之规定处以罚金。

第十五条　各路双丝绸匹，均宜晒干再发，免生水花。

第十六条　本会改良尺码，于丁巳年元旦日起开始实行，同业均须一律遵守，违者处罚。

第十七条　本规章如有未尽事宜，可由南北两部同业随时提出讨论，公议修改之。①

附录 19　己未烟台鲁绸公会整顿尺码规则
八年二月五日

第一章　总　则

第一条　凡属鲁绸，皆在改良整顿之列。

第二条　无论织造家、经理家，均须遵守下列整顿规则。

第三条　凡属鲁绸，遇有不按规则织造，经本会查出或洋行验出者，均由

---

① 上海市档案馆馆藏：《整顿府绸南北联合会记》，Q116-1-30。

本会按规议罚。

　　第四条　凡属现存之货，及成质而尚未完全者，均须查明数目，报由本会盖印证明，认为陈货，以便随时出售，虽有长短不齐，不在议罚之例。

　　第五条　凡属烟存未售之货，须于阴历年内报明盖印，其未发烟及未成全者，亦须于民国八年阴历五月节前织造完竣，一律发烟来会报明，给予盖印。倘期内不报，逾时概不补给印证，设有尺码不足之货发现，一律视为新货，按照整顿规则处以罚金。

　　第六条　凡属新货，概不盖印，以分区别，惟须一律遵照本规则实行整饬办理，违者处罚。

第二章　整顿细则

　　第七条　昌邑织庄、山里织庄所织各货之梢面、尺码，按种类分别规定之。

　　（甲）昌邑所织之老宽绸，宽以英尺三十三至三十四寸为度，长以十九至二十码为度。

　　（乙）昌邑所织之二宽绸，宽以英尺二十七至二十八寸为度，长以十九至二十码为度。

　　（丙）昌邑所织之一九五二宽绸，宽以英尺二十五至二十六寸为度，长以十五至十六码为度。

　　（丁）昌邑所织之窄绸，宽以英尺十九至二十寸为度，长以十九码至二十码为度。

　　（戊）昌邑所织之三十码老宽绸，以英尺三十三至三十四寸为度，长以二十九至三十码为度。又五十码者老宽绸，宽以英尺三十三至三十四寸为度，长以四十八至五十码为度。

　　（己）山里所织老宽绸，宽以英尺三十三至三十四寸为度，长以十九码至二十码为度。

　　（庚）山里所织之二宽绸，宽以英尺二十七至二十八寸为度，长以十九码至二十码为度。

　　（辛）山里所织之窄绸，宽以英尺十九至二十寸为度，长以十九码至二十码为度。

　　（壬）山里所织之三十码长绸，宽以英尺三十三至三十四寸为度，长以二十九至三十码为度。又五十码长绸，宽以英尺三十三至三十四寸为度，长以四十八至五十码为度。

第三章　罚则及施行日期

　　第八条　自本规则施行之日起，凡有不遵第二章第七条各款规定之准则办理者，除由本会按指出之劣品数目，照随市价格估计，每匹值价银十两以内者，罚银一两，十两以外者，罚银二两外，并特将此项不符准则之货，声明一律作为劣品，由经理家向本公会报明确实数目，以便将来有受主时特别出售之。如有隐匿不报，或报而不实者，经本公会查出隐匿或少报数目，著经理家一律担认罚款。

第九条　本规则自民国八年己未正月初一日实行之日起，发生效力。

第四章　附　则

第十条　本规则或有漏列事宜，及未尽妥善之处，可由董事会议决，随时增订或修正之。①

附录 20　府绸公所就改良茧种事致河南各地商会函

迳启者。查河南府绸自通销外洋，迄今已垂四十余年之久，在当初推广之期间，沪上经销各号，惨淡经营，竭尽心力，于是对外销路由始渐而至广阔，由清淡而至繁盛，在清末民初，最兴时期内，统计沪上每年出口之数量，可八百万元。斯时也，河南农村赖以宽裕，商市赖以繁荣，而各洋行推销通畅，供不应求，无虑囤积。此良好现象之由来，无非出于原料之优美，制造之精工，取得外人深切之信仰，占得国际贸易之地位，然而造成美满之声誉，经过实大非容易也。

讵盛后必衰，竟如谚语。近年以来，销路年趋衰落，不堪回首，究其原因，自属出品不良所致，但出品不良约分两点：一则由于造织不知整顿，常有短码轻分之取巧举动，以及其他丝条粗细杂错不匀；一则由于茧种久年不换，往复相传，种性日趋劣弱，根本原料不良，以致制成绸匹之后，质地色采两俱窳劣，致失外人之信仰。乃见销路之日塞，较之往昔繁盛时代，何啻霄壤之别，农村经济难免受到枯涩，商市景象，因亦感觉影响。

处此不良现象之下，敝组同业既感当年沟通之不易，又痛今后淘汰之可惜，数年来屡经集议，共谋补救。除关于制造之弊病，乃属机户自身责任，在前早经随时谆谆劝告，力谋整顿外，关于茧种之更换，前年亦曾不揣棉（绵）薄，由敝组筹借小数款项，购办良种，贷放乡农。惟苦商人力薄，仅及一隅，未能普遍，且际此商业萧条、商人经济艰窘之候，自顾犹恌喘息，兼谋实苦力绌。但茧种为绸匹之根本，较之其他弊病，更属重要，急图更换，刻不容缓。就河南育蚕区域需要茧种垫款约计须六万元，农既无能自谋，商亦无力旁助，如果听其自然消灭，则可立待。转念救济蚕农，有关民生，挽救外销，有关国计，陈诉政府，似亦未可漠视。且闻关东蚕农，今岁对于蚕事育数大量增加，出产

---

① 上海市档案馆馆藏：《整顿府绸南北联合会记》，Q116-1-30。

必更富饶，彼则进步如此之锐，吾则退步如是之腐，以彼例吾可为伤痛，自应急起而直追，毋再因循以自娱矣。

　　兹经敝组召集同业会议公决，函请上海市绸缎业同业公会转呈国民政府，俯赐救济筹垫款项六万元，饬令河南当地官厅购办关东优良茧种，贷放蚕农，俟其蚕事告竣，即行收回此项茧种垫款。此在政府方面，不过暂筹垫，事实似属可能，所虑地方救济事件，责任在省府，最高政府无暇及此，为此具函，务祈贵会深察农商关系，相互利害，相连呼醒各地城镇商会，联名呈请省政府、建设厅，以及其他救济蚕农机关，一致呼吁，请求筹垫办种款项六万元，于今年秋季关东蚕事告竣之际，前往采办良种，归以散放蚕农，实施救援一面，并望转告蚕农，广植柞树，用以饲蚕，致关于蚕事应行设备，如蚕坡等事，尤须添备舒齐，免致临时局促不周。敝组孤掌难鸣，端赖众擎易举，深望积极以进，俾得早见核准。并乞不遗在远，惠赐复音。临颖神驰，无任企盼之至。

　　此致

上函计分发鲁山、镇平、南阳、许州、石佛寺、李青店、拐河等处。①

附录 21　府绸公所就改良茧种事函河南镇平、许州、南阳、南召等处商会

迳启者。

　　案查敝组前以河南茧绸种久年未换，种性羸弱，致产丝不良，制绸窳劣，为保持河南茧绸久年之历史与国际贸易之地位起见，函请上海市绸缎业同业公会，转呈实业部，请求垫款六万元，令饬河南当地官厅采办关东优良茧种，贷放蚕农，从事救济。同时并经函达贵地各商会，并附录请求原文，请贵地各商会联合一致，向河南省政府建设厅及救济蚕农机关分头吁请救助卷。查该函寄发月余议计日早蒙察核，关于此项请求事件，谅在集议计划中矣。惟以未蒙惠赐消息，未能明了贵地各商会进行之近状，良用系念。敝组自经市同业公会转呈去后，顷已奉到实业部农字第五三七二号批复，内开：

　　"寒代电悉。据称改良河南府绸，先拟采办优良蚕种，不无见地，应将详细计划呈部核夺，至所请贷款一节，仰迳向河南农民银行接洽可也。此批。"

　　等因。奉读部批，对于救济河南丝绸，已有深切之注意，而惟特于详细计划之条陈，关于款项指向河南农民银行迳行接洽，亦属指导进行之途径，既得

_____

① 《致河南各地商会》（1936 年 4 月 10 日），上海市档案馆馆藏：《山东河南府绸公所稿簿》，Q116-1-44。

实部引导于前，吾民自应尽力于后。况查贵地鲁、召、镇、宛，往昔所产山丝，岁值原有数百万元之多，近因连年歉收，致出产一落千丈，不及往昔十分之一二。推究原因，由于人民因循，坐误不知自救，驯至过去之廿四年间收成之茧，既极薄弱，为数又极寥寥，即使全数做种，亦属不敷。今年喂养虽曰天年所遭，但人力可以胜天，亦何尝不可加以挽救乎？要知山丝一物，在世界销路占有重要地位，试以关东地方而言，上年蚕事虽是丰收，而今年丝价尚见步涨，次者每斤售价三元四五角，佳者竟能售到五元七八角，核其价格超过江浙二省家丝之上，此即销路广大之明证也。而伪满要图生产之增加，今年复有强迫民间凡有栗坡非喂蚕不可之举，彼则锐进如此，反顾吾河南蚕事，年趋衰败，已濒垂绝之地步，所有现存蚕坡，半听荒芜，以彼视吾，宁不伤痛？处此形势之下，如不急起直追，则将来世界市场，河南山绸生意，将被日本攫夺以尽。敝组饮水思源，不妨坐视，虽当垂绝之际，犹图竭力挣扎，是以在民廿二年夏，徇鲁山县商会及第四区区长之请，勉为筹垫购办茧种款项五千余元，原冀改良茧种，先由鲁山试办，再谋推及宛、召、镇各处，无如杯水车薪，无济于事，深抱遗憾。现在实业部既能许予救济，自应秉承部批意旨，尽力以赴，未可坐失时机。至关于进行步骤，如贷款购种、拟订计划等问题，全仗贵会会同该区区长筹商办理。惟兹事体重大，非仅挽救商业，而于农民生计，关系更大，素仰贵会诸公，关怀桑梓福利，自必不辞劳瘁，热心筹划。特再函达，务希迅予会同宛、鲁、召、镇、许各地商会，并各区区长，开会商议应如何向河南农民银行接洽借款，如何派员前赴关东定购茧种［购种时期在阳历八月，必须先派（识）种人员前赴关东定购］，并应如何预令农民整顿栗坡，及应如何拟具改进河南丝绸详细计划，条陈实部以备采择施行之处，胥赖宏猷，共成斯举。并希随时赐教，俾资接洽，如需敝组相助之处，无不竭尽棉（绵）薄。兹将同业公会来复原文印附，至祈察核，诸祈从速进行，无任切盼之至。此致。

印附上海市绸缎业同业公会复函一件。

附注：敝组原名府绸公所，后加入绸缎同业公会，改称为山东河南丝绸组，通信地址仍是四马路中和里六号。

附印上海市绸缎业公会复函全文一件

迳复者。案查本月九日，接展大函，以河南府绸质色窳劣，外销锐减，应即更换优良茧种，请转恳政府贷款六万元从事改良，一面请当地官厅布告民众，广植栎树，用以饲蚕，以期出品精良，挽回国际贸易等情。经于寒日公电实业部暨全国经济委员会蚕丝改良委员会，请予转咨农民银行，本其救济农村之旨，准予贷款六万元，用资救济各去后。兹奉实业部批复农字第五三七二号内开："寒代电悉。据称改良河南府绸，先拟采办优良蚕种，不无见地，应将详细计划，呈部核夺。至所请贷款一节，仰迳向河南农民银行接洽可也。此批。"等因。同时又接全国经济委员会蚕丝改良委员会函复，内开："顷准贵会代电藉悉一切。

查选办优良蚕种，改良河南府绸，事属切要，如在可能范围以内，本会自当协助进行。惟所嘱转咨农民银行贷款六万元一节，系属地方贷款性质，又布告劝令民间广植柞树，藉增蚕儿饲料一节，亦属地方政府职权范围之内，应请迳陈河南省政府核办，以资便捷，相应函复，即希查照为荷。"等由。查本案属于救济农村之一，殊关重要，惟贷款一节，既荷实业部指示，迳向河南农民银行接洽，自属谁能出不由户之途径，应即遵批办理。至蚕丝改良委员会所示各节，核与部批大致相同，亦未可谓其诿卸责任。兹特录同批函，转复贵组查照，迅将改良豫绸之详细计划及迳请农民银行贷款发放办法声叙说明，函由本会以凭转致，是为至要。此致

山东河南丝绸组

上海市绸缎业同业公会
四月廿五日 ①

附录 22　上海市绸缎商业同业公会执监委员会会议记录，S230-1-35

1930 年

九月一日下午三时第二次执行委员会会议

1. 报告事项
　　（1）各处来函。
　　（2）本会经费已将告罄，急于征收会费。
2. 讨论事项
　　（1）市商会转社会局训令，为此后商民遇有清理情事，应依照会计师条例第一条之规定办理，不得随俗采用未尽合法之清理手续案。
　　（2）前奉社会局令，本会名称须于"绸缎"二字下加一"业"字，当将室碍情形转函市商会请求变通。兹奉复函，仍须更正，嘱将直长便章换刊，所有印就之纸类，仍可暂时行用案。
　　（3）前准骆常委清华面称，以有李永年拟赴……经商，请转函市商会加保，请领出国护照等语。当经函请市商会，兹奉复函，以手续不合，未便加保照发，

① 《函河南镇平、许州、南阳、南召等处商会》（1936 年 5 月 12 日），上海市档案馆馆藏：《山东河南府绸公所稿簿》，Q116-1-44。

本会应如何办理案。

（4）市商会转社会局训令，着查明商店进退店员之日期习惯，具复拟办案。

（5）本会征收会费方法案。

（6）成立及就职照片已分赠各事务所暨各委员，其费应由本会担认案。

（7）时新昌加入本会，应否照准案。

3. 临时提议

九月八日第一次常务委员会会议

1. 报告事项

2. 讨论事项

（1）确定常务委员轮流值日案。

（2）各种收据上常务委员之签署，应如何分任案。

（3）本会委员或会员中，遇有婚嫁庆吊情事，应如何馈赠案。

（4）会员（济）盛绸庄函，以辰大绸庄买货纠葛涉讼，法院请本会备函证明案。

九月十三日第三次执委会会议

1. 报告事项

各处来函。

2. 讨论事项

（1）会员永昌祥函，为港帮广丰隆搁浅后，不理期款，请转市商会电港交涉案。

（2）云锦函为锦成祥纺织、裕泰丰出品三闪假冒牌充销，请制止案。

（3）辰大托由吴星槎、张和甫二君介绍，请求加入本会为会员案。

九月二十三日临时会议

1. 报告事项

（1）市社会局来训令两件。

（2）市商会复函通函各一件。

（3）第三届国货运动大会函一件。

（4）钱江会馆函一件附账单一纸。

（5）本会同业捐助国货时装展览大会之时装衣料，已送去服装十三件，衣料十六段（作十九件），尚少十八件（绪纶服装九件，盛泾衣料三件，云锦衣料四件），但未交到者有廿式件，照五十件认额增多四件（今日盛泾又交来两件，府绸公所六件交□）。

（6）吴常委星槎报告赴社会局候询情形。

2. 讨论事项

（1）市商会函以益中拍卖行系纯粹华商所经营，嘱本会同业中如有保险估价情事，应托该行办理案。

（2）钱江转德昌等绸庄函，以奉天同源泰宣告停业，对于欠款，请派员赴奉接洽等情，函请本会转请市商会电奉，并另备一函交代表携去，藉资证明案。

（3）国货时装展览会嘱助捐款案。

十月一日第四次执委会会议

1. 报告

各处来函。

2. 讨论

（1）市商会函催找会费贰百五十元及三成公债基金三百九十元，本会应如何措缴案。

（2）市商会函，为东北辽西水灾筹赈会演剧助赈，嘱购戏券两张，计银十元案。

（3）肠业同业公会函，为工商部对于同业公会呈准立案之行规，未入会同业亦应一律遵守一案，呈复行政院，认为不合，请各同业公会一致力争案。

（4）杭绸业公会函请同一帮别之旧组织，应令合并改组案。

（5）财政部函嘱购十九年关税短期库券壹万四千元，本会应如何办理案。

（6）前整委会财务委员王葆荪君移交财务账册案。

十月十五日第五次执委会会议

1. 报告事项

（1）国产绸缎展览会情形。

（2）各处来函。

2. 讨论事项

（1）市商会函催缴会费（黄戴士君持函来会面催）及三成公债基金案。

（2）财政部劝募债券委员会函询，向同业带募十九年关税短期库券数目若干，系何项机关劝募，款交何处经收等由，嘱详复案。

（3）市商会函，本年起遵用国历年终结账，嘱转知全体会员预为准备案。

（4）王常委介安函，为出席全国工商会议，询问本会有无提案案。

（5）本公举行国产绸缎展览会之日，承蒙党政机关代表莅临演讲，多方倡导，并荷各界热烈参加，应否登报道谢案。

（6）国产绸缎展览会一切费用，是否在救济会存款项下开支，请公决案。

（7）书记李伯衡家有要事，自本月二十日起请假十天案。

十二月一日第八次执委会会议

1. 报告事项

（1）经过工作。

（2）往来函件。

2. 讨论事项

（1）市商会转财政部募债会函，以十九年关税短期库券改为善后短期库券，并催缴，本会前经函辞之壹万四千元募款等由，本会应如何答复案。

（2）京沪、沪杭甬铁路管理局函，为开商务会议，讨论整顿运输事宜，嘱遴派负责代表，于二十年一月五日以前赴局与会，如有意见书，须于会期前一星期送去等由。本会应否推派代表与会案。

（3）市商会转印税局函，以商店礼券应实贴印花案。

（4）常务委员会拟具临时特捐摊认议案，请核议施行案。

十二月十五日第九次执委会会议

1. 报告事项

（1）各方来函。

（2）出席护规会代表报告见穆次长请愿经过情形。

2. 讨论事项

（1）市商会关于国历年终结账问题，连日会议，闻有变通办法，应否请即宣示案。

（2）租界纳税华人会函嘱抄本会会员名册，以便改选案。

（3）市商会函政府制定商标法，业经明令公布，定二十年一月一日起为施行日期，本会应否通告各会员遵照案。附商标法。

（4）市党部、社会局会衔布告推行国历办法及仪式，本会应否印发案。

（5）会员惠余、同章等十六家联函，为福州五福记号主携簿潜逃，货款无着，请转函上海三山会馆董事会出为调度，并请市商会函致福州各商会秉公清理案。

1931 年

一月十五日第十一次执委会会议

1. 报告事项

　　往来函件。

2. 讨论事项

　　（1）社会局特派金、莫两科员来会，征集时装特刊材料案。

　　（2）市执委会令填商民团体统计报告表案。

　　（3）王委员延松函，并附转沈卓吾君函，为绸货行销安南，因增税被阻，请本会有所表示案。

　　（4）市商会函嘱购行名簿及定阅《商业月报》案。

3. 追认事项

　　（1）中法越南条约签订已久，法方延不批准，本会业经函请市商会转电王外长，催法政府批准实行在案，应请追认案。

　　（2）会员一新绸厂函为镇江震源恒布号不理货款，请转市商会转函镇商会督促付款等情，业经本会照转在案，应请追认案。

　　（3）鲁主席提，拟请酌减自杭运沪绸货运费案，已转送两路商务会议，应请追认案。

二月十三日第十三次执委会会议

1. 报告事项

　　报载行政院批准绸缎业营业税率，按照部定大纲征收千分之二，认为日常用品，已令饬财政部转饬各省市政府一体遵照办理矣。

2. 讨论事项

　　（1）杭州市绸业同业公会函，为请免特种消费税，嘱本会一致进行案。附来呈文原稿，并载本日《新闻报》。

　　（2）社会局令转绸绫染坊业同业公会呈，以原料飞涨，着本会转知各绸庄，毋得克扣染价案。

　　（3）各业研究税则会嘱助经费二千元案。

　　（4）市商会函为本市营业税正在规划进行之中，嘱各就本业情形将对于营业税意见尽量发挥，交由专门委员会研究汇案，商请官厅采择施行案。

　　（5）会员同章、振亚等联函，为福州五福记倒欠货款，延不理偿，请函市商会转致本市三山会馆并闽商会严行督促，从速了结，并制止新济轮触礁赔款案。

三月十六日第十六次执委会会议

1. 讨论事项

　　（1）惟善山庄函为山庄房屋被军队占据，请转函主管长官令饬迁让案。

（2）湖绉业公所函，为整顿北帮营业陋规，拟在商业年度开始之际，单独办理，请核议案。

（3）盛泾公所函，为中兴绸庄有已纳关税之电绨五十匹，被汕头统税局扣留，请转函江浙皖统税局转咨放行案。

（4）市商会函为驻鲜总领转来鲜民好尚丝织品之样本，嘱参考后转送电机公会，以资仿造案。

（5）本会前经推出纳税华人会之团体代表王延松君，因王君已任市商会代表，改推鲁正炳君，请公决案。

2. 追认事项

会员裕成昌等三家联函，为宜昌华昌隆拖欠货款，扣折扣摊偿，请转函交涉等情。当经函请市商会转函宜昌商会督促办理，应请追认案。

五月一日第十九次执委会会议

1. 追认事项

南北市保卫团演剧筹款，本会认助壹百元，请追认案。

2. 讨论事项

（1）各业公会定五月三日欢送国议代表王延松君，嘱推代表多人参加案。

（2）社会局定五月二日调解炼业收账一案，嘱推代表三人赴局听候调解案。

（3）市商会函为实业部饬填商号概况调查表案。

（4）市商会函定五月间征收各公会会费，并更换出席代表案。

（5）邵懋章君函辞出席商会代表，并缴还代表证书案。

（6）本会会所房租契约，本月底满期，应否续订，请公决案。

（7）常务委员会交议下届推派出席商会代表，决定每帮一人，请覆议案。

六月廿四日第廿三次执委会会议

1. 报告事项

（1）妇女提倡国货会征集样本一千册，经函知同市各同业依法办理在案，兹以限期追促，应报告大会督促切实照办。

（2）市商会二十年度会费已于昨日缴送壹千元，其三成基金计银三百元，容缓续缴。

2. 提交大会议案

（1）骆常委清华提，切实推行度量衡新制案。

（2）骆常委提，未入会同业应由会员分任劝导，加入本会案。

（3）王委员介安提，各客帮对于国历五月底结账，颇多玩忽，同业受累匪浅，应请提交市商会会员代表大会，通饬遵守案。

（4）罗委员立领提，会员张子泉、李文治、胡春芳附议，为杭绸业内部组织应速统一，以免纷歧而资融洽案。

1933 年

五月十五日第十四次执监会会议

1. 报告事项

（1）鲁主席赴杭，请假十天。

（2）东北难民救济会收回捐册。此项捐册只有六本，由屠常委向市商会携来，当经第二次常务会议决，分交六组，查阅十一月八日议事录便知。

（3）其他来函。

2. 讨论事项

（1）电机丝织厂业同业公会函，拟请政府发还人造丝进口税，嘱各推代表五人，联合晋京请愿案。附呈函稿各一件。推王介安君为代表，定期召集联席会议。

（2）盛泾组函，以大华绸缎局将盛货钢篦纺、洋庄纺、十两纺登报贱卖，致客帮已成交之货，有藉口扣价之要求，影响殊巨，请设法制止案。

据情劝阻。此案已办。

（3）山东河南丝绸组函，为春源伙友陈绍文赴美调查丝绸销路，拟向社会局请领护照，请转市商会加函证明案。

存。

（4）全球华侨总公会函，为墨西哥排逐华党，请捐款救济案。附捐折。

保（留）

（5）市商会函，介绍《中央时事周报》，本会应否订阅案。

本会定一份，并向各会员介绍。

邬、娄、罗、吴

九月三十日第二十三次执监联席会议

1. 报告各方来函

2. 讨论事项

（1）杭绸组函，因被已退社社员勾结业外不良份子，非法诬诉，幸承法官贤明，予以驳回。请转呈主管官署，依法保护，严重制裁等语，并附法院裁定书及账目报告书三册，当经转呈社会局，请追认案。

（2）（潘）和懋函，为运往梧州之普益云裳绨被该处抗日团体疑系仇货，扣留不放，请加函证明等语。当经转请市商会加函证明，请追认案。

（3）汪执委星一函，以身体多病，请辞去执委职务案。

（4）商社各业公会函，以欢宴贝淞苏，嘱参加案。

（5）国际贸易局函，为召集改良丝绸出口办法谈话会，嘱推代表参加，共同讨论等语。当经推请娄监委凤韶，徐代表立民前往参加，请追认案。

1935 年

民国廿四年一月四日执监会会议

讨论事项

（1）永安、大纶、老介福、老大纶四家合词函称，为老九和违反大纲第二条规定，每日仍有两种行市，请制裁案。

（2）商品检验局函嘱推代表会同电机业代表赴局会商国绸鉴定办法案。

（3）筹募省旱灾普捐会函，请筹募普捐一千元。

三月一日第十一次执监会会议

1. 讨论事项

（1）航只总队长函请本会加入团体会员案。

（2）巨昌与汉记洋行为毛线市价□□涉讼一案，兹据补□各种文件，请加函证明案。

（3）盛泾组函对承兑汇票在未经实行前提供意见两点，请核议案。

（4）久成洽记改久成兴记，应否作新入会论。

（5）关于承兑汇票实施办法，经推出专员拟就票式及施用汇票之缘起证明，请覆核通过案。

决议：略予修正通过，□□函叙创行商业承兑汇票之意□附同缘起，推请骆主席提请市商会令饬各业一致仿行，并知照□□业假星期□藉于通货运用。

2. 新合同内载

（1）货物已到，先垫□□□，隔两月再垫□□□。

（2）因货粗细不匀，汉记洋行承认贴补九厘。

四月十日下午三时执监会临时会议

讨论事项

兹据各厂庄跑街报称，经联席会议决议，绸、书两公会今组实施商业承兑汇票促进委员会委员人选，由绸缎、书报两公会预席，推出十一人负责办理推行承兑汇票事宜，请鉴核备案案。

1936 年

四月廿四日第三十八次执委会会议

讨论事项

（1）购机祝寿案。市商会暨航空协会发来函，关于购机祝寿，嘱即努力进行案。

决议：分函各组，请认数目，报由本会汇转。

（2）绸缎染坊业同业公会选函，以各组分别议订染价一节，迄今仍无头绪，拟请由本会召集各组同时谈判案。

决议：函复该会，仍请迳向各组分别谈判。

（3）丰裕蔡久斌函，以盛泽绸领业纠察员调查机数，发生殴辱情事，请转函制止案。

决议：据情函请盛泾组转函盛泽绸业公会，妥为调度。

（4）市商会函，以本月廿六日本市各界举行禁烟拒毒提灯游行大会，嘱自备灯彩，派员参加案。

决议：备制旗帜、灯彩，派干事等前往参加。

（5）社会局令，关于公职人员服装材料咨询意见，限文到五日内具复案。并□□□□正规定礼制变更礼服式样，本会应如何表示案。

决议：定本月二十六日下午三时邀同湖社委员会及电机丝织厂业同业公会，各推代表联席会议，讨论应付办法。

娄凤韶、钮介臣、吴星槎、沈济恩、王介安、骆清华、罗坤祥

五月一日下午三时第三十九次执委会会议

主席：骆清华

开会如仪。

讨论事项

（1）永丰等函请转咨汉口绸缎业公会，转德昌□存货项下，应归申债分摊之款货，交代表利□提回案。

决议：照转。

（2）庄日顺函，以内部改组，原牌号下增加成记二字，并改派庄杏荪为出席代表者，请备案案。

决议：准予备案。

五月一日三团体联席会议

讨论事项

（1）关于建议政府采用国绸服装材料之呈稿，已由湖社拟就，请核阅案。

决议：呈稿尚有增删之处，仍由原主稿者修正后，送请骆主席核阅缮发。

（2）各处绸样尚未送齐，应请出席代表负责催送案。

决议：俟各处绸样送齐后，仍请各代表来会整理装订，随呈汇转。

五月十五日第十六次执监委会会议

1. 报告事项

（1）绪纶同业对于施用承兑汇票分期办法，答以各货用定后概以四十天为期，殊与原议不符，经再函劝导，并遣书记前去解释误会，兹接函复，一切遵照前信（五月四日本会函）办理矣。

（2）电话公司每期账单均列有华界通话费，迭经本会去函交涉，讵该公司片面主张，不认错误，以致本会被其勒缴冤枉费已属不赀。近接四月份账单，只二十余天中仍列有华界通话费三次，经去函诘责，并请将对方用户姓名、字号、住址、号码及通话时之月日钟点详细查复，以凭彻查去后，始于昨日接得该公司电话复称，此次华界通话费三次，准予免收。

（3）建蒋铜像，本会已加入为丙种发起团体，认费十元。兹接筹备处来函，以吴市长意见拟将铜像改建纪念堂。召集大会日期，因须与党部及各方接洽，尚未决定。

2. 讨论事项

（1）市商会函以接南通县民众救国会拾获可疑府绸，检送样布一匹，是否仇货，转嘱查复案。

（2）盛泾组函，以广帮协生祥用庄票付款时，在送款回单簿上另盖"此项庄票作现钞用"戳记，殊与事实不符，应如何对付，请核议案。

（3）大丰等十一家绸庄联名函以香港（电）信隆倒欠巨款，请转港（缎）商会协助追偿案。查来函列名中，除天衣属于电机业外，内有（辛）大、泰丰、大丰、新（孙）文记四家，均系非会员，依会章应俟履行入会手续后，方可照办。

市商会同人发起为王晓籁先生举行旅行三十周纪念暨五旬寿辰，拟由各团体集资公□□□福祝寿三□，除公送寿辰外，余资移充善举。本会应认定何数，请公决案。

决议：本会认定寿字，致送十元。

六月五日下午三时补行第四十一次执委会会议

主席：骆清华
讨论事项
（1）市商会函，第七届会员大会日期迫近，催推代表并嘱将会费照缴案。
决议：公推骆清华、鲁正炳、沈济恩、席公石、徐立民、沈琴斋、潘怡生、潘润生、吴星槎、李允嘉、程薇生、娄凤韶、王介安、王延松、罗坤祥等十五人，并措缴旧欠会费五百元。
（2）电机丝织厂业同业公会函，以走私猖獗，影响国绸销路，拟联合本会暨人造丝业公会，共商遏止方法，请本会主持办理，定期召集联席会议案。
决议：定本月七日下午三时召集联席会议。
（3）杭绸组函复，关于广帮要求增扣五厘佣金问题，允以随货开用承兑汇票为交换条件，经询据湖、盛、苏等组，均表示赞同，请（汇函）转复案。
决议：根据上述办法函复广帮绸布联合会，并推……面洽。
鲁正炳、娄凤韶、程薇生、潘怡生

七月一日下午三时第四十三次执委会会议

讨论事项
（1）广帮绸布联合会函，为要求增加佣金事，对于本会询据各组允以随货开用承兑汇票为交换条件之复函，竟绝不提及，一味以如期实行增扣五厘为要挟，词近武断，此片面主张，令人殊难忍受，请核议应如何应付案。
决议：函复该会，仍依据各组前拟办法办理，如在未经双方妥洽之前，擅自增扣佣金，万难承认。
（2）市商会函以组织检私委员会，征询检私办法。材料嘱即供给，以资参考案。
决议：分函各组尽量供给。
（3）锦成祥函，以遵照部令经营进出口货须由公会证明，方可领照，附同海关证明书草样，请依式书就负责证明案。
决议：函复该会员，来函词意含混，未便照办。
（4）源盛绸缎号以经营进口货，拟向海关注册，呈送签字证，请予登记案。
决议：此项签字证，应由报关行办理，原件发还。
（5）仁记函，以现有线绨及口光纺运往徐州，税单派司俱全，请证明案。
决议：称交盛泾组查货品产地及税单等证据，再由申请人觅具妥保二家，经本会审查核准后，方予证明。

（6）恒信函，以有人丝交织品软缎运寄嘀嘀（荷兰），请赐函证明案。

决议：援照前次同章等证明书同样办理。

（7）关于揭破门市同业虚伪宣传之广告费，尚无着落，应如何筹措案。

决议：□□□□

八月一日下午四时第四十五次执委会会议

主席：骆清华

讨论事项

（1）复盛泾组证明书发交各组自行填写送至本会加盖会章及负责人签章。

（2）由组证明确非私货函，请本会重予援助。

决议：除电机、土货两业拒绝另办外，本会仍依据前议办法通告各会员照办，并函请□转知同业。

（3）真丝货品免予登记，至运销时由组转为申请，给予证明书。另订申请书文字，务须严厉□□□□……

八月二日下午七时执委会临时会议

主席：吴星槎

1. 报告事项

（1）绸缎业代表报告，略谓业经广帮所拟增扣五厘佣金问题，经询据各组，根据十二年三月二十七日双方议决□□，应以随货开用承兑汇票为交换条件，并最后公函请其于七月二十日以前函复，如逾期不复，作为默认。迄今已届一旬，仍未见复，本业惟有根据上述办法通告。

（2）电机业代表略谓，本业自接得广帮加扣佣金函件，在□会立场表示拒绝，惟会员方面，在货物交结发原□□以散客指示随意……

（3）土布业代表报告，略谓本业对于广帮加扣佣金问题，完全拒绝。

2. 讨论事项

（1）关于山东天津漏税货匹应如何办理案。

（2）在本会手续未经完备以前，如遇货品无法递寄时，可否予以便利案。

八月一日下午四时第四十五次执委会会议议程

（1）大会交议，盛泾组提议证明书，由公会盖全图章，交各组自行填发案。

（2）大会交议，各种货品在登记手续未经完成之前，如遇运销外埠，发生扣留时，应如何办理案。

（3）大会交议，真丝货品登记手续，务从简便案。

（4）大会交议，分匹零料盖戳办法，向海关交涉除外案。

（5）无组会员请就其经销货类分配各组兼办登记案。

（6）检私会章程及办事细则，拟定草案，请审核案。

八月十三日下午七时执委会临时会议

主席：骆清华

1. 报告晋京请愿经过

　　财政部对本会所陈困难各节，难荷采纳之，窒碍难行，经□陈财政部允予补救，但人丝□□稽查及法□办法……

2. 讨论事项

　　（1）再电财政部关务署，请修改办法并电王、徐二代表本□意□，向部署申说或请令饬海关派员照会□发证明书。

　　（2）丹阳帮晋记等十二家联函，以盛泾组不允兼办检私事宜，拟组丹阳组，请协助……案。

　　决议：经询据盛泾组，函复对于划交盛泾组兼□□组会员，允试办一月，当无问题，函另组丹阳组，按照会章第二十九条之规定，有所未合，碍难协助，函复知照。

八月二十二日下午三时执委会临时会议

主席：吴星槎

讨论事项

　　（1）关于请财政部修改人丝织品稽查及清理办法案。迄未奉批，应否再推代表晋京候示案。

　　决议：公推主席骆清华再度晋京续候训示。

　　（2）盛泾组函，为中兴志记运寄四川顺庆绨葛，被该地缉私会扣留，经查明该号发货薄（簿）册无误，转请证明案。

　　决议：援照向例备函证明。

　　（3）同章函以苏州松麟丝织厂有细纹云林锦式匹，冒用云林商标，请向协源转运公司转该货调存藉谋依法解决案。

　　决议：先予调货，再议解决办法。

　　（4）久丰等十七家联名函拟组设沪市组，以期推进检私而利营运，请核准案。

　　决议：参照函复丹阳帮大意函复知照。

　　（5）协记绸庄函，以邮寄镇江万昌厚人丝棉纱交织品五匹，被该地邮局扣留，请予证明案。

决议：查该会员已划入湖绉组，应候函请该组查明复到后，再核办。

（6）（李绿）记函，以□与林茂洋行和合□五十二匹，交由民艺绣花庄绣花朵，运至海门被扣，请予证明案。

决议：函盛泾组查明再核。

十月一日下午四时第十五次常务会议

主席：吴星槎

（1）中兴志记以两匹作为一匹，分两段朦请出运，经检私会查出，溢额有八九百匹之多，应如何惩度，请公决案。

决议：关于匹额，由检私会查核清楚，着即补缴差额登记费，一面责令该会员捐助救济捐款。

（2）杭绸组函以据悦昌文久记函称，广帮裕福祥拒不解付到期承兑汇票，反将现币向各庄收货，实属罔顾□标信义，请转函广帮绸布联合会，劝告该号克日照兑案。

决议：照转。

十月十六日第二次执监联席会议议程

（1）特委会移交办理。
（2）国际劳工局中国分局派员调查公所历史变迁。
（3）票据背书责任。
（4）市商会催缴会费。

二十一年公债三成欠三百元，二十二年公债三成欠三百元，二十年会费欠三百元，二十三年欠三成三百元，会费一千元……①

（5）请酌加员薪役工。

李伯衡加五元，张康阳二元。

（6）上海筹募各省旱灾义振会筹募振款。
开会时革除烟点。

十月二十日决议案

（1）各组收支细账（九月底止）及按月预算，除苏、府两组依限报到外，

---

① 仿宋字体的文字表示会议决议执行的草案，余同。

兹再函催，限本月二十七日以前分别列表报告。

逾限停止出运。

（2）公民训练第三期在十一月二日开始，距期甚近，当经通告各组暨全体会员，重行报名，迄今寥寥，应再函催各组，嘱即派员向所属各庄面洽，一俟报到，仍推原代表接洽。

常务委员会议决，参加第三期公民训练，经函系各会员重行报到……。

（3）检私会组织章程暨办事细则印发各委员研究。

已分别拟就草案请审查案。会员中仍有认为未尽妥善，请重行覆议案。

（4）国产蚕丝品变更管理费办法，在未经确定收支以前，暂缓覆议。

十一月一日下午三时第五十一次执委会会议议程

报载电机业公会呈部货匹两端盖戳印鉴，谓须凭此戳记方为正当商品云云。查本会所属各货，均有各产区证明文件，及各组盖戳，与电机业划分两途，各有证明，如果由该业所呈办法，势必影响吾同业，应请该业迅予撤回。

（1）社会局令为精炼业货匹盖印争执，着即会同电机业核议具复察夺案。

本会所属各货，全凭各产区凭证（过），以登记盖戳，如果由炼业盖戳，试问凭何证据，势必流弊滋多。

（2）各组报告收支账略，及按月预算，均入不敷出，请核议案。
（3）请定期召集第七届会员大会，并举行改选案。
（4）湖绉组函，为三兴丝绸公司拟向江海关申请注册，请代为证明案。

本会所属各货，全凭各产区凭证，先经主管组登记，无戳则加以盖戳办理，两月堪称周妥。如果盖戳手续须经精炼业办理，试问该业凭何证据？势必滋重流弊。电机业办法稍□，似无合议之必要，且与本会职权有关，未便任其越组代庖，□□□商□□公会如何主张，再行议复。□电机业盖□手续尚□开始□□，由会派员驻厂办理。

（江海关仍照原定手续办理，请勿更用分销执照）　已办

十一月廿四日第五十二次执委会会议

主席：骆清华

讨论事项

（1）同行（拆）货，系同一买卖行为，料应征收手续费案。

应准发。法再议。

（2）苏缎组函，以已经电机业公会盖印缴费之货匹，应否准其免费登记，请解释案。

函复该组转知各会员，向电机业公会请求免费。

（3）检私部分新雇职员四人，请核定薪给案。

（4）真丝货品征费办法，究应如何请核夺饬遵案。

交各组合议。

（5）请确定大会日期案。

假会场。

（6）银行押货未经登记应如何证明案。

函组彻查。

（7）口锦丰等为拟援照美亚待遇成例设关栈，请求政府发还原料税，暂组"上海市出口绸商协会"，请转向社会局备案案。

函复该会员等，依据检私工作要求，政府发还，勿（务）必援照美亚成例，更勿（务）必组设团体。

（8）各组检私经费，应由各组代表召开小组会议，从长讨论。

决议：定本月二十八日下午三时分函各组，各推负责代表一人至三人。

关于发还原料税一案，兹经呈奉财政部批复，以出口绸货之舶来原料无从统计，必须设立关栈方准照办等因，自办理检私工作以来，每匹所含原料，均有详细数量极多统计，自可乘此机会再行呈请。

十二月一日下午三时第五十三次执委会会议议程

（1）浙江高等法院函，以恒豫绸庄与庆纶绸厂为欠款事件上诉一案，认为有先行核对账目之必要。兹定十二月六日上午九时，由双方当事人在该绸庄内会同查核原据，请派代表莅场监查案。并附货样查明市价见复。

决议：推吴常委星槎届时前往监查，并函复货价。

（2）修改会章计六条，请审核案。

决议：通过，交会员大会追认。

（3）上届议定第七届会员大会日期，因不及筹备，应请改期案。

决议：改为十二月二十日下午一时举行。

十二月八日下午四时第二十次常务会议

（1）前饬各组详报十一月底以前检私收支清账，迄已逾限，均未报到，应再发催案。

决议：限本月十日午前送会。

（2）关于援绥捐款，拟由执委会聘请会员代表组织劝募队，加紧推动案。

决议：交下届执委会拟议办法，提请会员大会当场推举。

本会章程业经第五十三次执行委员会议决，议修改者计十三条，除刊正成册分发各会员代表备查外，兹将未经修改前之原条文抄录如次，俾资参阅，以便明了。

第一条，原文末一句，定名曰上海市绸缎同业公会，改为"上海市绸缎业同业公会"。

第十二条，原文使用人数超过十五人者，得增加代表一人，但不得逾三人（修改如册）。

第十六条，原条全文下增加"选举监察委员七人，组织监察委员会，另选候补委员三人"。

第十八条，原文本会执行委员下增加"监察委员"四字，任期四年，改为"任期均为四年"。

第二十三条，原文本会于每年六月举行会员大会一次，改为"本会于每年十二月中举行会员大会一次"。

第二十八条，原文本会收支款项须经主席委员下增加"常务委员"四字。

第二、七、十三条及第七章第二十九、三十、三十一、三十二等条原文各事务所均改为"各办事处"。

十二月十五日第五十四次执委会会议议程

（1）山东河南丝绸组函，以春源存有人丝织品壹百十八匹，当时遗漏登记，兹检呈山东产区证明书，转请补行登记案。

（2）各界募集援绥防毒面具委员会函，以筹垫经费，请各团体各委员自动捐助，每份五元，应否担认案。

（3）大丰绸庄函，以业务稍展，增加使用人数，照章加推沈子槎为代表案。

十二月十八日下午四时执委会临时会议议程

（1）李执委文治函，因病辞职，请予照准案。
决议：慰留。
（2）吕葆元函，加推邵远峰、陈保身、金浩青三人为代表案。
决议：该会员原有代表二人，照章不得逾三人，函复减推。
（3）检私会租赁杭绸组办事处，业由该组起草租赁合同，请讨论案。

十二月十九日执委会临时会议议程

（1）山东河南丝绸组请领十一月底为止之透支检私经费。
（2）门市同业收货，须凭本会证明书。
（3）确定执监人选及另选候执四人（邱行逊备二年）、候监一人（潘、张各二年未过）。

1937 年

十月十五日下午四时第二十次执委会会议

主席：骆清华
讨论事项：各国慰劳华北抗敌将士，担认六千元，应如何筹措。
　　决议：筹募六千元，由各组摊派，当经分别认定。
　　杭二千元，湖二千元，盛五百元，苏四百元，府七百元，借四百元。
　　函各组限于本月二十日前送会转交市商会。
　　各界抗战后援会发起组织北上慰劳团，筹款慰劳，本会拟至少担认捐五千元，应如何摊派案。

上海市绸缎业同业公会执行委员会临时会议记录

日期：民国二十六年十一月四日下午四时四十五分 ①
地点：本会会议室
出席执行委员：吕葆元、吴星槎、潘怡生、沈子槎、严巨卿、骆清华、娄凤韶、程薇生、沈济恩
列席人员：王寿臣、王枚笙、汪剑平
公推骆清华主席

——————————

① 当时会议记录中格式与现在有所不同，纪年方式混用，民国纪年后面的日期为公历。

开会如仪。

1. 报告事项

主席报告：

（1）报告时局情形。

（2）今日召开临时执行委员会，重要议案为讨论转口税手续及估价问题。

（3）宣读上届决议案。

2. 讨论事项

（1）吴常委星槎报告转口税手续及估价问题，会同电机丝织厂业同业公会高士恒君前往海关谈商办法，既稍有结果，特报告经过情形，请予讨论案。

主席并宣读上海市商会来信及山东河南丝绸组来函，一并提交讨论。

议决：①转口税估价已定各款，照商定价值办理，惟尚未估定各货类之价目，请各执监委员详细研究后，再行与海关商谈手续问题，仍由吴常委酌量情形，随时与海关妥商进行。②山东河南丝绸组所述意见，于今后绸货出口殊有出入，由会函请上海市商会转呈财政部力争，以利国际贸易。

（2）据吴县铁机丝织业同业公会来函，为函复来函，已转知各同业遵照办理。惟前有少数货品，虽经纳税而未有运单，应请通融等由过会，理合提出讨论案。

议决：照复杭州同业公会函复知该会。

（3）据怡丰协绸庄来函，为原有资本式万元四绸厂在虹口区被毁，损失壹万元，故先行筹认公债五百元；及丹阳久大裕绸绉庄来函，为频年亏损，无力支持在此结束期间关于认购救国公债，实属无力担负等由过会，理合提报讨论案。

议决：①怡丰协准予先行认购伍百元。②久大裕照通案办理，如资本额无从查明时，照去年营业额认购，并查询经募队员。

（4）据公民义勇总队警备联队第三大队部来函，为本业参加该队队员犹衣单薄制服，衣（夜）间放哨，情尤可悯。夙仰热心爱国，为此函请慨助黄呢大衣贰拾件，兹附奉贵业队员公函一件，名单一纸，即希查照见复等由。本业队员汤悦生亲自来会陈述困难，请予慨助，理合提出讨论案。

议决：函各庄局，慨允资助，将款送交本会汇转。

（5）据同业鸿大绸庄及永华绸庄声请加入本会，并分别填明志愿书及入会志愿书，理合报请通过案。

议决：通过。

（6）据秘书汪剑平陈述，对于本会会务各项意见，并拟定会员名册及委员名册式样等，特提请察核案。

议决：照所拟意见办理。

（7）骆主席提救国公债分三期认购，应由会查明，分别催缴案。

议决：交劝募分队查明，转请各队员催缴。

（8）骆主席提，李伯衡君宕款壹百叁拾五元，尚未归楚，拟再函催李君，于十日之前归还案。

议决：函催李君限期归楚。

下午六时五十分散会。

上海市绸缎业同业公会第十六次常务会议记录

日期：民国二十六年十一月八日下午五时

地点：本会会议室

出席常委：潘怡生、沈济恩、娄凤韶、吴星槎

列席人员：汪剑平

公推吴星槎主席

开会如仪。

1. 报告事项

（1）主席报告。

（2）秘书报告执行执委会议决案情形。

2. 讨论事项

（1）久丰发记绸缎局声请入会案。

议决：提交执行委员会。

（2）华华绸缎公司函复，郭、丁两职员已经解除职务，所请补助冬季制服费，请另行筹集；及据纶昌、久成南两绸庄前后各交来拾元，其他各庄局迄未交会，应如何办理，请公决案。

议决：再函该华华公司慨助，并函其他各庄局，于三日内送会。

（3）据山东河南丝绸组函报河南茧绸成本，恳向海关吁请照旧估价征税等情，应如何办理，请讨论案。

议决：请吴常委星槎与海关洽商。

（4）据晋记绸庄余晋生函，拟以个人在丹阳认购之救国公债，抵划该庄认购等情到会，应否准驳，请予讨论案。

议决：不准划抵，再函催认。

（5）密。

（6）据山东河南丝绸组函，为协丰泰号已停止营业，请予撤消会籍等由到会，理合提出讨论案。

议决：拟准予出会，提交下届大会讨论。

下午六时四十五分散会。

上海市绸缎业同业公会第二十二次执行委员会会议记录

日期：民国二十六年十一月十五日下午三时
地点：本会会议室
出席执行委员：潘迪功、沈子槎、程薇生、吕葆元、严巨卿、娄凤韶、沈济恩、吴星槎、潘怡生
列席人员：沈琴斋、王延松、王寿臣、汪剑平
公推吴星槎主席
开会如仪。
1. 报告事项
　　（1）主席宣读十一月四日临时执行委员会记录。
　　（2）主席报告十一月一日至十五日止收文六十一件，发文六十五件。
2. 讨论事项
　　（1）常委吴星槎、沈济恩二君报告，前由第二十一次执行委员会议决，推定修正检私委员会章则事件，兹经分别修正，理合提出讨论案。
　　主席并宣读上海市商会来信及山东河南丝绸组来函，一并提交讨论。
　　（2）慰劳前线将士雨衣，本会捐助捌百元，拟在国防捐下拨付，请付讨论案。
　　议决：照拨。
下午四时三十分散会。

上海市绸缎业同业公会执行委员会临时会议记录

日期：民国二十六年十一月二十一日下午三时
地点：本会会议室
出席执行委员：沈济恩、吕葆元、娄凤韶、潘怡生、吴星槎、徐立民、潘迪功、严巨卿、沈子槎、骆清华
列席人员：沈琴斋、王寿臣、王介安、汪剑平
开会如仪。
公推骆清华主席
1. 报告事项
　　主席报告检私会裁员经过，及今日召开执委会原因。
2. 讨论事项
　　（1）据常委潘怡生、娄凤韶等六君来函，为检私会裁员一事，认为有假借职权之嫌等情，待提请审查案。
　　议决：正副主任在二十一次执委会之报告，虽稍为简单，当经解释明白，解雇八人，仍照正副主任本月十四日签呈主席照办之批示办理。

（2）娄常委凤韶等报告，同业出运绸货，如请求公会出具证明书者，应即照出其请给分销执照者，仍由本会报关，请提出讨论案。

议决：通过。

（3）检私委员会正副主任职权，照十月二十一日执行委员会之议决"专责办理"四字，应请解释案。

议决：检私委员会职员，进退由正副主任提请常务会议通过执行。

（4）检私委员会主任吴星槎、副主任沈济恩提出辞职案。

议决：一概挽留。

下午六时三十分散会。

1939 年

第五十九次执监委员会会议

日期：民国二十八年六月十五日下午六时三十分

地点：本会会议室

出席执监委员：锁左孙、吴星槎、严巨卿（朱寅生代）、沈子槎、吕葆元（金浩青代）

列席秘书：汪剑平

主席：吴星槎

开会如仪。

1. 报告事项

主席报告：

（1）宣读第五十八次执监委员会记录。

（2）报告市商会来函，为奉财政部电各业对华兴伪钞一致拒绝收用，如有违令，即报请该管机关以汉奸论罪等由，合行通告，即希查照。

（3）报告市商会来函，为奉财政部发下正元渝钱字江电，拒用华兴伪钞电文由。

（4）今日执监委员会不足法定人数，议决各案提下届会议追认。

2. 讨论事项

（1）电机丝织厂业公会函复，对本会六月七日去函，附具原料国别证明书，未便承认，相应函复查照等由，如何办理，请为讨论案。

议决：转知有关会员。

（2）检私委员会报告，泰赞绸庄所缺匹额，业于五月二日补缴清楚，惟福和绸庄一案，迄今尚未置复，应否再行限期催告之处，敬祈公决案。

议决：再函该庄，于七月十四日为限，迅行补缴，否则暂停出运。

（3）检私委员会报告四月份收支表案。

议决：通过。

下午六时四十分散会。

主席：吴星槎

执监委员会临时会议

日期：民国二十八年六月三十日上午十一时三十分

地点：本会

出席执监委员：吴星槎、严巨卿、王寿臣、锁左孙、钮植滋、娄凤韶、潘迪功、李允嘉（震元代）、程薇生、鲁正炳（韩萼生代）

列席秘书：汪剑平

主席：吴星槎

开会如仪。

1. 报告事项

主席报告：

（1）宣读上届会议记录。

（2）报告潘常委怡生于本月十八日病逝。

2. 讨论事项

（1）自财政部渝钱字马电，限制本埠银钱业法币每周限提伍百元后，本业影响至巨，拟由会登报公告，自七月一日起各会员售货一律惠付法币，是否可行，请予讨论案。

议决：售货概用法币办法，应予登报公告及通告各会员，并定办法如下。

①自二十八年七月一日起，无论客帮及本埠现货定货交易，一律概用法币，其以汇划付款者，应照付款当日之市价贴水。

②在二十八年七月一日以前之定货，如规定以汇划付款者，应自即日起至本月十五日前，检同交货单，向公会登记，准其仍以汇划收账。其未向公会登记者，不在此限。

③如会员违反上开办法者，应即停止其声请出运一星期，以示儆戒，不其屡戒不悛及情节重大者，另由公会从严议处。

（2）同业福兴祥许记绸庄、启文丝织厂发行所申请入会，审核尚无不合，拟予通过案。

议决：准予入会。

（3）为海关估价问题，拟召集电机丝织厂业公会，举行联席会议讨论案。

议决：定七月三日下午二时召集。

（4）执行委员潘怡生君病故出缺，所遗执委一职，照章应由候补委员邱行逊君递补案。

议决：照办。函知邱行逊君。

下午二时三十分散会。

上海市绸缎业同业公会、电机丝织厂业同业公会联席会议记录

日期：民国二十八年七月四日下午三时二十五分

地点：绸缎业公会

出席代表：电机丝织厂业公会　袁慰宸、蔡昕涛、童莘伯［江（红）蕉代］

绸缎业公会　吴星槎、娄凤韶

列席人员：电机丝织厂业公会　江（红）蕉

绸缎业公会　汪剑平

开会如仪。

1. 报告事项

主席报告今日召开二会联席会议主要问题为系讨论海关拟对丝织品重行估价。

2. 讨论事项

（1）江海关估价课近以丝绸品原料高涨，知照二会，对前定估价应重□考虑，应如何应付，请予公决案。

议决：先推二会代表蔡昕涛、吴星槎、娄凤韶三君，于五日上午面谒估价税务司，陈述本业困难及货价不能增加各原因，请予仍维现状。

（2）电机丝织厂业公会代表蔡昕涛君提出，对永安、先施、大新、新新四公司购货，拟请以二会名义，分别致书，请予付现，如以汇划付款者，亦应按照付款当日市价贴水，理合提请核议案。

议决：照办，推绸缎业公会主稿。

（3）关于电机丝织厂业公会会员售货，与本埠绸缎业公会提出之意见先行试办，惟对检验绸缎业公会会员货匹一事，应划绸缎业公会办理，合行提出讨论案。

议决：照办。

下午五时散会。

主席：吴星槎

第五十七次常务委员会会议

日期：民国二十八年七月八日下午三时

地点：本会

出席执监委员：吴星槎、娄凤韶

列席秘书：汪剑平

主席：吴星槎

开会如仪。

1. 报告事项

主席报告：

（1）宣读六月卅日临时执监委员会记录。

（2）宣读七月四日二会联席会议记录。

（3）报告市商会各项来文。

2. 讨论事项

（1）市商会来函，为准中华基督教青年会函称，救济各地难胞募款，请酌予捐助等由到会，应否酌捐之处，理合提出讨论案。

议决：捐壹百元，迳送该会。

（2）难民协会同业组劝募委员会来函，为准古玩业公会捐款金石书画救济难民券拾张，请予推销，经分转各组去后，杭绸组认购式张，湖绉组认购贰张，山东河南丝绸组认购壹张，其他盛泾、绪纶门市、苏缎三组均已退还，理合提出报告案。

议决：照办。

（3）电机丝织厂业公会来函，对绸厂出售于绸庄之绸货，如有确运内地，需要证明其人造丝来源者，兹经考虑，决以左列办法行之（原办法详函，不另录）等云，合行提请核议案。

议决：对第四项十款填报原购绸庄名称一节，及第五项按月抄单，第七项收因纸张费三点，拟请免去。

（4）检私会主任提出，近以生活程度日高，该会职员自七月份起，拟酌予增加薪水，增加原则以服务考勤及能力为参考，请予讨论案。

议决：科长以十元为度，职员以式元至陆元为度，会役以壹元至贰元为度。

（5）常务委员提，公会职员亦拟参照服务成绩及工作能力，自七月份起酌加薪水，每月膳费亦拟酌予增加案。

议决：秘书增加拾元，文书兼会计增加柒元，干事二人各增加伍元，会役增加式元，膳费职员一律拾壹元，会役捌元。

下午五时散会。

主席：*吴星槎*

第六十次执监委员会会议

日期：民国二十八年七月十五日下午六时三十分

地点：本会

出席执监委员：吴星槎、潘迪功、钮植滋（迪功代）、程薇生、沈子槎、严巨卿

（戴焕卿代）、娄凤韶、邱行逊、锁左孙（在选举后出席，故未发选举票）

列席秘书：汪剑平

主席：吴星槎

开会如仪。

1. 报告事项

主席报告：

（1）宣读七月八日第五十七次常务委员会记录。

（2）骆主席寒电，唁慰潘常委怡生先生。

（3）执委钮植滋君来函告假，并托潘执委迪功为代表。

（4）报告会同电机公会代表与江海关估价税务司洽商估价经过。

2. 讨论事项

（1）同业一生绸厂发行所声请入会，审核尚无不合，拟请准予入会案。

议决：准予入会。

（2）执行委员潘怡生君业已病故出缺，已由六月三十日临时执监委员会议决，照章以候补执行委员邱行逊君递补，惟潘君所遗常务委员职务，亦经函询市商会，应由执行委员会补选，合行提出讨论，并请就执行委员中选举递补，俾重会务案。

主席散发选举票捌张。

选举结果，邱行逊君贰票，潘迪功君陆票。

议决：以多数潘迪功君当选为常务委员。

（3）杭绸组前于七月二日来函，请迁检私会租屋，现经常务委员娄凤韶君、吴星槎君、执委程薇生、监委钮介臣君等亲与该组主席鲁正炳君洽商，自七月份起，除前有租金陆拾元外，按月再行贴补式百元，作为该组学校另觅校舍之用，惟合行提请讨论案。

议决：函复该组。

（4）据上海市电机丝织厂业同业公会函开，为执监委员会议决，"本会各会员厂各项绸匹售价，自应随时比照丝市等酌量增加，以维血本，仍照前案规定，一切价目概售上海通用现钞，客家定货须以预付定银签订定单或合同为记，否则一概无效"，函达查照等由到会，合行提出讨论案。

议决：应通知各会员及函复该会。

下午七时三十分散会。

主席：吴星槎

第五十八次常务委员会会议

日期：民国二十八年七月二十四日下午四时三十分

地点：本会会议室

出席执监委员：吴星槎、娄凤韶、潘迪功

列席秘书：汪剑平

主席：吴星槎

开会如仪。

1. 报告事项

主席报告：

（1）宣读第六十次执监委员会记录。

（2）检私会祖屋一案，已由杭绸组来函解决。

2. 讨论事项

（1）隆章绸庄改推沈安声为出席代表，理合提出讨论案。

议决：通过。

（2）伟盛绸庄函报前代表孙丽生，现已离职，改推王达威为出席代表，合行提出讨论案。

议决：通过。

（3）新成绸庄申请入会，尚无不合，拟请通过案。

议决：准予入会。

（4）检私会六月份收支表，特提出报告案。

议决：通过。

下午五时十分散会。

主席：吴星槎

第六十一次执监委员会会议

日期：民国二十八年八月一日下午五时三十分

地点：本会会议室

出席执监委员：吴星槎、李允嘉（李震元代）、吕葆元（金浩青代）、潘迪功、程薇生、王寿臣、娄凤韶、邱行逊、严巨卿

列席秘书：汪剑平

主席：吴星槎

开会如仪。

1. 报告事项

主席报告：

（1）宣读第五十八次常务委员会记录。

（2）报告潘常委迪功业已到会就事，并函报江海关备案。

（3）报告市商会来函贰件。

2. 讨论事项

（1）准江苏高等法院第式分院来函，调查标准绉等每码市价，兹特检送标准绉、春影纱、新华葛货样各壹份，函请查复等由，合行提出讨论案。

议决：交调查后再行核议函复。

（2）公会念捌年一月一日至六月卅日收支对照表业经委托李文会计师查核，并取具证明书等，合行提请察核案。

议决：通过。

下午六时散会。

主席：吴星槎

第六十二次执监委员会会议

日期：民国二十八年八月十五日下午六时
地点：本会会议室
出席执监委员：严巨卿、潘迪功、吴星槎、吕葆元（金浩青代）、李允嘉（李震元代）、娄凤韶、钮植滋
列席秘书：汪剑平
主席：吴星槎

1. 报告事项
主席报告：
宣读第六十一次执监委员会议记录。

2. 讨论事项

（1）前准江苏高等法院第贰分院来函，调查标准绉等每码市价，经第六十一次执监委员会议决，交调查后再行核议函复。兹经先后函询美亚织绸厂及泰山绸庄等，均经函复到会，合行一并提出讨论案。

议决：再调查泰山簿据后函复。

（2）同业胜昌绸庄申请入会，审核尚无不合，拟请予以通过案。

议决：准予通过。

（3）经济科提出预算，八月份底结存款不敷开支，应请讨论案。

议决：①函催湖绉组将前欠特捐迅行拨付。

②定九月一日执监会开会时，邀集各组负责人来会商酌。

③函检私会借拨伍佰元，以资挹注。

下午六时卅分散会。

主席：吴星槎

第五十九次常务委员会会议

日期：民国二十八年八月二十三日下午五时
地点：本会会议室
出席执监委员：潘迪功、吴星槎、娄凤韶
列席秘书：汪剑平
主席：吴星槎
开会如仪。
1. 报告事项
　　（1）宣读上届会议记录。
　　（2）报告骆主席来电，六月一日以前，运往西南之丝织品，（电）商准财部通融进口以后，真丝织品仍准予运入案。
　　（3）报告市商会来函。
2. 讨论事项
　　（1）湖绉组来函，为函复缴付特捐事，业于上年五月十五日备函声明□正在案，并请找还该组尾款等由，理合提出讨论案。
　　议决：提报下届执监会。
　　（2）震旦丝织公司来函，为寄衡阳绸货被扣，拟请商会及本会去电证明。惟扣留原因，为货样不符，兹据调查该庄运出之时，确曾请具证书，并据该庄声明，因染（色）印花关系，致有不符等云，应否准照，请予核议案。
　　议决：未便再电证明。
　　（3）振昌绸庄申请入会，查未填资本额及代表人，未签名盖章，拟请发还更正，再行讨论案。
　　议决：照办。
　　（4）第六十二次执监会对江苏高等法院第二分院函询标准绉等市价议决一案，经向泰山绸庄调查簿册，只有春影纱一种，并无新华葛之名称，拟根据调查情形，函复该院，请予讨论案。
　　议决：照办。
下午六时散会。

　　　　　　　　　　　　　　　　　　　　　　　主席：吴星槎

第六十三次执监委员会会议

日期：民国二十八年九月一日下午六时
地点：本会会议室
出席执监委员：潘迪功、吴星槎、沈子槎、李允嘉（震元代）、娄凤韶、邱行逊、

程薇生、王寿臣、钮植滋、锁左孙、吕葆元（浩青代）

列席各组代表：邓耕莘（苏缎组）、王介安（苏缎组）、张子泉（杭绸组）、邱行逊（湖绉组）、程薇生（盛泾组）、金浩青（绪纶组）、沈子槎（山东河南组）

列席秘书：汪剑平

主席：吴星槎

开会如仪。

1. 报告事项

主席报告：

（1）宣读第五十九次常务委员会记录。

（2）今口会议，根据六十二次执监会议案，邀请各组代表列席，讨论本会经费问题。

2. 讨论事项

（1）依照经济科根据上半年收支情形推论，本会本年度之开支，约不敷二千元之数，而各组特捐，复自本年份起暂行停缴，爰由上届执监委员会议决，函邀各组负责代表来会集议补救，今日承苏缎、盛泾、杭绸三组各派代表莅会讨论，殊为快慰，究应如何补救之处，尚祈讨论案。

杭绸组代表张子泉起立发表，该组自公会成立以来，逐年负担甚重，现会员已较前增多，即使会费不敷支出，应由全体会员公平负担，不宜责令各组负担，且公会自检私委员会成立以来，所有该会余款，亦即是公会余款。本组意见认为，在此时期，公会收支不敷时，应就检私会余款拨借，不必另向各组再征特捐。

苏缎组代表王介安起立发表，该组自身经济支绌，暂时无力担任公会特捐。

盛泾组代表程薇生起立，附议杭绸组代表之意见。

山东河南丝绸组代表沈子槎起立发表，该组来货已断，力不胜任，对公会特捐无力担任。

湖绉组代表邱行逊君起立，同意杭绸组意见。

盛泾组代表程薇生发表意见，对公会借用检私会经济或假定一数字，如溢出数字时，再行召集各组商讨补救。

主席付众讨论。

议决：公会经济如有不敷，暂向检私会拨借，暂至二十八年年底为止，届期如经济情形仍未好转时，召集各组商谋补救。

（2）八月十八日，据湖绉组来函，为函复缴付特捐找款事，于上年五月十五日备函声明，自二十七年七月份起，停止附还七月至十二月特捐收据二纸，并请找还余款陆拾陆元等情来会。查各组欠缴特捐抵拨付还前绸业团体整理委员会息借各公所会馆本息一案，起因即系根据该组二十七年五月十五日函请，而经二十七年八月十五日第三十九次执监委员会议决办理,查该次会议议决案，为"本息照还，由经济科于各组所欠特捐项下转账拨付，惟各组特捐仍请继续缴付"，依照上开议案，决定对该组所请自二十七年七月份起停缴月捐一事，本会并未接受，嗣照各组送还前绸业团体整委会借据时期不一致，未即为执行。迨至二十八年三月二十三日第五十一次常务会议决，将各会馆公所送还之借据提出，就二十七年份各组所欠特捐项下照数抵拨各在案。依照本会组织系统而言，组为会之一部，会之议决案，组有遵行之义务，今该组竟以其单独之主张为根据，而置公会议案于不顾，殊堪遗憾，况其他杭绸、盛泾、苏缎、府绸各组，对于该案俱已遵照议案办理，似未便□□。该组独持异议，爰特将该组来函及本会过去议决之情形，述其大略，应如何办理之处，尚祈公决案。

议决：请湖绉组出席委员向该组说明，仍请缴付。

（3）同业振昌绸庄声请入会，审核尚无不合，请予核议案。

议决：准予入会。

（4）会员同德绸庄于本年六月一日邮寄衡阳绸货丝绒玖匹，分五十三件，当寄运之时，并未来会请发证明书，现货到衡阳被扣，必需提供本会证书方可放行，函请补发等语前来，应否准予补发之处，敬请公决案。

议决：照发。

（5）市商会来函，为民食维持会办理订购洋米登记，函请分转同业，如愿订购洋米，可至会计师公会登记等由。拟由会通知各会员，如愿订购，应即来会登记，由会汇集办理。可否之处，敬请公决案。

议决：通知各会员，于本月十五日止来会登记。

（6）绸布业求知互助社来函，陈述该社组织宗旨，敬祈通函各组转知各庄号，尽量介绍从业人员入社等云，理合提出讨论案。

议决：准予通函各组介绍，并函复该社。

下午七时散会。

主席：吴星槎

第六十次常务委员会会议

日期：民国二十八年九月八日下午四时
地点：本会
出席执监委员：吴星槎、潘迪功、娄凤韶
列席秘书：汪剑平
主席：吴星槎
开会如仪。
1. 报告事项
主席报告：
    宣读九月一日第六十三次执监委员会记录。

2. 讨论事项

（1）星福绸厂发行所声请入会，尚无不合，拟请准予通过案。

议决：通过。

（2）经纶文记绸庄函称，于三月二日将全人造丝织品运往福建（洋江）销售，当时未领本会证明书，致被扣留，请予补发证明书等情来会，合行提出讨论案。

议决：应准照补。

（3）检私会报告本年度上半年（一月一日至六月卅一日止）会计收支对照表，合行提出报告案。

议决：通过。

（4）检私会主任提出，该会办事职员近以米价飞涨，要求酌加津贴，理合提出讨论案。

议决：自九月份起，职员按月一律暂时津贴陆元，会役一律津贴叁元，以米价还至贰拾元限价时取消，但如本会经济情形不能负担时，得随时取消之。

（5）公会职员亦照检私会职员酌加津贴议案，自九月份起，职员酌加陆元，会役酌加叁元，合行提出讨论案。

议决：照办。

下午五时十分散会。

主席：吴星槎

第六十四次执监委员会会议

日期：民国二十八年九月十五日下午六时二十分

地点：本会会议室

出席执监委员：吴星槎、程薇生、潘迪功、锁左孙、严巨卿（朱寅生代）、吕葆元（金浩青代）、娄凤韶、李允嘉（吴星槎代）

记录：张念劬

1. 报告事项

主席报告：

（1）宣读九月八日第六十次常务委员会记录。

（2）报告秘书汪剑平因奉骆主席及沈常委电召，赴甬转永康，请假贰星期。

（3）报告上海市商会来函，以后运销国外之绸匹，须（注）厂名、地址、主持人，俾较详实由。

2. 讨论事项

上海市商会函开，奉经济部通知，查本部核发证明书极为重要，兹经本部重行规定，嗣后统由该商会签发证明，以资划一。至其他团体证明，概作无效等语前来。应否照办，理合提出讨论案。

议决：先与商会接洽之后，再行提交下届执监委员会。

下午七时十分散会。

主席：吴星槎

第六十一次常务委员会会议

日期：民国二十八年九月二十三日下午四时三十分

地点：本会

出席执监委员：吴星槎、潘迪功、娄凤韶

记录：张念劬

主席：吴星槎

开会如仪。

1. 报告事项

主席报告：

（1）宣读九月十五日第六十四次执监委员会记录。

（2）报告上海市商会函，为奉经济部通知各业公会对于商业登记申请发给证明书，同业事前多未详细调查，出具证明书，内应将情形扼要叙述，以昭郑重。

（3）报告上海市商会函，为奉经济部电知运销内地货品，各公会证明书须证明原料来源由。

（4）报告上海市商会函，为奉经济部电开，制定营利人权限事由。

（5）报告秘书汪剑平来电，业经安抵永康，请分别知照由。

2. 讨论事项

（1）上海市商会函开，为接桂林中北路电政管理局吕君向潮安购买义昌春永兴昌万隆等绸货，被广西省政府扣留，函询调查该庄等出品有无嫌疑，请查复等语前来，应否证明，敬请公决案。

议决：先行函询各该庄，将商标及经售情形函报本会，再复商会。

（2）九月一日，经执委会议决，为民食维持会办理订购洋米通知会员，业经期满，各该庄（陆）续来会登记，已有壹百九十五包，是否应向会计师公会登记，敬请公决案。

议决：先向会计师公会登记洋米式百包，然后再行办理。

（3）寰球绸庄声请入会，尚无不合，拟请准予通过案。

议决：通过。

下午六时散会。

主席：吴星槎

十月一日第六十五次执监委员会会议

日期：下午六时
地点：本会会议室
出席执监委员：吴星槎、李允嘉（震元代）、程薇生、娄凤韶、锁左孙、吕葆元（金浩青代）、沈济恩（吴星槎代）、徐立民（锁左孙代）
记录：张念劬
主席：吴星槎

1. 报告事项

主席报告：

（1）宣读九月二十三日第六十一次常务委员会记录。

（2）山东河南丝绸组函，以廿八年下半年度各庄会费业已收齐送会，惟内有久成志记庞竹卿今春病故出缺，退还收据一纸，该庄只庞润生一人代表由。

（3）订购洋米业已向会计师公会登记，据该会函，据虞洽卿面告西贡方面，现在禁止米粮出口，暂时未能办理，俟有开禁消息，即当召集订购人会议由。

2. 讨论事项

（1）杭绸组办事处函，为接绍兴同业公会电，以甬贸会近奉财政部新令，凡浙省土产，概须（揭）汇，华舍土纺亦在其列，故运货到甬，又受阻滞，货搁中途，安全堪虑，而一旦□业，群情惶恐。为此函恳转陈市商会，迅电财部查照东电原案，仍准自由运销，从速电饬浙海关及甬办事处，免证放行等语前来，理合提出讨论案。

议决：准予照转商会，并请拨电财部，转饬所属免证自由放行。

（2）杭大新绸庄声请入会，尚无不合，拟请准予通过案。

议决：通过。

下午七时十分散会。

主席：吴星槎

第六十二次常务委员会会议

日期：十月十二日下午二时
地点：本会会议室
出席执监委员：吴星槎、沈济恩、娄凤韶、潘迪功
列席人员：电机丝织厂业同业公会蔡昕涛、童莘伯
记录：张念劬
主席：吴星槎
开会如仪。

1. 报告事项

宣读上届会议记录。

2. 讨论事项

（1）主席报告，今日召开会议，主要问题为系讨论海关对丝织品、交织品等估价，又须重行□□，再加三成，如否之处，祈请公决案。

议决：仍推二会代表童莘伯、蔡昕涛、吴星槎三君，于本月十四日上午，由二会备函连同丝织品估价表及英文译本各一份，面谒估价税务司，陈述本业困难及货价原因，祈请察核。

（2）市商会来函，为准所得税上海办事处函开，奉财部电，存款利息所得税特准给予千分之十手续费，还去存户一案，原限至本年六月底止，惟际此非常时期，准予继续施行，希转同业等语来会，理合提出报告案。

议决：照转各组，分饬同业一体知照。

（3）大中华绸庄来函，为原运往湘潭绸匹途经衡阳，被该地税局扣留，拟请转市商会致函该局证明等由来会，如否照办，敬请公决案。

（4）祥记绸庄来函，为绸匹运往金华，因避免该地空袭，不得已改运衡阳，被该地税局扣留，拟请转市商会致函该地税局证明等由来会，如否照办，敬请公决案。

议决：照转。

下午六时卅分散会。

主席：吴星槎

第六十六次执监委员会会议

日期：民国二十八年十月十五日下午五时
地点：本会会议室
出席执监委员：吴星槎、吕葆元（金浩青代）、邱行逊、王寿臣、沈子槎、娄凤韶、沈济恩、李允嘉（吴星槎代）、锁左孙
列席秘书：汪剑平
主席：吴星槎
开会如仪。

1. 报告事项

主席报告：

（1）宣读第六十二次常务委员会记录。

2. 讨论事项

（1）吴常委报告十四日为增加估价事与江海关接洽经过，必须附具样品等情，事关本业今后业务至为巨大，用特提出报告，并请核议应付办法案。

议决：土丝缉里样品请邱委员行逊搜集，素人丝交织及人棉交织品请吴委员星槎搜集，花素交织品绒请沈委员济恩搜集，均请于下星期贰上午送会，并定于下星期式下午三时召集二会联席会议，共同商讨。

（2）据检私会来函，查询益利绸庄持本年十月四日正当商品证明书，声请复登记，经调查该项证明书业已运出，显系重复，应如何处置，理合提出讨论案。

议决：交检私委员会调查。

（3）本业难民捐前认定按月抽薪，以一年为期，现将终了，难民协会来函，请予继续认捐，拟函各会员再行继续一年，并分函各组案。

议决：照办。

（4）筹募寒衣捐款，应如何进行之处，请予讨论案。

议决：①函各组及各会员于本月底前自行认捐，迳送代收银行。

②本会在国（记）存款项下拨捐伍百元。

下午六时卅分散会。

主席：吴星槎

第六十七次执监委员会会议

日期：民国二十八年十一月六日下午六时
地点：本会会议室
出席执监委员：沈济恩、吴星槎、锁左孙、潘迪功、娄凤韶、沈子槎、李允嘉（震元代）、程薇生（吴星槎代）、王寿臣
列席秘书：汪剑平
主席：吴星槎
开会如仪。

1. 报告事项

主席报告：

（1）本次执监委员延期召开原因。

（2）宣读第六十六次执监委员会记录。

（3）市商会来函，奉经济部电，非常时期同业为业务上之需要，可以谈话费方式征求会员意见由。

（4）益利绸庄前使用过期单子重复登记一案，前由第六十二次执监委员会议决，交检私会调查。兹经该会调查属实，业由益利绸庄自认错误，并愿捐寒衣捐款伍拾元，已予接受，作为解决。

（5）久丰元记绸庄来函，为该庄申请香港货匹已领证明书，因限期已届，货未出运，并非重行登记等，尚有可原，拟予接受。

（6）前奉市商会转奉经济部商字第三三六八四号八月世代电，经本会于前月卅一日会同电机丝织厂业公会联名代电浙省府及经济部，请求仍准交织品进口在案。但本月四日，又奉市商会转奉经济部商字第三六七五六号十月梗代电，以准财政部二十八年十月阅渝字第一七一八五号文代电节开，凡在战区以禁止进口物品原料制造之货物，应由海关一律禁运，所有国内制造之人造丝织品，亦应禁止由战区运入内地，嘱查照办理等由。国内制造人造丝织品，既经规定禁止由战区运入内地，本部前电（即八月世代电）不再适用，除分电外，合行电仰知照等由过会。是依照梗代电所有在沪制造之人造丝织品，自不能再行运入内地，理合提出报告。

议决：联合电机丝织厂业公会，呈请行政院救济。

（7）寒衣捐款截止本日为止，共计收入壹千柒百玖拾叁元陆角，惟盛泾、绪纶、苏缎各组尚未交解。

2. 讨论事项

（1）同业聚丰祥、惠德昌、瑞康远记、仁康兴记等声请入会，审核尚无不合，拟请准予通过案。

议决：准予入会。

（2）检私会八、九两月份收支表业已送会，理合提出报告案。

议决：通过。

（3）对原定各种会议，拟概行停止，并请授权常务委员会，根据会务必要酌定临时会议，以资郑重。是否可行，请予讨论案。

议决：照办。

下午七时散会。

主席：吴星槎

第六十八次执监委员会会议记录

日期：民国二十八年十二月十八日下午六时

地点：本会会议室

出席执监委员：潘迪功、李允嘉（震元代）、严巨卿（戴焕卿代）、娄凤韶、沈子槎、锁左孙、吴星槎、沈济恩

主席：吴星槎

记录：张念劬

开会如仪。

1. 报告事项

主席报告：

（1）宣读第六十七次执监委员会记录。

（2）市党部主任委员吴绍澍来函慰勉。

（3）经济科来单报告七月一日至十一月卅日止收支简略，并报告各庄收闭及各组收费情形。

2. 讨论事项

（1）上海市商会式件。

议决：照转各组。

（2）经济部代电，为二十八年十月世代电悉，查国内制造人造丝织品，业经禁止由战区运入内地，本部前定准海关分销执照及同业公会证明验放办法，已不适用，仰即知照等因。特提出报告案。

议决：转函电机丝织厂业同业公会。

（3）同业公昌永记、永华绸厂申庄、福成、同义承、义康、志大等声请入会，审核尚无不合，理合提出讨论案。

议决：通过。

（4）会员晋成绸庄为前代表钱（尧）清病故，改推钱梅堂为出席代表，会员裕纶绸庄更推孙雪川君为代表。查晋成更推代表函中，未行填明钱君籍贯、年龄，拟于调查填复并先予通过案。

议决：函晋成绸庄填明钱君年龄、籍贯，再行办理。裕纶绸庄更推孙雪川君出席代表，准予通过，并换发会员证书。

（5）会员义庆祥绸庄为奉周村总号函饬歇业，现已结束，请予退会，核与会章尚无不合，理合提请通过案。

议决：准予通过。

（6）福和绸庄透支检私会人造丝壹百八十二匹，人丝蚕丝交织品五十壹匹，已如数支还，拟请准予撤消案。

议决：函知准予销案。

（7）各界马相伯先生追悼会，为请参加大会并赐予担任经费等由，现拟予参加，并担任会费念元，是否有当，请予公决案。

议决：准送念元，并推吴常委星槎参加出席。

（8）上海各界近为景仰吴子玉先生起见，发起筹集铜像捐款，拟请由会酌予捐助，并函各会员分别自动认捐，迳送《大美晚报》馆，是否有当，请予公决案。

议决：由本会送法币壹百元。

（9）近因发给证明案件，会员对于公会因不明手续，时起争执，现拟定发给产品证明书规则壹份，及核转发给通告证明书规定壹份，拟请讨论通告公布施行，俾有遵循案。

议决：先交吴常委星槎审查后，提交下届执监委员会。

主席：吴星槎

第六十九次执监委员会会议记录

日期：民国二十八年十二月三十一日下午六时
地点：本会会议室
出席执监委员：沈济恩、吴星槎、王寿臣、李允嘉（李震元代）、沈子槎、严巨卿（胡志果代）、邱行逊、徐立民、娄凤韶
列席秘书：汪剑平
主席：吴星槎
开会如仪。

1. 报告事项
主席报告：
（1）宣读第六十八次执监委员会议记录。
（2）主席报告参加上海民食调节会经过。
（3）主席报告，本会执行委员吕葆元先生，于十一月廿八日因病逝世，现定于廿九年一月一日在清凉寺设奠，本会除致送祭礼外，并定于是日正午十二时举行公祭，已通函各执监委员，于是日在清凉寺参加。
（4）报告市商会来函贰件。
（5）报告浙江省政府批示。

2. 讨论事项
（1）执行委员吕葆元君于十一月廿八日病逝，遗职按照会章，应由候补执行钱莆卿君递补，已由常务委员会函知钱君知照，理合提请追认案。
议决：准予追认。
（2）市商会来函，为各业店员往内地身份证书免除申请手续不一起见，自二十九年一月一日起，规定申请书每套十张，计叁角，请备价向该会购用等由，自应照办。本会以后接受会员核发上开证书时，应请规定收取手续费，每份五分，理合提出讨论案。
议决：照准。
（3）同业聚兴祥绸庄声请入会，审核尚无不合，理合提请讨论案。
议决：准予入会。
（4）会员大盛绸庄来函，为改推王煜庆君为代表，请予更正案。
议决：准予更正。
（5）会员悦兴文绸庄来函，为无意营业，决定于念九年一月一日暂停，将来复业，再行函达等由，调查属实，拟请准予停止会籍案。
议决：准予退会。
（6）江苏上海第一特区地方法院民事庭来函，调查大盛绸庄股东及经理人姓名等由，拟准予查卷函复案。

议决：查卷函复。

（7）民食调节协会函请将认集基金数目于五日内见告，并送达代收机关。又据该会来函，询问前在会计师公会订购洋米贰百包，有无同样需要，请即送下。同时复据会员苏缎组函询订购洋米办法各等因来会。本会拟函前在会计师公会订购之各会员有无继续需要，如需续订者，应将订购款送交本会汇集解交代收机关，并将民食调节会之简章函复苏缎组。至本会认集该会基金一点，应请核议案。

议决：①函知前定各会员询问是否仍需订购，如需订购者，应按照协会定章，每包缴款贰拾元，于一周内函复本会，并请自行酌认基金。

②假定本会认筹基金壹万元，计杭绸组三千壹百五十元，湖绉组贰千壹百元，盛泾组壹千七百元，苏缎、府绸组各四百七十五元，绪纶组贰千壹百元，函知各组，并由常务委员与各组接洽办理。

（8）吴常委星槎报告，海关对估价问题，又复重提，通知本会自一月份起重行新估，理合提出讨论案。

议决：定念九年一月五日下午三日召集两会联席会议，推定沈济恩、吴星槎、潘迪功、娄凤韶四位常委代表出席，并于下午五时召开执监委员会讨论筹募民食调节会基金。

主席：吴星槎

1940 年

第七十八次执行委员会会议记录

日期：民国二十九年四月十九日下午六时
地点：绸业大会
出席执行委员：吴星槎、李允嘉（震元代）、娄凤韶、潘迪功、沈子槎、金浩青、程薇生、沈济恩、锁左孙、严巨卿（刘云伯代）
主席：吴星槎
开会如仪。

1. 报告事项
    主席宣读第七十七此执行委员会记录及第六十七次常务委员会记录。

2. 讨论事项
    （1）上海平粜委员会函，为平粜事宜未能中辍，爰经过议决续募平粜，捐款一百万元，嘱为踊跃捐助，以维善举，理合提出讨论案（真上织品申请出运交制品登记时及改色抵税登记及申请复出口）。

    决议：自本年五月一日起，由检私委员会于会员时，每匹带收平粜捐款国币一分微，收至平粜结束为止，并通告各会员知照。

（2）政府停止人绸缎内，影响我业殊巨，拟电请骆主席清华转请政府体恤商艰，仍准运销内地，请讨论案。

议决：通过。

主席：吴星槎

第六十八次常务委员会会议

日期：民国二十九年四月二十八日下午四时

地点：绸业大楼

出席常委：吴星槎、沈济恩、潘迪功

主席：吴星槎

开会如仪。

1. 报告事项

主席报告：宣读第七十八次执行委员会记录

2. 讨论事项

（1）同业庆礼永绸庄、源大华协记绸庄等声请入会，审核尚无不合，拟请均予核准入会案。

议决：准予入会。

（2）上海市商会函，为老介福绸缎庄可出售之花绸，是否系蚕丝织品抑系交织品，嘱查明见复，请讨论案。

议决：函复请检送花绸样品以资鉴别。

（3）上海市商会函，送本会会员调查表两纸，嘱托本月三十日以前填送，请讨论案。

决议：照办。

主席：吴星槎

第七十九次执行委员会会议

日期：民国二十九年五月三日下午六时

地点：绸业大楼

出席执行委员：沈济恩、吴星槎、沈子槎、娄凤铭、潘迪功、王寿臣、程薇生、金浩青、钱莆卿、钮植滋、严巨卿（朱寅生代）

主席：吴星槎

开会如仪。

1. 报告事项

主席报告：

（1）宣读第七十八次执行委员会及六十八次常务委员会记录。

（2）盛泾组各会员二三月份薪给提成，捐及会员惠昌绸庄难民，捐合计国币一百三十三元一角二分，业于五月二日由会解送难民救济协会。

（3）骆主席清华自重庆来电，谓："人丝绸进口正兴，待切商办法，容再告。"

（4）市商会函为据，飞达洋行函称，欲定购大批绒布并附样子一方，嘱为调查，以资接洽。

（5）市商会函为各公会为办理，承转会员厂号，请领国币证明单，事有向会员临时筹款抵充之举，此事系在通常会费之外，究竟费率如何规定，应报由本会转报经济部备案。

2. 讨论事项

（1）市商会复送老介福绸缎局，领带绸样三种和请子鉴别，见复请讨论案。

决议：查明后再行函复。

（2）纽委员植滋，邱委员行逊临时动议：湖绉组主席潘祥生先生创业六十周年纪念，拟由本会与湖社委员会等五团体合送"业经周甲"匾额一方，以志纪念。是否有当，请讨论案。

决议：以本会名义，单独致送匾额一方，借留纪念。

主席：吴星槎

第八十次执行委员会会议

日期：民国二十九年六月一日下午六时

地点：本会

出席执行委员：吴星槎、王寿臣、沈子槎、钱莆卿、沈济恩、锁左孙、金浩青、程薇生

主席：吴星槎

开会如仪。

1. 报告事项

（1）宣读第七十九次执行委员会议记录。

（2）盛泾组及会员德祥、永昌、惠昌等绸庄，五月份难民捐计国币九十三元一角八分正，业于六月一日由会解送难民救济协会。

（3）经济科收费员顾廉清君报告二十九年上半年度收入，会员及各庄收用退出情形。

（4）绸业银行来函，为本大楼房屋自七月份起将各租户租金重为调整，特出函告。

（5）市商会来函，为奉财政部函，近以沪市金融产生谣传，将再限制提存

一节，绝无其事，合行电仰知照。

（6）中国国民党中央执行委员会来函，为本会捐助伤兵之友捐，以特函申谢，合行提出报告。

（7）报告市商会来函，为转奉财经二部电复人丝织品运销内地，因不是需用，拟难照准，特函知照。

（8）上海平粜委员会来函，请本会平粜捐以继续劝募，将捐数请先示知以便汇等由。查本会五月份曾已募集五百五十三元，另一份正拟于本月三日介送该会，理合提出报告案。

2. 讨论事项

（1）同业普益经纬股份有限公司、志城绸庄、长馀绸庄、竞仁绸庄等来函申请入会，审核尚无不合，理合提出讨论案。

议决：准予入会。

（2）同业元大仲记绸庄来函，请求将旧欠会费，因战事关系免予补缴，以后加添仲记二字，请作新入会员等情，是否照准，请予讨论案。

议决：准以加添仲记，另具保单办理手续，重行入会。

（3）接李锦标律师函，称为请调查小花巧绉本年一月一日至六日止，六天内价格为何，检同绸样布查复前来，应如何解答，理合提请公决案。

议决：函复李律师，所付小花巧绉样子，因同业在会无样，准市价格各会员所售货身不一，未能估计。

（4）江海关知照本会，对绸货储运估价应以增加二成。事关货运，理合提出讨论案。

议决：公推吴主席舟向江海关税务司面洽。

（5）秘书汪剑平君自港来函，为五月三十日假期已满，因诸事未了请求续假一月，理合提请讨论案。

议决：准予请假。

（6）已故潘常委怡生先生于六月九日在本市湖社汲奠，本会容否公祭及通告各委员届时共祭。

下午七时三十分散会。

主席：吴星槎

第六十九次常务委员会会议

日期：民国二十九年六月十四日下午三时
地点：本会
出席常务委员：吴星槎、沈济恩、晏凤韶
主席：吴星槎

开会如仪。

1. 报告事项

主席报告：

（1）宣读第八十次执行委员会议记录。

（2）上海市平粜委员会来函，为申谢本会五月份平粜捐款一事。

（3）市商会来函，为应缴该会会费及公债基金请一次缴介等情，前来查上项费用本会曾已分期介付。

（4）报告劝募甬属平粜捐款委员会来函，为甬地米荒，请求劝募捐款及推出代表合行救济。

（5）报告江海关估价事，曾经吴主席面行接洽，相关方答词，拟调查会员货价舟行核办。

2. 讨论事项

（1）绸业银行来电，为催询会所增加租金事宜，是否解决，合行提出讨论案。

议决：函陈骆主席，报告绸行为增加会所租金事，申述本会还主绸行特殊情形，租金较低及会中目下经济不敷情况。

（2）公会检私会职员津贴，因生活高涨，拟请赐以增加，应讨论案。

议决：准以七月份起每人增加津贴三元，茶房增加津贴一元，至练习生薪俸问题，考其成绩酌于增加。

下午四时三十五分散会。

主席：吴星槎

第八十一次执行委员会会议

日期：民国二十九年六月二十二日下午五时

地点：本会

出席执行委员：钱莳卿、潘迪功、吴星槎、严巨卿（朱寅生代）、王寿臣、程薇生、沈济恩（吴星槎代）、沈子槎

主席：吴星槎

开会如仪。

1. 报告事项

主席报告：

（1）宣读第六十九次常务委员会议记录。

（2）报告市商会来函，为请求各业救济绍属米荒情形。

（3）报告市商会来还为请经济部复电，蒙自海关禁止洋货进口。

（4）江海估价事，曾经吴主席一再向官方接洽，现接答词，须案取本会会

员各种绸料样品一，再行估计。

2. 讨论事项

颂接绍兴七县旅沪同乡会来函，绍属米荒严重，饿殍载道，请求救济等情。又奉甬属平粜捐款委员会来函，为进行劝募程序，加紧工作。见定念二日下午集会，应请推派代表出席进行，查此案前已来函请求，迄今一旬，容否转告会员，理合提出讨论案。

议决：准予通告全体会员，慷慨捐助，捐款直接送至该会指定代收捐款银行钱庄。

主席：吴星槎

第八十二次执行委员会会议

日期：民国二十九年七月十三日下午七时
地点：绸业大楼
出席执行委员：金浩青、吴星槎、沈济恩、潘迪功、徐立民、沈子槎、程薇生、李允嘉（吴星槎代）、纽植滋
列席秘书：汪剑平
主席：吴星槎
开会如仪。

1. 报告事项

主席报告：

（1）宣读第八十一次执行委员会记录。

（2）汪秘书剑平于六月二十六日销假到会视事。

（3）骆主席致各执行委员函一件。

（4）平粜委员会为函催解平粜捐款来函一件。

（5）难民协会，同业组为请将难民捐提成数酌予增加，来函一件。

（6）市商会函复大声申请领国货证明单，称蚕丝与棉纱交织品原料是否确属国货，殊难明了，未便证明，来函一件。

（7）上海市抗灾特务总部为函送春礼征募成绩报告单一件。

（8）上海市商会为接准上海米粮评价委员会，请各业集团购米以虞米荒来函一件，上海市民食调节协会为函送该会六个月工作报告来函一件。

2. 讨论事项

（1）振振绸庄为函请证明双虎商标，拟准予证明案。

议决：准予入会证明。

（2）同业同茂泰及俞泉记声请入会，审核尚无不合，拟准予入会案。

议决：准予入会。

（3）绍兴七县旅沪同乡会绍萧救灾会函送捐册五百份到会，并由徐执委立民到会说明该救灾会组织情形，请准分送各会员等，由奉常委批提会讨论，理合提出讨论案。

议决：推请徐立民、鲁臣炳、王枚笙、沈济恩四君代表乡各会员劝募。

（4）绍兴七县旅沪同乡会为绍萧米荒，请求救济，附送捐册一本，奉委员批提会讨论，理合提出讨论案。

议决：由会捐送一百元，将捐册退还。

（5）会员老九丝绸庄函称更换代表等由，合行提出讨论案。

议决：通过。

（6）江苏高等法院第二分院公函，请调查玛瑚绉货价附具货样，合行提出讨论案。

议决：函复，本业并无标准市价，碍难具复。

下午八时散会。

主席：吴星槎

第八十三次执行委员会会议

日期：民国二十九年八月七日下午七时
地点：本会
出席执行委员：纽植滋、王寿臣、金浩青、李允嘉（李震元代）、程薇生、沈济恩、锁左孙、吴星槎
列席秘书：汪剑平
主席：吴星槎
开会如仪。

1. 报告事项
主席报告：

（1）宣读第八十二次执行委员会记录。

（2）报告上海市党部吴主席来函。

（3）报告泾海关最近估价交涉问题。

（4）报告市商会为证明清单事来函。

2. 讨论事项

（1）同业大纶昌祥记绸庄、慎昌湖绉庄填具会员志愿书及入会通知书，声请入会审核尚无不合，理合提出讨论案。

议决：准予入会。

（2）准上海市商会函，为对于人造丝织品禁止进口事接奉经济部代电在实施禁令前，购妥之货品应由购货人禀明品目数量连同证据送财政部审核办理等

由到会应如何办理，合行提出讨论案。

议决：交检私委员会先行办理登记汇集后再行核议。

（3）上海市慰劳代金委员会及上海抗灾特务司令部函送，征募寒衣代金捐册等因到会，理合提出讨论案。

议决：捐款一千元由本会送交中央银行上海分行进呈。

（4）本会二十九年一月一日起至六月三十日止期内收支账目业，经会计顾问李文会计师审核签具证明书来会，理合提出报告案。

议决：通过。

（5）本会前向各组办事处劝募民食调节协会基金八百五十元，因当时各团体对民食调节协会可认基金大都未交，故未解付，究应如何处置，理合提出讨论案。

议决：备函送逐各组办事处。

下午八时半散会。

主席：吴星槎

第八十四次执行委员会会议

日期：民国二十九年九月十四日下午六时
地点：本会
出席执行委员：吴星槎、娄凤韶、沈子槎、沈济恩、纽植滋、金浩青、程薇生、严巨卿（代表朱寅生）、李允嘉（代表李子安）
列席秘书：汪剑平
主席：吴星槎
开会如仪。

1. 报告事项
主席报告：

（1）宣读八月十七日第八十三次执行委员会记录。

（2）报告所谓蚕业建设特捐并征情形。

2. 讨论事项

（1）同业立典协记绸庄庚大绸庄等声请入会，理合提出讨论案。

议决：准予入会。

（2）关于寒衣代金一案，于第八十三次执行委员会议决议，由本会在国记存款项下拟捐一千元，同时上海市党部主办之全国寒衣征募委员会上海市分会又来函，请本会承募五千元，合行一并提出讨论案。

议决：函各组认捐假定杭绸组一千五百元、盛泾组五百元、府绸组一千元、湖绉组一千元、苏缎组四百元、绪论组六百元，共五千元正。

（3）市商会来函，为接米粮评价委员会函请各业继续集团订购洋米，稳定米价，安定民生，两有裨益，应否转知各会员之处，合行提出讨论案。

议决：分函各会员。

（4）关于绸业银行加租一案，前经函知骆主席清华，迄未奉复，兹又接该行来函，请于三日内前去接洽等情况。现经汪秘书已秉承第八十三次执行委员会谈会，酌加二成一点，与该行一再磋商，依照该行意见，酌拟加租每月六十元（尚系私人云表示），应须订立合同，用特提请讨论案。

议决：再加一成，合前三成，惟合同不订。

（5）第八十三次执行委员会对市商会转奉经济部代电，在实施前禁令前购妥货品，应由购货人开明数量，连同证据送财政部审核办理议决，交检私会先行办理登记，再行提会核议。现已据检私会报告到案，拟再分呈财政、经济二部，请予登记放行案。

议决：通过。

（6）检私委员会报告，该会自二十九年一月一日至六月三十日止之半年度会计报告案，经李文会计师审核，出具证明送请审核，及送该会七月份收支表一份，理合一并提出审核案。

议决：通过。

下午七时三十分散会。

主席：吴星槎

第八十五次执行委员会会议

日期：民国二十九年十月七日下午七时
地点：本会
出席执行委员：沈子槎、潘迪功、金浩青、严巨卿、程薇生、王寿臣、吴星槎、沈济恩、钱莘卿、娄凤韶
列席秘书：汪剑平
主席：吴星槎
开会如仪。

1. 报告事项
主席报告

（1）宣读第八十四次执行委员会记录。

（2）关于绸业银行加租一事，前至八十四次执行委员会会议决后，即授权汪秘书答复该行。据该行表示，拟将本会一件电论该行信托部经理骆清华先生请示，本月一日绸行及本会接得骆君复电，当由复电报告本会，已允三成，理合提出报告。

（3）九月份本会检私会附收平粜捐款共为四百四十二元，十月四日二角五

分，业已解出，合行报告。

2. 讨论事项

（1）寒衣代金征募日期已将结束，各组除盛泾组购认五百元及苏缎组以认定四百元外，杭绸组不因该组大会议案之为缚，仅认定五百元，其他湖绉、绪纶门市二组尚未有确定，应如何催促之处，理合提出讨论案。

议决：再行催促为认定，各组迟即认定。

（2）绸布业补习学校来函，请于补助该校经费。查该校为绸布二业同人所组织，创办二载，成绩斐然，嘉惠绸布二业从业人员尤巨，拟请酌定每学期补助金额，是否可行，请于讨论案。

议决：分转各组后，再行核办。

（3）各会员来会订购洋米总数，至十月三日为止，共有一百五十余包之多，其中十九均为一号米，本会曾与民食调节协会商谈订购手续，该会所可订购之洋米，且前次订购情形会员无不满意，如另向洋行直接订购，至少须五十吨，约计为五百包。现粮行订购，每包约合计八十七八元云，该应收若干定洋，一并讨论案。

议决：决卖现货。

（4）据汪秘书转达公会志愿张仲平、陈鉴珊二君，为物价蒸上，生活艰困，请照检私会两人月薪水准，予以调整等语前来，不无理由，自应转请。考虑据汪秘书意云会役史赓法工资现为十四元，其检私会会役最高二十二元，最低十三元之平均率，无不相等，拟请予以调整等云。再检私会职员无函请增加津贴，理合一并提出讨论案。

议决：自十月份起，公会及检私会职员每月津贴一律增加十元，会役一律增加五元。

（5）同业发昌祥绸庄声请入会，审核尚无不合，拟请予以通过案。

议决：着填具资本额，再行提会。

（6）检私会主任吴星槎，副主任沈济恩提出，检私会职员宋仲达于前月病故，其家属函请抚恤，应如何办理，请议决案。

议决：抚恤三百元。

（7）检私会主任吴星槎，副主任沈济恩提出，该会开支浩大，入不敷支出正巨，拟自十月十五日起，照原定收费额，再行增加五成，是否可行，理合提出讨论案。

议决：照准。

下午八时散会。

主席：吴星槎

第八十六次执行委员会会议

日期：民国二十九年十一月四日下午六时
地点：本会
出席执行委员：吴星槎、沈济恩、锁左孙（施志翔代）、李允嘉（李震元代）、金浩青、钱莆卿、程薇生、纽植滋、王寿臣、沈子槎、娄凤韶、潘迪功、严巨卿（朱寅生代）
列席秘书：汪剑平
主席：吴星槎
开会如仪。
1. 报告事项
主席报告：
（1）宣读第八十五次执行委员会记录。
（2）报告各组认定之寒衣捐款，计杭绸组七百元、山东河南丝绸组一千元、苏缎组三百三十五元、湖绉组五百元、盛泾组五百元、绪纶门市组三百元、本会一千元，计四千三百三十五元，于本月一日解送聚典诚银行，计升进水七百六十五元，共计数量为五千一百元正。
（3）绸绫浆轴业公会来函，自十一月一日起另订新价目，希转知会员由。
2. 讨论事项
（1）同业发昌祥绸庄声请入会一案，前未填资本额，故未及讨论。现据该庄填具资本额来会，审核尚无不合，理合提出讨论案。
议决：准予通过。
（2）同业永源绸庄声请入会，审核尚无不合，理合提出讨论案。
议决：准予入会。
下午六时二十分散会。

主席：吴星槎

第八十七次执行委员会会议

日期：民国二十九年十二月七日下午六时
地点：本会
出席执行委员：吴星槎、锁左孙、李允嘉（李震元代）、金浩青、沈济恩、潘迪功、王寿臣、钱莆卿、程薇生、娄凤韶
列席秘书：汪剑平
主席：吴星槎
开会如仪。

1. 报告事项

主席报告：

宣读第八十六次执行委员会记录。

2. 讨论事项

（1）宝达祥绸缎部声请入会，审核尚无不合，惟其使用人数共有四十人，依照本会章程应加推代表一人，拟请先予通过，再函该庄加添代表一人。是否有当，请予讨论案。

议决：准予入会。

（2）常务委员会提出，关于公会经费，值此百物昂贵之时势，非增加不可。拟请议决，分函各组恢复特捐，俾有挹注，或自三十年一月一日起，加增会费。究应如何筹措之处，理合提出讨论案。

议决：恢复特捐一点，俟二十九年收支报告后再行讨论，自三十年一月一日起，准予增加会费每月一元。

（3）本会租赁绸业银行房产增加租金一案，自七月一日起，迄未解决，现经汪秘书商承常务委员会与绸行经理卢龙之商酌决定：自七月份起按照原付房租九十六元增加五成，应为领金，绸行应付其他各房客起见，准予订立合同。但经绸行卢龙之，若同意于合同之外另由卢君代表行方另出一函，于本会骆主席清华保证，对于本会对合同认为不公平部分，均一律不予实行，理合提出讨论案。

议决：房租照加，惟合同部分必须以会明签订，惟先请行方将提供保证之函稿先行见示后，再行订立。

（4）常务委员会提出，经济科及收费员、司印员之每年酬劳，拟请酌予增加案。经济科主任李允嘉对经济科及收费员增加酬劳一点，提出谢绝之意。

议决：经济科每年原为一百二十元，本年份加八十元，合计为二百元。收费员每年原为八十元，本年份增加八十元，合计为一百六十元，司印员每年原为四十元，本年份增加四十元，合计为八十元正。

下午七时散会。

主席：吴星槎

第八十八次执行委员会会议

日期：民国二十九年十二月二十三日下午六时

地点：本会

出席执行委员：吴星槎、李允嘉（李震元代）、纽植滋、金浩青、潘迪功、沈子槎、娄凤韶、程薇生、钱莘卿

列席秘书：汪剑平

主席：吴星槎

开会如仪。

1. 报告事项

主席报告

　　宣读第八十七次执行委员会记录。

2. 讨论事项

　　（1）第八十七次执行委员会议决，对会员宝大祥绸缎部后已将使用人数改为十人，因原填人数系该号全部职员而论，绸缎部分有十人，故照章无庸加推代表，理合提出报告案。

　　议决：照准。

　　（2）同业信德绸庄声请入会，由王水如、张荣缓介绍，推邵德庆为出席代表，审核尚无不合，理合提出讨论案。

　　议决：准予入会。

　　（3）市商会来函，为接中国救济妇孺总会筹募捐款委员会函请捐助等由，应否酌加捐助之处，理合提出讨论案。

　　议决：保留。

　　（4）检私会及国记定活两便存款户一万五千一百四十三元零三分，业于十二月十三日提出，系因保管委员吕葆元、潘怡生二君故世，留存印监亟须更调，应请准予追认。至该款与利息共收利息共计两千六百八十六元八角一分，除可得税一百另七元四角七分外，共解付绸业一万七千七百二十二元三角六分，拟将检私会先填之寒衣捐一千元先行归还，其保一万六千七百二十二元三角六分，应否存储国家银行及另定保管委员之处，请予一并讨论案。

　　议决：①准予追认。

　　②保管委员仍照原定人员加推金浩青、潘迪功二君。

　　③检私会应得利息送交该会。

　　④仍存储于四行储蓄会定活二便存款。

　　（5）第八十五次执行委员对公会职员请求调整薪水及检私会职员请求增加津贴一案，议决自十月份起，公会及检私会职员一律增加津贴十元，会役增加五元，并谈定自三十年一月起，另行考虑年俸加薪，现在年度业将完结应如何办理之处，请予讨论案。

　　议决：至三十年一月份再行讨论。

下午七时四十五分散会。

　　　　　　　　　　　　　　　　　　　　　　　　主席：吴星槎

1941 年

第八十九次执行委员会会议

日期：民国三十年一月十四日下午六时
地点：本会
出席执行委员：金浩青、李允嘉（李震元代）、沈济恩、王寿臣、吴星槎、程薇生、钱苇卿、娄凤韶
列席秘书：汪剑平
主席：吴星槎
开会如仪。

1. 报告事项
主席报告：
　　宣读第八十八次执行委员会记录。
2. 讨论事项
　　（1）同业正昌绸庄、龙兴盛绸庄、信达绸庄等声请入会，审核尚无不合，理合请予通过案。
　　议决：通过。
　　（2）会员嘉纶绸庄函称，代表李茂清离店，请予注销案，查该庄原有代表二人，现撤销一人，理合提请讨论案。
　　议决：调查其出席人数后，再行讨论。
　　（3）会员裕济绸庄、云成绸庄因结束营业，请予退会，审核尚无不合实在，拟请准予先行退会案。
　　议决：裕济绸庄照准，云成绸庄应调查是否结束营业，再行讨论。
　　（4）市商会来函，为奉经济部代电，各经济团体于恶劣环境之中，依法执法任务，殊堪嘉许，但须一面促其联合，于后方设立保管案奉处，籍期妥善，希查照等由，理合提出讨论案。
　　议决：存案。
　　（5）本会二十九年度下半年账目，业由李文会计师审核，出具证明书，理合提出报告案。
　　议决：通过。
　　（6）据收费员顾廉清君送收费报告册，理合提出报告案。
　　议决：通过。
　　（7）公会及检私会同仁二十九年度奖励金，应如何核付，请予讨论案。
　　议决：照上年规定办理，至职员兼代请假同事职务者，每天另给兼代津贴五百。

（8）公会及检私会同仁念九年度终之年俸加薪应如何铨叙请予讨论案。

议决：公会秘书及检私会科长自本年一月份起，各加月薪十元，职员四元至八元，会役三元至四元。

主席：吴星槎

第九十次执行委员会会议

日期：民国三十年二月二十二日下午六时
地点：本会
出席执行委员：吴星槎、王寿臣、锁左孙、潘迪功、钱莳卿、李允嘉（李震元代）、金浩青、沈子槎、娄凤韶、沈济恩、纽植滋
列席秘书：汪剑平
主席：吴星槎
开会如仪。

1. 报告事项
主席报告
（1）宣读第八十九次执行委员会记录。
（2）报告市商会于本月十二日被伪方接收情形及善后经过。

2. 讨论事项
（1）奉吴英澎先生来函，为请劝募《正言报》教育贷金运动，附下捐册十份，业于二月十九日分函各组请为劝募在案，理合提请追认案。
议决：准予追认。
（2）会员福昌绸庄更变汪冶祭君（浙江吴兴，年四十）为出席代表，又同泰绸庄更换高叔英君（江苏吴县，年三十三）为出席代理，理合一并提出审核案。
议决：准予更换。
（3）会员鸿业绸庄及经纶绸庄来函，为无意营业已告结束，请准退会案。
议决：交调查后再核。
（4）会员大陆泰记绸庄及云章绸庄因改组，均声请退会，调查属实，应请准予退会案。
议决：准予退会。
（5）同业景华公司、云章（申记）绸庄、协成绸庄、宝兴绸庄、宝成绸庄、大孚绸庄、大陆候记绸庄等申请入会，审核尚无不合，理合提出讨论案。
议决：准予入会。
（6）据检私会正副主任吴星槎、沈济恩报告该会，每月收入不敷支出甚巨，拟请对现定收费定予调整，理合提请讨论案。

议决：现定各费加倍征收，真丝登记照出运手续费，收人丝交织出运照登记手续费，收人造丝原料每箱收一元三角，均自三月一日起施行。

下午七时散会。

主席：吴星槎

第九十一次执行委员会会议

日期：民国三十年二月二十二日下午六时

地点：本会

出席执行委员：程薇生、金浩青、吴星槎、纽植滋、沈济恩、潘迪功、沈子槎、锁左孙、钱莆卿、娄凤韶

列席秘书：汪剑平

主席：吴星槎

开会如仪。

1. 报告事项

主席报告：

（1）宣读第九十次执行委员会记录。

（2）报告府绸组征募教育贷金年三百元，盛泾组征募年一百三十元，上述款项业已转送《正言报》教育贷金处，执由分户收据，该收据已转发各组，尚有杭绸组征募年一百元，定明日解送。

（3）本会秘书汪剑平君来函，为料理家务，赴苏州一行，恳请给假期二星期等情，已由常务委员会核准，合行提出报告案。

2. 讨论事项

（1）同业设等久记丝巾厂申请入会，审核尚无不合，理合提请讨论案。

议决：准予入会。

（2）会员经纶、鸿业等绸庄前为无意营业，函请退会，曾于第九十次执行委员会议决，交调查属实后再核。现据调查员张仲平君报告，该两绸庄确系停歇，应以出会，提请讨论案。

议决：准予退会。

（3）会员裕泰永绸庄函请，为该庄自本年起停止营业，请予出会，是否照准，应请公决案。

议决：交调查后再核。

（4）会员震新绸庄函请，为代表人杨海溶另有高就，对本庄出席代表一职，已另委沈志云接充（沈君年二十三岁，盛泾人），理合提出讨论案。

议决：准予更换。

（5）接骆主席来函，为西洋人造丝运销内地已得财政部复电，准予于六个

月内（以三月一日起至八月三十一日止）限期消清，并抄附财政部复电一件，容否通告同业，理合提出讨论案。

　　议决：准予通告同业。

下午七时散会。

　　　　　　　　　　　　　　　　　　　　　　　　　　主席：吴星槎

　　为奉财政部电关于西洋人造丝准予内销一节，本会于电机丝织业公会开两会联席会议案

日期：民国三十年三月二十六日下午五时

地点：本会

出席执行委员：吴星槎、娄凤韶、潘迪功、童莘伯、江红蕉、张守愚

主席：吴星槎

开会如仪。

1. 报告事项

主席报告：

　　接财政部复电，关于西洋人造丝织成品准予进口一节（以原送附表为限），准凭江海关税务司签证同行一事。

2. 讨论事项

　　共同讨论，推定本会代理主席吴星槎，向海关税务司请求签证通行，以资补救以案。

　　议决：照案办理。

下午六时散会。

　　　　　　　　　　　　　　　　　　　　　　　　　　主席：吴星槎

　　第九十二次执行委员会会议

日期：民国三十年四月三日下午六时

地点：本会

出席执行委员：金浩青、潘迪功、吴星槎、钱莆卿、沈子槎、沈济恩、王寿臣、锁左孙

主席：吴星槎

开会如仪。

1. 报告事项

主席报告：

　　（1）宣读第九十一次执行委员会记录。

（2）报告三月念六日本会与电机丝织业同业公会召集两会聊（联）席会议记录。

2. 讨论事项

（1）同业信孚绸布庄、源盛绸庄、盛泾天宝绸庄等申请入会，审核尚无不合，理合提请讨论案。

议决：准予入会。

（2）会员舜华绸庄函请，为该庄代表人陶幼江业已逝世，对出席代表一职，已有陶少江君接充（陶君年六十五岁，浙江吴兴人），又永泰福记绸庄代表人余荟庭于去年作古，现推代表孙仁接充（孙君，安徽黟县人，年四十六岁），请予更换，理合提出讨论案。

议决：准予更换。

（3）会员裕泰永绸庄前为无意营业，函请退会，曾提于第九十一次执行委员会，议决交调查后再核，现据调查员张仲平君报告，该庄确系停业，准可出会，应请公议案。

议决：准予退会。

（4）会员同义承绸庄函称，为该庄东柜不合，无意营业，请予出会。现据调查该庄确系停业，是否照准应请讨论案。

议决：准予退会。

（5）为西洋人造丝织成品部，令凭海关签证准予进口一节，曾有吴主席向江海关接洽签证办理法，现据海关声称，至今未接财政部电文，未能照办。现为补救起见，究否函呈财政部及分函海关询问，理合提请公决案。

议决：准予办理。

（6）接本会秘书汪剑平君来函，为假期已满，请予续假两星期。

议决：准予续假。

下午七时十分散会。

主席：吴星槎

第七十次常务委员会会议

日期：民国三十年四月十八日下午四时三十分
地点：本会
出席执行委员：潘迪功、娄凤韶、吴星槎
列席秘书：汪剑平
主席：吴星槎
开会如仪。

1. 报告事项

主席报告：

（1）宣读第九十二次执行委员会记录。

（2）秘书汪剑平君已于四月十六日销假视事。

2. 讨论事项

（1）同业永大仁记绸庄、勤兴绸庄声请入会，审核尚无不合，拟请现予通过，再提下层执行委员会追认案。

议决：通过。

（2）会员丁人和绸庄、信康绸庄来函，为更换出席代表，拟请先予通过，再提下层执行委员会追认案。

议决：通过。

（3）关于财政部电示西洋人造丝限制运销内地一案，前经函询江海关赐示签证办法，现接海关函复，兹无接到任何命令等因。拟再函请上海市商会代电财政部，恳赐凡电总税务司转饬江海关，决定签证办法，如海关碍于特殊环境，未能办理者，则拟请准由上海市商会予以证明。是否可行，请予讨论案。

议决：照办。

下午五时散会。

主席：吴星樵

第九十三次常务委员会会议

日期：民国三十年五月十九日下午六时

地点：本会

出席执行委员：吴星樵、金浩青、潘迪功、钱莘卿、程薇生、王寿臣、娄凤韶、沈济恩（吴星樵代）、沈子樵

列席秘书：汪剑平

主席：吴星樵

开会如仪。

1. 报告事项

主席报告：

宣读第七十次常务委员会记录。

2. 讨论事项

（1）第七十次常务委员会讨论事项，第一项同业永大仁记绸庄、勤兴绸庄入会案，及第二项丁人和绸庄更换代表人案，应请并予追认案。

议决：准予追认。

（2）同业辛大祥绸庄、九昶绸庄、成良绸庄声请入会，审核尚无不合，应

请准予通过案。

议决：准予入会。

（3）上海市出钱劳军动员委员会函请认募捐款五万元，应如何筹募，请予讨论案。

议决：认定五千元摊派办法，杭绸组一千五百元、湖绉组一千元、盛泾组九百元、苏缎组三百元、绪纶组一千元、河南丝绸组三百元，共计四千八百元，尚缺三百元，由公会担任。

（4）绸布业补习学校函请协助经费，应如何办理，请予讨论案。

议决：再行各组分认。

（5）杭绸组来函，为检私会房租拟加三成等云，应如何置复之处，请予讨论案。

议决：请该组出席委员代为解释。

下午七时散会。

主席：吴星槎

第九十四次常务委员会会议

日期：民国三十年七月三日下午七时
地点：本会
出席执行委员：吴星槎、潘迪功、沈子槎、金浩青、沈济恩、钱莆卿、娄凤韶、程薇生（吴星槎代）
列席秘书：汪剑平
主席：吴星槎
开会如仪。

1. 报告事项
主席报告：

（1）宣读第九十三次常务委员会记录。

（2）市商会来函。

2. 讨论事项

（1）同业万丽仁记绸庄、洽泰绸庄声请入会，审核尚无不合，拟请准予入会案。

拟请：准予入会。

（2）会员泰兴玉记绸庄函请更换陈玉笙为出席代表，拟请准予更换案。

拟请：通过。

（3）执委鲁正炳君来函，为检私会故员王志建身后萧条，请予补助案。

议决：由检私会致送恤金三百元。

（4）出钱劳军一案，各组大致定，计山东河南丝绸组送来三百元、杭绸组函业认一千元、湖绉组送来四百元、盛泾组认定四百元，惟绪纶门市组及苏缎组尚无复音，原定六月底结束，应如何催缴之处，请予讨论案。

议决：函苏缎组迅即认定解会。

（5）接市商会来函，由香港办事处抄送财政部渝字第四二七七一号五月二十六日代电，取消准人丝交织品限期输入原案，理合提出讨论案。

议决：再行函请予商会代电财政部，维持原案。

（6）检私会二十九年度下半年收支决算书，及三十年度一月至五月份收支表业已送会，理合报告案。

议决：通过。

（7）检私会报告，该会收支不能平衡，事务每较过去清淡，应如何等讨论节流之处，请予讨论案。

议决：自七月份请假职员，均应一律扣除薪津，代理职务之津贴也一并取消。

（8）杭绸组提出对检私会之会租酌加一案，尚未解决，应如何办理案。

议决：自七月份起由原定租价加给一成。

（9）近来有业外人勾结本业败类，拟进行组织伪同业公会，应请注意及讨论办法案。

议决：为局势恶劣，被迫不能执行会务时，本会及检私会两会只能暂停办公，并由本会对现在会员另行发给会员证书，以备本会不能执行会务时，更可直接向市商会香港办事处声请发给证明书。

下午八时散会。

主席：吴星槎

第九十五次常务委员会会议

日期：民国三十年八月二十七日下午四时
地点：本会
出席执行委员：沈子槎、吴星槎、潘迪功、王寿臣、钱莘卿、程薇生（吴星槎代）、沈济恩（钱莘卿代）、娄凤韶
列席秘书：汪剑平
主席：吴星槎
开会如仪。
1. 报告事项
主席报告：
（1）宣读第九十四次常务委员会记录。

（2）职员陈鉴珊君前抱病请假返籍，现已于八月二十五日销假，返会服务。

2. 讨论事项

（1）查劳军捐款，实收杭绸组一千元、湖绉组四百元、山东河南丝绸组三百元、盛泾组三百元、苏缎组一百元、绪纶门市组三百元，共计三千三百元，业已收齐。惟尚未进出，现拟将该款提出半数，共计一千一百五十元，捐作劳军捐款，尚余半数，留待本年寒衣代金，以免临时再行筹措。是否可行，请予公决案。

议决：照办。

（2）同业申康绸庄、协成绸庄、大经绸庄声请入会，审核尚无不合，理合提出讨论案。

议决：通过。

（3）接市商会来函，为奉经济部命，组织南洋考察团，如有意加入，请送函港办事处接洽等语。本会应否参加之处，理合提出讨论案。

议决：交娄常务考虑。

（4）会员恒大源、永兴昌、三义和绸庄声请退会，拟于照准案。

议决：照准。

（5）检私委员会前以经费支绌，于七月份将存放于四行储蓄会定活二便存款中，提出三千元及其利息四十五元，作充开支，业经常务委员支出拟在案，理合提请追认案。

议决：准予追认。

（6）本会三十年上半年度账目，业经李文会计师审核，出具证明书，理合提出讨论案。

议决：通过。

（7）检私会该仓械房业务清淡，现由沈副主任介绍湘帮堆存货物，每月可得增加收入，理合提出追认案。

议决：准予追认。

（8）检私会收支不敷正巨，所有应收各种手续费一律加收百分之五十，自九月一日起实行，请准予讨论案。

议决：通过。

下午六时散会。

主任：吴星楫

第九十六次常务委员会会议

日期：民国三十年十月二十八日下午五时
地点：本会

出席执行委员：吴星槎、金浩青、程薇生、沈济恩、王寿臣、沈子槎、娄凤韶、钱莆卿（沈济恩代）

列席秘书：汪剑平

主席：吴星槎

开会如仪。

1. 报告事项

主席报告：

宣读第九十五次常务委员会记录。

2. 讨论事项

（1）同业利华合记绸庄、联兴绸庄、宝新绸庄声请入会，审核尚无不合，理合提请讨论案。

议决：通过。

（2）会员龙盛绸庄声请退会，理合提出讨论案。

议决：准予退会。

（3）振新绸庄声请更换沈葆青君为出席代表案。

议决：准予更改。

下午六时三十分散会。

主席：吴星槎

第九十七次常务委员会会议

日期：民国三十年十一月十七日下午三时

地点：本会

出席执行委员：沈子槎、沈济恩、吴星槎、娄凤韶、潘迪功、程薇生、李允嘉（吴星槎代）、锁左孙（沈济恩代）、钱莆卿

列席秘书：汪剑平

主席：吴星槎

开会如仪。

1. 报告事项

主席报告：

宣读第九十六次常务委员会记录。

2. 讨论事项

（1）同业福星祥记绸庄声请入会，审核尚无不合，理合提出讨论案。

议决：通过。

（2）会员环球绸庄声请更换傅汝梅君为出席代表，审核尚无不合理，今提请通过案。

议决：通过。

下午六时散会。

主席：**吴星槎**

第九十八次常务委员会会议

日期：民国三十年十二月二十四日下午四时

地点：本会

出席执行委员：吴星槎、程薇生、沈济恩、金浩青、纽植滋、徐三民、王寿臣、锁左孙、潘迪功

列席秘书：汪剑平

主席：吴星槎

开会如仪。

1. 报告事项

主席报告：

　　宣读第九十七次常务委员会记录。

2. 讨论事项

　　（1）会员庆昌祥绸庄函称，因该冬无意结营，拟请撤消会籍，调查属实，应请准予退会案。

　　　　议决：批准。

　　（2）会员同盛绸庄田代表邱玉麟君逝世，函请更换邱凤林先生为出席代表，拟请准予更换案。

　　　　议决：准予更换。

下午六时散会。

主席：**吴星槎**

第九十九次常务委员会会议

日期：民国三十年十二月二十七日下午二时

地点：本会

出席执行委员：王寿臣、沈子槎、吴星槎、潘迪功、纽植滋、李允嘉（李震元代）、金浩青

列席秘书：汪剑平

主席：吴星槎

开会如仪。

1. 报告事项
主席报告：
　　宣读第九十八次常务委员会记录。
2. 讨论事项
　　主席报告，本会议定与各组办事处商定无法关系方面，反得谅解，但而日期告会，应暂停办一案。
　　议决：通过。
下午三时散会。

　　第七十一次常务委员会会议

日期：民国三十一年三月二十八日下午三时
地点：本会
出席执行理事：娄凤韶、吴星槎、沈济恩
列席秘书：汪剑平
主席：吴星槎
开会如仪。
1. 报告事项
主席报告：
　　本会停顿后情形。
2. 讨论事项
　　常委娄凤韶、沈济恩二君提议，检私会主席吴星槎君五年以来，主持检私会工作，信及贤劳，现任新属交始之时，拟电会措支吴君车马交际费四千元，提出讨论案。
　　议决：通过。
下午四时散会。

附录 23　上海市绸缎商业同业公会理监事会会议记录，S230-1-36

1942 年

执监委员会临时会议

日期：民国三十一年一月七日下午四时

地点：绸业大楼三楼

出席执行委员：金浩青、沈济恩、吴祥麟、王寿臣、卜其浩、钮植滋、汪仰真、娄诵藩、张令贤、程薇生、沈子槎、沈季安

出席监察委员：邱桂生、曹趾祥、许德政、张从新、龚味庸

列席候补执行委员：陈念鞠、石祝丰、卜其浩

公推常委金浩青为主席

1. 报告事项

　　主席金浩青报告。本日召集临时执监委员会议，系因最近各会员纷向各执监委员要求，恢复会务，以利同业，事关同业全体福利，爰有召开临时执监委员会议，以便筹议恢复会务，务请各位发抒高见。

2. 讨论事项

　　（1）本会会务停顿已久，近以各会员纷请恢复会务，以利同业，理合提请讨论案。

　　　　议决：应即具呈上海特别市社运分会，声请恢复会务。

　　（2）本会主席骆清华君请假离沪，迄未销假视事，主席一职，事务本会对外关系，未便久悬，拟请就常务委员中推定主席，以重会务。再骆君执行委员一职，为便利会务起见，拟请解职，就候补执行委员中递补。是否之处，请予讨论案。

　　　　议决：①推常委金浩青君为主席。

　　　　　　　②骆清华君久假未归，应予解除执行委员职务，由候补执行委员陈念鞠君递补执行委员。

　　（3）常务委员潘怡生君自廿七年七月逝世以后，迄未递补，应就执行委员中递补至潘前常委所遗执行委员一职，亦应就候补执行委员中递补，以重会务。理合提出讨论案。

　　　　议决：①推执委钮植滋君为常委。

　　　　　　　②候补执行委员卜其浩君递补为执行委员。

　　（4）执行委员吕葆元君自廿七年十二月逝世后，遗缺久悬，应请就候补执行委员中递补，以重职守案。

　　　　议决：由候补执行委员石祝丰君递补。

　　（5）各科主任副主任应请予以调整，以利会务案。

　　　　议决：①推定陈念鞠君为总务科主任，石祝丰君为副主任。

　　　　　　　②推定李震元君为经济科主任，卜其浩君为副主任。

　　　　　　　③推定程薇生君为组织科主任，汪仰真君为副主任。

　　　　　　　④推定沈季安君为调查科主任，张令贤君为副主任。

　　（6）常务委员沈济恩、吴祥麟二君提出，介绍陈鉴珊君为本会书记案。

议决：照办。

主席：**金浩青**

第一次理监事联席会议

日期：民国三十一年二月十三日下午三时
地点：三马路绸业大楼三楼
出席理监事：石祝丰、邱桂生、金浩青、汪仰真、许德政、卜其浩、张令贤、娄诵藩、王寿臣、陈念鞠、吴祥麟、沈子槎
主席：金浩青
1. 报告事项
主席报告：
　　（1）宣读一月七日临时执监委员会议记录。
　　（2）报告在社运会对恢复会务一案，已予批准。
2. 讨论事项
　　（1）经济科主任李震元君函请辞职，迭经挽留无效，拟请以该科副主任卜其浩君接充主任，仍请李震元君为副主任，俾资协助。是否可行，请予讨论案。
　　议决：李震元君准予辞职，暂请该科副主任卜其浩君代理。
　　（2）会费及入会费应请予以更正案。
　　议决：入会费，每一会员改为拾元。
　　　　　会费，每一会员每一代表改为伍元。
　　（3）检私委员会人事应否予以更调整案。
　　议决：交常务理事会全权办理。
　　（4）加入商整会代表应请推定案。
　　议决：推定金浩青、沈济恩、汪仰真、钮植滋、沈季安、王寿臣六君为出席代表。
下午六时十分散会。

主席：**金浩青**

第一次常务理事会议

日期：民国三十一年二月念四日下午三时
地点：本会
出席常务理事：王寿臣、吴祥麟、金浩青、钮植滋
主席：金浩青
1. 报告事项
主席报告：

宣读第一次理监事联席会议记录。

2. 讨论事项

（1）二月十三日理监事联席会议对"检私委员会应否予以调整"一案，议决交常务理事会全权办理，应如何办理案。

议决：推理事长金浩青，常务理事王寿臣，理事汪仰真三君，先行接收检私委员会后，再行调整，并先函知检私委员会，将生财文件表册帐簿及现金等造具清册，以便接收暨分函三君查照。

（2）本会经济科主任卜其浩君未允接管账目，对本会经费发生问题，以致会员会费无从收取，拟另推理事沈子槎君接充，今特提请讨论案。

议决：推沈子槎君担任，并请金理事长亲晤敦劝。

（3）本会钤记，因社运会迄未颁发，至会员会费收据上应盖图章，未能应用。今拟有本会另刻经济科图章一枚，以资暂时应用。是否可行，提请讨论案。

议决：照办。

（4）本会经济科发生困难，应如何筹措，请予讨论案。

议决：再行商借壹千元正。

下午五时散会。

主席：金浩青

第二次理监事联席会议

日期：民国三十一年二月廿五日下午二时
地点：本会
出席理监事：王寿臣、钮植滋、程薇生、石祝丰、邱桂生、沈济恩、吴祥麟、金浩青、娄诵藩、陈念鞠
列席各组代表：鲁正炳（杭绸组）、钮介臣（湖绉组）、汪仰真（盛泾组）、王介安（苏缎组）、沈子槎（府绸组）、金浩青（绪纶组）
主席：金浩青

1. 报告事项
主席报告：

宣读第一次常务理事会议记录。

2. 讨论事项

接奉财政部所得税处上海区征收局公函，为限期报缴本会会员二十九年度所得税违干法办等由前来，事关紧急，未容忽视，今特召集理监事联席会议及各组主席，共同讨论应如何申报办法，提请讨论案。

议决：依照各组及散会员所报缴税额，与所得税局接洽。

下午五时散会。

主席：金浩青

第二次常务理事会议

日期：民国三十一年三月七日下午三时
地点：本会
出席常务理事：金浩青、沈济恩、吴祥麟、王寿臣、钮植滋、沈季安
主席：金浩青
1. 报告事项
主席报告：
　　（1）宣读第二次理监事联席会议记录。
　　（2）报告来函式件。
2. 讨论事项
　　本会经济，自开办以来，费用浩繁，曾经筹借洋式千元，暂抵应用，该款现已告罄，且会中需用甚促，应如何筹措或向各组移借等情，今特提请讨论案。
　　议决：仍照第一次常务理事会决定办法，暂用经济科图章，应用分向各组托为代收，于限到三日内汇送本会，以便应用。
下午四时三十分散会。

　　　　　　　　　　　　　　　　　　　　　　　　主席：金浩青

第三次常务理事会议

日期：民国三十一年三月十三日下午二时
地点：本会
出席常务理事：金浩青、吴祥麟、王寿臣
主席：金浩青
1. 报告事项
主席报告：
　　宣读第二次常务理事会议记录。
2. 讨论事项
　　迩近物价高涨，职员生活饱受影响，拟自三月份起，对津贴及膳费酌予增加案。
　　议决：陈中孚、张仲平二君，每月津贴自二十八元增加十二元，合计四十元，膳费自六十二元增加三十八元，合计壹百元。会役史赓法，津贴自十四元加六元，计为二十元，膳费自五十八元增加四十二元，计为壹百元。自三月份起，按月十五日发给薪津膳费。
下午五时散会。

　　　　　　　　　　　　　　　　　　　　　　　　主席：金浩青

第四次常务理事会议

日期：民国三十一年三月十七日下午三时
地点：本会
出席常务理事：金浩青、吴祥麟、沈济恩、钮植滋、王寿臣
列席各组代表：沈子槎（府绸组）、钮介臣（湖绉组）、汪少村（盛泾组）
主席：金浩青
1. 报告事项
主席报告：
　　（1）宣读第三次常务理事会议记录。
　　（2）报告社会局训令，为征集慰问袋转送友邦军队，仰广为征募壹万袋，如限送局事。
2. 讨论事项
　　（1）关于本业运销问题，拟组织特种委员会负责研究办法，是否可行，请予讨论案。
　　议决：推定沈济恩、钮植滋、吴祥麟、沈子槎、娄凤韶、金浩青六君为特种委员，定本月十九日开会。
　　（2）加入商整会代表，依据该会章则，只能三员，应请另行推定之。
　　议决：金浩青、汪仰真、钮植滋三人为代表。
下午五时散会。

　　　　　　　　　　　　　　　　　　　　　　　　主席：**金浩青**

第三次理监事联席会议

日期：民国三十一年三月廿七日下午三时
地点：本会
出席理监事：吴祥麟、钮植滋、龚味庸、沈子槎、金浩青、陈念鞠、沈济恩、邱桂生、石祝丰、汪仰真、程薇生、张令贤（高慵苏代）、王寿臣
主席：金浩青
1. 报告事项
主席报告：
　　宣读第四次常务理事会议记录。
2. 讨论事项
　　（1）特种委员会报告与电机丝织厂业同业公会共同向宝发公司接洽，组织华商人丝织物制销联合办事处经过，并附送拟定之章程草案一份，理合提请讨论案。

议决：①理事会对特种委员会及其所派接洽代表金浩青、钮植滋、娄诵藩等三君谈判各点，暨所拟章程草案，认为满意，可以接受。

②对办事处于四月一日在杏花楼举行成立会一节，应予参加，并推理事金浩青、钮植滋、汪仰真三君为本会参加联合办事处之代表。

③定于三月廿九日下午二时，在本会召集电机丝织厂业同业公会，共同举行联席会议，商讨成立办事处之一切准备工作。

（2）关于所得税事，已与局方洽定，本会应如何认缴，应请讨论案。

议决：组织认缴所得税委员会，主持认缴工作，并推定鲁正炳、徐立民、钮介臣、潘迪功、汪少村、汪仰真、王介安、娄凤韶、沈子槎、金锡斋、程用六、张从新及公会五常务理事为委员，准定明日下午二时召集第一次会议。

下午六时散会。

主席：金浩青

第四次理事会议

日期：民国三十一年四月三日下午三时

地点：本会

出席理事：吴祥麟、汪仰真、娄诵藩、程薇生、沈子槎、王寿臣、张令贤、卜其浩、金浩青

列席监事：邱桂生、龚味庸、石祝丰、许德政（觉初代）

主席：金浩青

1. 报告事项

主席报告：

宣读第三次理事会记录。

2. 讨论事项

（1）常务理事会报告参加华商人丝织物制销联合办事处经过情形，并请商议垫款一万元办法案。

议决：函请各组垫借杭绸组三千元，湖绉组二千元，盛泾组一千七百元，苏缎组一千元，府绸组三百元，绪纶组二千元，共计一万元正，以月息一分计算，分函各组，请予垫借。

（2）社会局来函，为慰问袋捐款，不再派员兼收，希将捐款迳送本局或复兴银行等云。查本会经收该款已收到二千九百八十元，惟苏缎、湖绉二组尚未交来，应否定期结束，请予讨论案。

议决：催未缴二组迅行缴会，定于下星期内结束。

（3）据沈常务来函，为因改营布业，函请辞去本兼各职，理合提请讨论案。

议决：推金浩青、吴祥麟、程薇生三君，代表理事会挽留。

下午六时散会。

主席：**金浩青**

第五次理监事联席会议

日期：民国三十一年五月十二日下午二时
地点：本会
出席理监事：龚味庸、邱桂生、吴祥麟、金浩青、沈济恩、石祝丰、王寿臣、汪仰真、沈子槎、程薇生（汪代）、陈念鞠、娄诵藩、张令贤
主席：金浩青

1. 报告事项
主席报告：
　　（1）宣读第四次理监事会议记录。
　　（2）主席报告，本会奉社运分会颁发社字第五二号钤记一颗事。
　　（3）主席金浩青、常务理事王寿臣、理事汪仰真三君报告接收检私会经过事。

2. 讨论事项
　　（1）依据本会章程第六章第十九条二、三两项规定，理事会及常务理事会会议日期，拟定每月三及十七日举行，理事会每月八日、十三日、二十二日、二十七日举行，常务理事会如遇星期日及例假日，顺延一日，是否有当，请予决定案。
　　　　议决：通过。
　　（2）接常务理事沈济恩君来函，为曾于四月一日恳请辞职，辱承金理事长挚切挽留，现拟辞去常务，勉留理事之职前来，是否照准，请予讨论案。
　　　　议决：一致挽留。
　　（3）检私会人事及经费调整问题，拟交常务理事会全权处理案。
　　　　议决：通过。
　　（4）常务理事会提，公会及检私会员役，自五月份起每人每月增加膳费壹百元案。
　　　　议决：通过。
下午六时散会。

主席：**金浩青**

第五次常务理事会议

日期：民国三十一年五月十八日下午三时

地点：本会

出席常务理事：沈济恩、钮植滋、王寿臣、吴祥麟、金浩青

主席：金浩青

开会如仪。

1. 报告事项

主席报告：

（1）宣读第五次理事会记录。

（2）报告本会对各组办事处已另刊图章，分送各该办事处应用。

（3）报告奉社运会指令，为据呈理监事略历表及会章及会员名册，准予备案并颁发图记由。

2. 讨论事项

（1）奉第五次理事会议决，对检私会人事及经济调整问题，交常务理事会全权处理，应如何调整之处，理合提出讨论案。

议决：①为平稳检私会收支起见，自六月一日起，办事员张奎生、张德椒、杨恩奎等三君辞退，暂留谢如渊、沈燮民二君办事。至总务科长张鸿荪及会计科长陈辅勖二君，仍暂留职，并调陈辅勖兼华商人丝织物制销联合办事处副总干事。

②本会如须添用职员时，尽先任用辞退职员。

（2）本会秘书一职，拟仍聘请汪剑平君，以资熟手。请讨论案。

议决：通过。

下午四时五十分散会。

主席：金浩青

第六次理事会议

日期：五月二十日下午三时

地点：本会

出席理事：王寿臣、沈济恩、金浩青、吴祥麟、沈季安、汪仰真、钮植滋、石祝丰、张令贤

出席监事：龚味庸、邱桂生

主席：金浩青

开会如仪。

1. 报告事项

主席报告：

（1）宣读第五次常务理事会记录。

（2）华商人丝织物制销联合办事处业已租定建设大楼八楼八〇一号房间为

办公室。

2. 讨论事项

（1）常务理事会报告，关于检私会调整问题，业经第五次会议决定，辞退办事员张奎生、张德槑、杨恩奎等三君，暂留谢如渊、沈燮民二君维持工作。至总务科长张鸿荪及会计科长陈辅劻二君，仍暂留职，并调陈辅劻兼华商人丝织物制销联合办事处副总干事。理合提请追认案。

议决：准予追认。

（2）同业元祥、协源、庆丰永、九新、益源、和丰兴记、锦康祥记、福余、恒信巽记、福新壬、瑞大鹤记、瑞丰泰、福星祥记、瑞大祥记、魏广兴芝记、宝大、恒源、云麟、大庆、红棉、禾丰盛记、汉恒记、荣丰协记、益大协记、永丰桂、益丰、纶昌慎义记、永兴泰记、增华绸厂申庄、三阳、俊成联记、丽记缫织公司、永丰汉记、胡春记、慎安湖绉庄等，声请入会审核，尚无不合理，合请讨论案。

议决：准予入会。

下午六时散会。

主席：**金浩青**

第七次理事会议

日期：五月二十三日下午三时

地点：本会

出席理事：吴祥麟、邱桂生、张令贤、龚味庸、石祝丰、娄诵藩、沈季安、金浩青、汪仰真、卜其浩、钮植滋、程薇生

主席：金浩青

开会如仪。

1. 报告事项

主席报告：

宣读第六次理事会记录。

2. 讨论事项

（1）关于华商人丝织物制销联合办事处对绸匹搬出入事务费定额，应请讨论案。

议决：搬出事务费，每匹定为中储币壹元贰角，以贰角为本会事务费，壹元解缴联合办事处为原则，搬入减半。再与电机丝织厂业公会商酌后，提交联合办事处理事会议定后，报会备查。

（2）近以市面动荡不定，现钞贴水日高，为维持营业起见，自即日起所有绸货交易，一概现钞现交，拟登报通告，并分函各组及各会员查照。是否有当，

请予讨论案。

议决：通过。

（3）检私会解雇职员张奎生、杨恩奎、张德桥三君，对膳费要求多发半月，拟请照准，理合提出讨论案。

议决：通过。

下午六时散会。

主席：金浩青

第六次常务理事会议

日期：五月廿七日下午四时
地点：本会
出席常务理事：吴祥麟、钮植滋、沈济恩、金浩青
主席：金浩青
开会如仪。

1. 报告事项

主席报告：

（1）宣读第七次理事会记录。

（2）报告本月二十五日奉兴亚院华中连络部花水书记官召约，同棉布业、呢绒业、毛纺业三业公会共同前往（兴亚院财务书记官）接洽经过。

（3）报告华商人丝织物联合办事处送来议决案。

2. 讨论事项

（1）关于华商人丝织物制销联合办事处对绸匹搬出入事务费定额关系方面，对办事处征取费用，认为不妥，现拟将该办事处经费由三业公会及宝发公司按月平均负担，惟如果必须公会负担，骤增开支，如何补救，应否在办理搬出入申请时酌收费用之上，请予讨论案。

议决：征收附加费，每匹搬出中储币壹元，搬入减半，以平稳办事处收支为原则。征询有关方面意见后，再行决定。

（2）第七次理事会议决案第二项，对各会员交易一概现钞现交，决定登报通告一案，现因兴亚院华中连络部面嘱，以中储券为本位售价，标明中储券自本月廿七日起实行，拟不予登报，以免抵触日当局意旨。理合提出，请将上开议决案准予注销案。

议决：准予注销，并分函会员知照。

（3）本会拟与上海特别市电机丝织厂业公会共同发起组织江浙丝绸产销联合会，是否可行，请予决定，并请推出参加代表案。

议决：推金浩青、沈济恩、钮植滋、吴祥麟、王寿臣、沈子槎等六君代表参加。

（4）常务理事轮值本会及检私会，请予规定日期案。

议决：①公会每星期轮值，自六月一日起实行。

②检私会每日轮值，规定如后。

金浩青，一日、六日、十一日、十六日、二十一日、二十六日、三十一日。

沈济恩，二日、七日、十二日、十七日、二十二日、二十七日。

钮植滋，三日、八日、十三日、十八日、二十三日、二十八日。

吴祥麟，四日、九日、十四日、十九日、二十四日、二十九日。

金浩青，五日、十日、十五日、二十日、二十五日、三十日。

下午四时散会。

主席：**金浩青**

第八次理事会议

日期：民国三十一年六月三日下午三时

地点：本会

出席理事：吴祥麟、钮植滋、王寿臣、汪仰真、沈济恩、金浩青、沈子槎、程薇生、石祝丰、娄诵藩、卜其浩、张令贤

列席监事：邱桂生、龚味庸、张从新

主席：金浩青

开会如仪。

1. 报告事项

主席报告：

（1）宣读第六次常务理事会记录。

（2）报告社运会指令，为呈报启用图记日期印鉴准予备案由。

（3）报告人丝联合办事处为送空白绸匹搬出许可证二千张由。

（4）报告盛泾组来函，为请转催二十九年度所得税收据由。

2. 讨论事项

（1）奉上海特别市社会局训令，为令仰将登记经过并造具各项表件呈报核夺，此令等因。理合提出讨论案。

议决：照办。

（2）同业恒利绸庄声请入会，审核尚无不合，理合提出讨论案。

议决：准予入会。

（3）会员景华绸庄、仁康兴记绸庄声请更换代表，审核尚无不合，理合提出讨论案。

议决：通过。

（4）会员复兴昌、福兴恒及万丽仁记等十五家函请免除工部局零售捐，理合提出讨论案。

议决：通过。

第七次常务理事会议

日期：民国三十一年六月八日下午三时
地点：本会
出席常务理事：吴祥麟、王寿臣、沈济恩、金浩青、钮植滋
主席：金浩青
开会如仪。

1. 报告事项
主席报告：

（1）宣读第八次理事会记录。

（2）报告商整会来函二件。

（3）人丝联合办事处函送第四次、第五次理事会议决案及搬出证地点。

（4）苏缎组来函，为启用图记由。

（5）杭州丝绸织造业公会、绸业公会、吴兴县绉业公会等为函复赞成组织江浙丝绸产销联合会由。

（6）检私会自本月一日起已迁至公会办事。

2. 讨论事项

（1）本会办事细则，业已拟就，理合提出讨论案。

议决：推吴祥麟、金浩青二常务审查。

（2）经济科报告本会财务收支情形，理合提出讨论案。

议决：通过。

（3）本会办事同仁及员役薪给膳费津贴，向以旧法币计算，现值奉令改用新法币时，对同人及员役薪膳津贴，应如何调整之处，请予讨论案。

议决：本会及检私会同人员役薪工及津贴，照原支数改发中储币，膳费一律改为中储币壹百二十元，自六月份起实行。

（4）本会入会费及会费，依照原数，自七月一日起照原额改收中储币，暂收三个月，理合提出讨论案。

议决：照办。

（5）检私会各种收费，拟一律照原定数加倍改收中储币，理合提出讨论案。

议决：自六月十日实行。

（6）检私会附收平枭捐，自即日起取消。合行提出讨论案。

议决：通过。

下午五时散会。

　　第八次常务理事会议

日期：民国三十一年六月十三日下午三时
地点：本会
出席常务理事：沈济恩、王寿臣、金浩青
主席：金浩青
开会如仪。
1. 报告事项
主席报告：
　　（1）宣读第七次常务理事会记录。
　　（2）报告湖州织绸业公会来函。
2. 讨论事项
　　据经济科报告，三十一年上半年度会员拒付会费共有一百十八家之多，其中谦益协已声请退会，诚记、文新、恒振新、恒信等四会员更改牌号，实计欠费会员共有壹百拾三家之余。拟由本会分函各该会员，请于函到三日之内，迅将会费惠付，逾期即行取消会籍。对于补收会费一层，在七月一日以前，拟以二比一之折价收取中储券，七月一日之后，一律照原料收取中储券。是否有当，请予讨论案。
　　议决：照办。
主席：金浩青

　　第九次理事会议

日期：民国三十一年六月十七日下午三时
地点：本会
出席常务理事：邱桂生、张从新、龚味庸、石祝丰、沈季安、沈济恩、汪仰真、金浩青
开会如仪。
1. 报告事项
主席报告：
　　（1）宣读第八次常务理事会记录。
　　（2）商整会为准旧币整理委员会函知收回期限由。
2. 讨论事项
　　（1）同业德康、祥成、丰德康、亨泰、勤大、宝丰等绸庄声请入会，理合

提出讨论案。

  议决：准予入会。

  （2）会员东吴绸庄声请更换（顾）绶若君为出席代表，理合提出讨论案。

  议决：准予更换。

下午五时散会。

主席：金浩青

  第九次常务理事会议

日期：民国三十一年六月二十二日下午二时

地点：本会

出席常务理事：金浩青、钮植滋、沈济恩、王寿臣

开会如仪。

1. 报告事项

主席报告：

  （1）宣读第九次理事会记录。

  （2）报告市商整会来函一件。

  （3）报告社运会训令及通令各一件。

  （4）报告工部局捐务处函壹件。

2. 讨论事项

  （1）同业达成绸庄、纬昌绸庄、厚成绸庄声请入会，审核尚无不合，理合提请讨论案。

  议决：通过。

  （2）会员广昌成及振余、福泰祥等三绸庄声请退会，拟予照准案。

  决议：准予退会。

  （3）会员礼信绸庄声请更换李少甫君为代表，审核尚无不可，理合提请讨论案。

  决议：通过。

下午四时散会。

主席：金浩青

  第十次常务理事会议

日期：民国三十一年六月二十九日下午三时

地点：本会

出席常务理事：钮植滋、金浩青、王寿臣、沈济恩

主席：金浩青

开会如仪。

1. 报告事项

主席报告：

（1）宣读第九次常务理事会记录。

（2）金理事长及钮常务理事报告偕同理事汪仰真等代表本会出席上海特别市商会整理委员会代表大会经过，并报告钮常务植滋当选为上海特别市商会理事。

（3）报告商整会来函四件。

（4）吴常务祥麟为因事赴京，请沈常务代理。

2. 讨论事项

（1）同业可大绸庄、壬（丰）绸庄、裕丰盛记绸庄、金都绸庄、大有绸庄、慎德绸庄等绸庄声请入会，审核尚无不合，理合提请讨论案。

议决：准予入会。金都及裕丰盛记、可大等三绸庄因未填新□，由帮交调查后再行办理。

（2）会员益生祥绸庄为专营布匹，已入染织公会，申请退会，审核尚无不合，拟请准予退会案。

决议：准予退会。

（3）会员锦昌隆寅记绸庄、郎琴记为函请更换出席代表，调查属实，理合提出讨论案。

决议：准予更换。

（4）为郑重入会手续起见，拟请组织"入会审查委员会"，负责审查同业入会事务及改组与更换代表等手续。是否可行，理合提出讨论案。

议决：①推定金浩青、钮植滋、沈济恩、王介安、沈季安、汪仰真、石祝丰等七君为入会审查委员会委员，指定沈季安为召集人，自本日以后，同业声请入会，应交付该委员会先行审查后，再行提交理事会或常务理事会讨论。

②审查入会及改组暨更换代表手续要点，规定如下：

首先，关于申请入会手续。

第一，申请入会人是否确系卖买绸缎及有无囤积绸缎之嫌疑。

第二，所报出席代表人，必须本业出身，并须查考其经历。

第三，所报资本，概以中储券为本位，并由本会查验其资本。查验资本办法如下：（子）依照公司法组织者，应将呈请注册之备案批示摄影附送。（丑）合伙组织者，应由议单见议人负责具函证明。（寅）独资组织者，应由出资人邀同入会介绍人共同负责具函证明。

第四，申请人必须向本会检私委员会登记。

第五，向介绍人查对印鉴。

其次，关于申请改组及更换代表手续。

第一，调查其改组或更换代表之原因及经过情形（包括合伙及股份之变动暨资本之培养状况）。

第二，改组或更换代表后之资格是否与申请入会手续第二款相符合。

第三，改组或更换代表有无人欠、欠人及其他纠葛等情形。

第四，有否向本会检私委员会申请更换。

第五，改组或更换代表法律手续之证件。

下午五时散会。

主席：金浩青

第十次理事会议

日期：民国三十一年七月三日下午三时

地点：本会

出席理事：金浩青、沈季安、程薇生、娄诵藩、汪仰真、李震元（汪代）、石祝丰

列席监事：邱桂生、龚味庸

开会如仪。

1. 报告事项

主席报告：

（1）宣读第十次常务理事会记录。

（2）报告邓耕莘先生及吴县铁机丝织同业公会、吴县纱缎业同业公会来函贰件。

2. 讨论事项

祥泰仁绸庄为停业申请退会案。

决议：准予退会。

下午五时散会。

主席：金浩青

第十一次常务理事会议

日期：民国三十一年七月八日下午三时

地点：本会

出席常务理事：沈济恩、王寿臣、吴祥麟、钮植滋、金浩青

开会如仪。

主席报告：

宣读第十次理事会议记录。

今日无其他事项。

下午五时散会。

主席：金浩青

第十二次常务理事会议

日期：民国三十一年七月十三日下午三时

地点：本会

出席常务理事：沈济恩、钮植滋、金浩青

列席各组代表：鲁正炳、沈子槎、程薇生、王介安（代炳元）、钮介臣（迪功代）

主席：金浩青

开会如仪。

1. 报告事项

主席报告：

主席报告湖州织绸业公会来函一件。

2. 讨论事项

（1）会员纯康绸庄为该庄停业，申请退会，经调查尚无不合，理合提出讨论案。

决议：准予退会。

（2）同业中庸绸庄及大成玉绸庄申请入会，依照入会审查委员会审查，尚无不合，理合提出讨论案。

议决：准予入会。

（3）同业同康盛绸庄、恒康绸庄申请入会一案，前经交入会审查委员会调查后，据报恒康议单未曾签订，同康盛议单亦未看过，催过二次，迄未送下，应否准予入会之处，拟请讨论案。

决议：函该二同业，迅将议单于三日之内送交本会，逾期应将所收地费退还，不准入会。

（4）会员久生绸庄声请退会，审核尚无不合。又该庄加盛记，声请入会，经审查委员会调查，尚属实在。拟请准予入会，理合提出讨论案。

议决：通过。

（5）经济科主任沈子槎提出，近以入会须加审查，关于新会员申请入会时，应更改预收办法，改在审查合格后再行通知缴费。再会员月费如每三个月征收

一次，较为繁忙，拟请另行变动征收手续，理合提出讨论案。

  议决：①同业入会时，须先将入会志愿书及入会通知书送会，经审查合格，准予入会后，再行通知缴费。

    ②入组会员，由本会委员托各组代收，未入组会员，由本会以书面通知各会员，迳自解交经济科。如于函到一个月内不解者，应请报告主管官署，取消会籍。

    ③入会费自七月十五日起更正如下：甲、五万元以下者五拾元，五万元以上十万元以下者壹百元，拾万元以上以五万元为一单位，每一单位增加五拾元。

下午五时十五分散会。

                  主席：**金浩青**

第十三次常务理事会议

日期：民国三十一年七月二十八日下午四时三十五分
地点：本会
出席常务理事：沈济恩、吴祥麟、王寿臣、金浩青、钮植滋
主席：金浩青
开会如仪。

1. 报告事项
主席报告：

  宣读第十二次常务理事会记录。

2. 讨论事项

  （1）松盛绸庄、协顺绸庄、云祥绸庄、永盛荣记绸庄、杭协记绸庄、恒康绸庄等申请入会，现经入会审查委员会审查，尚无不合，理合提出讨论案。

  决议：通过。

  （2）杭绸组来函，为议决收回检私会房屋及改包房，请予克日迁出，应如何办理，请予讨论案。

  议决：请沈常务济恩再与杭绸组办事处洽商。

下午六时散会。

                  主席：**金浩青**

第十一次理事会议

日期：民国三十一年八月四日下午四时
地点：本会

出席理监事：金浩青、石祝丰、王寿臣、张令贤、吴祥麟、沈济恩、卜其浩、龚味庸、程薇生、邱桂生、沈季安、汪仰真、娄诵藩、钮植滋

主席：金浩青

开会如仪。

1. 报告事项

主席报告：

（1）宣读第十三次常务理事会记录。

（2）报告来函二份。

2. 讨论事项

（1）第十二次常务理事会议决案第五项（增加入会费等）拟请提出覆议案。

决议：照第十二次常务理事会议决案，应予通过，提交下届会员大会追认之。

（2）印花税处指定昃字为绸布业专用，将来骚扰不堪，应如何办法，请予讨论案。

议决：①致函上海特别市商会，请求交涉。

②函各会员，应照章加贴印花。

（3）常务理事会提出，关于统制物价事宜，本市各当局现已加紧进行，为维护本业福利起见，拟组织评价委员会，办理本业评价事宜，曾于七月三十日由本会在中央西菜社宴请各门市店及各组代表暨花色庄家，交换意见，认为确有必要。现经本会草议组织规则九条，理合提出讨论，并请聘任该委员会委员案。

议决：①组织规则草案，推定娄诵藩、张令贤、沈季安三理事审查，请于三天之内送会。

②聘任杨选青先生等三十七人为评价委员会委员。

③定于八月九日下午二时，假座杭绸组举行第一次委员会议。

（4）沈常务济恩提出检私会房屋，杭绸组来函要求退还一事。前承第十三次常务理事会议决，推本席向该组商量续租。现该组已允许至年终为度，惟租费改为新币式百元，栈房交由该组管理，现存货匹应更换栈单，以便接手。理合提出讨论案。

议决：照办。

（5）同业信余绸庄、华华绸缎公司、聚和祥绸庄申请更换出席代表，经入会审查委员会调查属（实）在，理合提出讨论案。

议决：通过。

（6）会员竞仁绸庄函请退会，经调查科调查实在，拟予照准。

议决：照准。

（7）同业文华绸庄、老仁康绸庄、信仁祥绸庄、宝大承记绸庄、源丰麒绸庄声请入会，经入会审查委员会调查，尚符入会资格，理合提出讨论案。

议决：准予入会。

下午六时散会。

主席：金浩青

第十四次常务理事会议

日期：民国三十一年八月八日下午四时

地点：本会

出席常务理事：沈济恩、王寿臣、钮植滋、金浩青

主席：金浩青

开会如仪。

1. 报告事项

主席报告：

（1）宣读第十一次理事会议记录。

（2）报告社运会训令，为奉行政院训令，据实业部呈遵令会商拟具《平定物价暂行办法》及《取缔私抬物价暂行条例》，刊登公报，不再抄发，令仰转饬所属会员一体知照由。

（3）报告市商会来函，为案准中央储备银行上海分行函称，兑损钞票办法由。

2. 讨论事项

（1）本会秘书汪剑平君函请辞去本职，为另兼商业，未遑兼顾。是否照准，理合提出讨论案。

决议：推金主席及沈常务理事面加挽留。

（2）同业庆丰炎记、德泰祥、千里、顺丰、达丰等五绸庄申请入会，审查委员会调查属实，理合提出讨论案。

议决：准予入会。

下午六时散会。

主席：金浩青

第十二次理事会议

日期：民国三十一年八月十七日下午三时

地点：本会

出席理事：钮植滋、王寿臣、金浩青、汪仰真、沈济恩、沈季安、娄诵藩、张令贤、程薇生（汪代）

出席监事：邱桂生

主席：金浩青

开会如仪。

1. 报告事项

主席报告：

（1）宣读第十四次常务理事会记录。

（2）报告来件。

2. 讨论事项

（1）同业同润绸庄、裕丰盛记绸庄、信昌湖绉庄、景华兴绸庄、骏成绸庄、金都绸庄、荣昌绸庄等七家申请入会，经审查委员会调查，尚符入会资格，理合提出讨论案。

决议：通过。

（2）同业振华绸庄、庆记绸庄申请入会，经发交入会审查委员会调查去后。据报振华绸庄代表人系银行出身，并无绸货，是否有屯积嫌疑，极难证明；庆记绸庄虽有少数绸匹，但并无招牌，代表人出身不明各等由，理合提出讨论案。

议决：函知原介绍人转知。

（3）会员利华合记绸庄，于六月份结束，另组利华泰记绸庄，为此申请退会，经审查委员会调查属实，理合提出讨论案。

议决：准予退会。

（4）近闻本市少数门市绸布呢绒店号拟发起组织上海特别市绸布呢绒零售业同业公会，且有本会会员参加发起，事关破坏团体组织，应如何应付之处，特提出讨论案。

议决：与棉布、呢绒二业公会负责人商洽后，再行办理。

下午五时三十五分散会。

主席：金浩青

第十五次常务理事会议

日期：民国三十一年八月廿四日下午四时

地点：本会

出席常务理事：沈济恩、金浩青、钮植滋、王寿臣、吴祥麟

主席：金浩青

开会如仪。

1. 报告事项

主席报告：

（1）宣读第十二次理事会会议记录。

（2）报告来函二件。

2. 讨论事项

（1）评价委员会常务委员会拟请决定日期举行案。

决议：定于本月二十六日在本会开会。

（2）江浙丝绸产销联合会各地公会均已来函赞同，应否定期召集案。

议决：由本会会同电机丝织厂业公会，将发起手续准备完毕，再行定期召集成立会。

下午五时散会。

主席：金浩青

第十六次常务理事会议

日期：民国三十一年八月念六日下午四时

地点：本会

出席常务理事：沈济恩、金浩青、钮植滋、王寿臣、吴祥麟

主席：金浩青

开会如仪。

1. 报告事项

主席报告：

（1）宣读第十五次常务理事会记录。

（2）报告来函二件。

2. 讨论事项

（1）同业同昶协、慎泰、宝盛三绸庄声请入会，经入会审查委员会审核，尚无不合，拟请准予入会案。

决议：准予入会。

（2）同业庆记绸庄前次入会，经调查发生疑问，函知该庄介绍人去后，兹据会员大成玉绸庄致函沈济恩常务，证明各点，拟请重予调查案。

议决：照办。

（3）金理事长浩青提议，本会及检私会职员工役膳费，拟自九月份起每人各增陆拾元，是否可地（行），理合提出讨论案。

议决：照办。

下午六时散会。

主席：金浩青

第十三次理事会议

日期：民国三十一年九月三日下午三时

地点：本会

出席理事：吴祥麟、邱桂生、娄诵藩、金浩青、石祝丰、龚味庸、钮植滋、沈季安、汪仰真、张令贤

主席：金浩青

1. 报告事项

主席报告：

（1）宣读第十一次常务理事会记录。

（2）报告华商人丝织物销制联合办事处来函贰件。

（3）钮常务理事植滋于九月二日至宝发公司中…军票交换用物资配给组合人绢部，代表二宫信雄商谈由沪输往苏州、无锡、杭州、安庆、扬州、蚌埠、镇江、芜湖、南京、南通、泰县等十一处之绸货出办理办法，经过情形。

2. 讨论事项

（1）同业午昌绸庄、怡盛永绸庄、兴生绸庄、盈源云记绸庄、永福绸庄等六家申请入会，经审查委员会调查，尚无不合，理合提出讨论案。

决议：准予入会。

（2）会员大丰文记绸庄函称，代表人孙海山改孙丽金出席，经入会审查委员会调查属实，尚无不合，理合提出讨论案。

议决：准予更换。

（3）奉社会运动指导委员会九月二日训令沪字第二八三号内开"查该会组织松懈，内部机构尚欠健全，亟应派员整理，以利进行。兹令委钮植滋、沈济恩、沈榴邨、王寿臣、王纶周、金浩青、王介安、程薇笙（生）、沈子槎、汪仰真、刘梓蔌、潘迪功、张继之、钱莆卿、汪立笙等十五人为该会整理委员，负责整理，并指派钮植滋为第一次会议召集人。并查该会所隶属各组均欠健全，应切实整顿，以期策进。除呈报及分别函令外，合行检发该整理委员委令十五件，令仰该会转饬该整理委员等，克日就职，具报为要"等因。奉此，自应遵办，照理拟备文呈复社运会鉴核。是否可行，请予讨论案。

议决：照办。

主席：金浩青

附录 24　上海市绸缎业同业公会整理委员会
会议记录，S230-1-39

1945 年

整理委员会首次会议议程

日期：民国三十四年十一月九日下午四时
地点：本会会所
出席整理委员：骆清华、娄凤韶、吴星槎、潘迪功、黄逸农
公推骆清华为主席
开会如仪。

1. 主席报告

　　案奉上海市社会局组字第八七三号委令，委任骆清华、吴星槎、娄凤韶、黄逸农、潘迪功等为上海市绸缎业同业公会整理委员，仰即克日前往接收整理，并将接收情形具报等因，奉此，遵令召开本会，讨论一切接收整理事宜。

2. 讨论事项

　　（1）推定接收人员案。

　　议决：推吴委员星槎、娄委员凤韶、潘委员迪功会同接收。

　　（2）拟定本会组织规则，请予讨论案。

　　议决：修正通过。

　　（3）拟定本会整理大纲，请予讨论案。

　　议决：修正通过。

　　（4）依照组织规则之规定，请推定本会主任委员及各科主任案。

　　议决：推骆委员清华为主任委员，娄委员凤韶为总务科主任，潘委员迪功为财务科主任，黄委员逸农为登记科主任，吴委员星槎为签证科主任。

　　（5）聘派本会工作职员案。

　　议决：聘汪剑平先生为本会秘书，派张立德君为助理，秘书张鸿荪君、陈辅劻君为总干事，张仲平君、沈燮民君、谢如渊君为干事。

　　（6）本会经费亏空至巨，应如何筹措及对登记或入会暨会员月费等应请重行议订调整办法案。

　　（7）骆委员清华提出拟具本会预算案。

议决：两案合并办理，先推娄委员凤韶、吴委员星槎、黄委员逸农会同潘财务科主任及汪秘书剑平草拟，提下届会议讨论。

（8）规定本会会议日期案。

议决：定每星期五举行，至会议时间临时决定。

（9）骆委员清华提议，依照社会局分布之同业公会整理通则，得视会务之繁简，延聘助理委员。本会有各组之组设，在整理期间，千头万绪，事实亟需本业同仁参加工作，拟请依照通则规定，聘请各组优秀份子担任助理委员。是否之处，请予讨论案。

议决：聘沈济恩、李文治、李继襄、李端容、陆孟然、钮介臣、邱行逊、沈季安、沈子槎、汪少邨、李叔眉、韩梅钦等十二人为助理委员。

（10）财务科主任潘迪功提议，本会公款存放银行及签章人选，应请决定案。

议决：在绸业银行开往来户，签章除财务科潘主任私章外，加盖娄委员凤韶私章，及汪秘书剑平私章副署。

下午六时散会。

主席：**骆清华**

第二次整理委员会会议记录

日期：民国三十四年十一月十六日下午四时
地点：本会会议室
出席整理委员：吴星槎、潘迪功、黄逸农、娄凤韶
列席人员：汪剑平
主席：吴星槎
开会如仪。

1. 报告事项

（1）主席报告：宣读第一次整理委员会记录。

（2）娄委员凤韶等报告接收前公会经过情形。

（3）吴委员星槎报告与江海关运销执照处洽商人丝出口经过情形。

（4）汪秘书剑平报告：①本周收文五件，发文九件。②第一次整委会议决案执行情形。

2. 讨论事项

（1）奉市社会局训令，为饬各业整委会推定常务委员一人，以专责任等因。本会第一次整委会议决，推请委员骆清华为主任委员一项，应予遵令改称为常务委员。又本整委会组织规则各条所称主任委员条款，亦应遵令修正为常务委员，理合提出报告案。

议决：遵令照办。

（2）吴委员星槎报告，奉交审查会员经纶文记绸庄，为前进日货花姆斯本被扣一案，签具意见，提出讨论案。

议决：推吴委员星槎及潘委员迪功复查后，再行办理。

（3）据沈济恩先生及李文治先生来函，辞助理委员，理合提出讨论案。

议决：致函恳切挽留。

（4）财务科主任潘迪功提出，奉交会同娄委员凤韶及吴委员星槎等拟具本会预算，理合提出讨论案。

议决：照预算案通过。

下午六时半散会。

主席：吴星槎

第三次整理委员会会议记录

日期：民国三十四年十一月二十三日下午四时
地点：本会会议室
出席整理委员：吴星槎、潘迪功、黄逸农、娄凤韶、骆清华
列席人员：汪剑平
主席：骆清华
开会如仪。

1. 报告事项

（1）主席报告：宣读第二次整理委员会记录。

（2）汪秘书剑平报告：①本周收文二件，发文五件。②第二次整委会议决案执行情形。

2. 讨论事项

奉社会局训令经字第一一八一号，为检发每日行情表暨填表须知，令饬办理具报等因，奉此，究应如何办理之处，理合提请讨论案。

议决：交门市组查明遵令填报。

主席：骆清华

第四次整理委员会会议记录

日期：民国三十四年十一月三十日下午四时
地点：本会会议室
出席整理委员：吴星槎、黄逸农、潘迪功
缺席整理委员：骆清华、娄凤韶
列席人员：汪少邨、沈季安、陆孟然、沈济恩、汪剑平

主席：吴星槎

开会如仪。

1. 报告事项

（1）主席报告：宣读第三次整委会记录。

（2）吴签证科主任星槎报告，与娄委员凤韶、潘委员迪功、黄委员逸农会谈恢复办理海关分销执照步骤经过情形。

（3）汪秘书剑平报告：①本周收文四件，发文十件。②执行第三次整委会议决案情形。

2. 讨论事项

（1）黄登记科主任逸农提议，关于一般兼营绸缎商店，往往随上下出售价格，影响同业非浅，为统一卖价，并保持联络起见，应请登报公告，凡兼营绸缎商店，一律限期加入本会，俾便整理而利会务案。

议决：登报公告。

（2）吴签证科主任星槎等提议，关于通告会员注销历年来售与门市之人丝及交织品匹额，迄今报会者甚少，应请再行函催各会员，限三日内来会报销，否则作为自愿放弃利益。所存已完老税之人丝及交织品匹额，认为全部注销，俟会员于三日内报会后，即行统计列单，并向海关交流，俾得恢复办理分销执照事宜案。

议决：通函各会员查照办理。

（3）据同业公新、高乐二家申请入会，理合提请讨论案。

议决：准予入会。

下午六时散会。

主席：吴星槎

第五次整理委员会会议记录

日期：民国三十四年十二月七日下午四时

地点：本会会议室

出席整理委员：黄逸农、潘迪功、娄凤韶、吴星槎

缺席整理委员：骆清华

列席人员：李叔眉、汪少村、沈济恩、陆孟然、沈季安、汪剑平

主席：吴星槎

开会如仪。

1. 报告事项

（1）主席报告：宣读第四次整委会记录。

（2）汪秘书剑平报告：①本周收文五件，发文五件。②执行第四次整委会

议决案情形（同业登记截至今日止共四百家）。

2. 讨论事项

（1）据同业盈源绸庄、庆元文记织绸厂驻沪办事处、同华绸庄、中兴正记绸庄、复盛孚记绸布号、久新绸行等六家申请入会，理合提请讨论案。

议决：准予入会。

（2）财务科提，关于新入会会员月费应如何收取，理合提请讨论案。

议决：照填报资本比例征收。

（3）签证科提，关于会员申请真丝证明，应如何办理，理合提请讨论案。

议决：照过去证明真丝之证书办理。

下午六时散会。

主席：吴星槎

第六次整理委员会会议记录

日期：民国三十四年十二月十四日下午四时

地点：本会会议室

出席整理委员：吴星槎、潘迪功、黄逸农、娄凤韶

缺席整理委员：骆清华

列席人员：沈济恩、李叔眉、陆孟然、汪剑平

主席：吴星槎

开会如仪。

1. 报告事项

（1）主席报告：宣读第五次整委会记录。

（2）汪秘书剑平报告：①本周收文十四件，发文三件。②执行第五次整委会议决案情形。

2. 讨论事项

（1）据同业同昌复兴记、祥昌协、其昌等三绸庄及义成新丰记绸缎店申请入会，理合提请讨论案。

议决：除其昌绸庄资本额与现时货价不敷应用，应予调查外，其余通过。

（2）准市商会函乙件，为修葺房屋，分向各业公会募捐，嘱任捐叁万元等由，理合提请讨论案。

议决：由会照付。

（3）准申报馆等函乙（一）件，为筹募助学金联合主办篮球义赛，附来三千元券四张，函知赞助等由，理合提请讨论案。

议决：认购二张，退二张。

（4）据盛泾公所来函，为寄存器具历年已久，颇多损毁，函请察核等由，

理合提请讨论案。

议决：以出售为原则，先行估价后，再行核定。

（5）准征募杜少文烈士子女教育基金委员会函乙件，附来捐册三本，函知努力征募等由。

议决：分二千、壹千五百、壹千、五百四种，由会派员向会员劝募。

下午六时散会。

主席：吴星槎

第七次整理委员会会议记录

日期：民国三十四年十二月二十一日下午三时

地点：本会会议室

出席整理委员：吴星槎、潘迪功、娄凤韶、黄逸农

缺席整理委员：骆清华

列席人员：陆孟然、汪剑平

主席：吴星槎

开会如仪。

1. 报告事项

（1）主席报告：宣读第六次整委会记录。

（2）汪秘书剑平报告：①本周收文二件，发文四件。②执行第六次整理委员会议决案情形。

2. 讨论事项

（1）据同业祥泰仁、益昌协记、三诚三绸庄及康乐绸缎公司等四家申请入会，理合提请讨论案。

议决：准予入会。

（2）登记科报告，奉交调查其昌绸庄资本一案，业经调查系伪币壹千万元折合等情，据此，理合提请讨论案。

议决：准予入会。

下午六时散会。

主席：吴星槎

第八次整理委员会会议记录

日期：民国三十四年十二月二十八日下午三时

地点：本会会议室

出席整理委员：吴星槎、娄凤韶、黄逸农

缺席整理委员：骆清华、潘迪功

列席人员：陆孟然、汪少邨、邱行逊、李叔眉、汪剑平

主席：吴星槎

开会如仪。

1. 报告事项

（1）主席报告：宣读第七次整理委员会记录。

（2）汪秘书剑平报告。①本周收文三件，发文二件。②执行第三次整委会议决案情形。

2. 讨论事项

（1）据同业勤益丝线厂申庄暨嘉基绸庄二家申请入会，理合提请讨论案。

议决：准予入会。

（2）据汪秘书拟成本会章程草案一份，理合提请讨论案。

议决：请各整理委员及助理委员详细研究，签注意见后，提交下届会议讨论。

（3）据各会员报告，财政部上海直接税局催令各商号举办登记，其中资本一项，在本市工商企业公司行号伪币资本折算法币一案，正由市商会工商法规研究委员会讨论之中，似属无法填报而无从登记，报请核示等语前来，除已由本会函请市商会请予暂缓举办登记外，应如何办理之处，请予公决案。

议决：通告各会员，在资本问题未解决前，暂缓登记。

下午六时五十分散会。

主席：吴星槎

1946 年

第九次整理委员会会议记录

日期：民国三十五年一月十二日下午四时

地点：本会会议室

出席整理委员：吴星槎、黄逸农、潘迪功、骆清华

列席人员：沈济恩、陆孟然、汪剑平

开会如仪。

1. 报告事项

（1）主席报告：宣读第八次整理委员会记录。

（2）汪秘书报告：①二周来收文共二十一件，发文七件。②执行第八次整委会议决案情形。

2. 讨论事项

（1）总务科报告，本会寄存盛泾公所旧家具，前以第六次整委会议决变价，兹除陆孟然先生经买写字台六只、沙发三只，估价陆万元外，尚有钱莆卿先生处写字台二只，估价每只八千元，茶几一只，估价二千元，大华绸业公司写字台一只，估价八千元，汪仰真先生靠椅十只，估价每只二千元，程薇生先生方桌一只，估价五千元，源记盛绸庄木厨（橱）一只，估价八千元，及吴星槎先生方桌一只，估价五千元等，是否可以交割之处，理合提请讨论案。

议决：通知各借用人交割，如不购买，应即将家具车还。

（2）汪秘书拟具三十五年春季预算草案，包括会费征收办法、支出概算暨同仁薪津膳费清单，理合提出讨论案。

议决：预算案另行拟就，提下届会议讨论。

（3）准市商会普字795号及796号函二件，为劝募保卫团开办服装费及冬令救济费各等由，各附捐册二本到会，理合提请讨论案。

议决：分别募捐。

（4）同业美纶义记绸庄申请入会，理合提请讨论案。

议决：准予入会。

散会。

主席：骆清华

第十次整理委员会会议记录

日期：民国三十五年一月十八日下午三时
地点：本会会议室
出席整理委员：黄逸农、吴星槎、潘迪功、娄凤韶
列席人员：沈子槎、李继襄、陆孟然、汪少邨、汪剑平
主席：吴星槎
开会如仪。

1. 报告事项

（1）主席报告：宣读第九次整理委员会记录。

（2）汪秘书剑平报告。①本周无收文，发文三件。②执行第九次整委会议决案情形。

2. 讨论事项

（1）据同业鼎昌协记、大新、恒祥福记、恒丰泰洪记、上海宝丰、大成等六绸庄暨新华商店共七家申请入会，理合提请讨论案。

议决：准予入会。

（2）汪秘书奉交重行编制本会本年度一月份至三月份收支预算草案，业已竣事，理合提请讨论案。

议决：照预算案通过。

下午六时半散会。

主席：吴星槎

第十一次整理委员会会议记录

日期：民国三十五年二月八日下午三时

地点：本会会议室

出席整理委员：吴星槎、黄逸农、潘迪功、娄凤韶、骆清华

列席人员：沈季安、沈济恩、钮介臣、李端容、李继襄（杨选青代）、陆孟然、汪剑平

主席：骆清华

开会如仪。

1. 报告事项

（1）主席报告：宣读第十次整理委员会记录。

（2）汪秘书报告：①最近收文五件，发文四件。②执行第十次整委会议决案情形。

2. 讨论事项

（1）本会奉令整理，业已届满，应请定期召开成立大会案。

议决：定二月二十四日或二十五日召集会员大会，候与商会洽定后（会场）即行具呈社会局，请求派员出席指导。

（2）据会员开瑞洋行一月二十四日函称，吾业丝织绸缎交易市集，向在全羽春茶楼，既无组织，自欠秩序，故有今晨市场混乱之局，殊非同业之福。上海为全国商业总枢，本业应有正当市场之设立，并不准外人入场扰乱，方能便利会员卖买。闻苏、杭二地均有同业公会正式组织之市场，且颇具成效，贵会领导同业，应请设法筹组，以利本业正常之发展等情，理合提请讨论案。

议决：①原则接受。②函上海市电机丝线厂业公会，请予共同合作。③推骆清华、沈济恩、吴星槎、娄凤韶、沈子槎、钮介臣、李继襄、黄逸农等八人为研究委员，会同电机公会起草组织市场办法。

（3）据同业鸿兴、源兴恒慎记、华达、新泰祥四绸庄及天章绒缎帽庄等五家申请入会，理合提请讨论案。

议决：准予入会。

主席：骆清华

第十二次整理委员会会议记录

日期：民国三十五年二月二十八日下午四时

地点：本会会议室

出席整理委员：吴星槎、黄逸农、娄凤韶、潘迪功、骆清华

列席人员：沈济恩、李叔眉、陆孟然、沈子槎、李继襄、李端容、汪剑平

主席：骆清华

开会如仪。

1. 报告事项

（1）主席报告：宣读第十一次整理委员会议记录。

（2）汪秘书报告：①本周收文捌件，发文七件。②最近会务执行情形。

2. 讨论事项

（1）兹拟定成立大会秩序，提请讨论案。

议决：通过。

（2）请推定成立大会主席团案。

议决：推整理委员五人为主席团。

（3）请推定成立大会职员案。

议决：照汪秘书所拟名单通过。

（4）兹拟定本会三十五年度三月至六月支出预算草案，提请讨论案。

议决：提交大会通过。

（5）同业庚源庆、大经协记、安华丝线公司、瑞丰泰、川嘉申请入会，理合提请讨论案。

议决：准予入会。

下午七时散会。

主席：　骆清华

第十三次整理委员会会议记录

日期：民国三十四年十一月三十日下午四时

地点：本会会议室

出席整理委员：骆清华、吴星槎、娄凤韶、潘迪功、黄逸农

列席人员：沈济恩、沈子槎、陆孟然、汪剑平

主席：骆清华

开会如仪。

1. 报告事项

（1）主席报告：①宣读第十二次整理委员会记录。②报告召开第一届会员代表大会经过。

（2）汪秘书报告：本周收文六件，发文乙件。

2. 讨论事项

查第一届会员大会，因出席人数仅过半数而不足三分之二，应予二星期内

另行召集二次会员大会，所有日期、地点、经费及通告会员等准备事项，理合提请讨论案。

议决：定三月十八日下午二时，假市商会大礼堂举行。

经费由骆常委暂填壹百万元，速即印就通告，分发各会员。

下午六时散会。

附录 25　上海市绸缎业同业公会理监事会会议记录，S230-1-40

1946 年

第一届第一次理事会会议记录

日期：民国三十五年三月二十七日下午四时

地址：本会

出席理事：吴星槎、汪仰真、丁趾祥、沈榴邨、娄凤韶、丁翔熊、李继襄、黄逸农、沈济恩、张子泉、沈子槎、潘迪功、宣萼荪、钮介臣、骆清华

列席监事：吴彭年、王延松、陆孟然、卜烈清

监执者：社会部代表邹今揆

公推骆清华为主席

开会如仪：全体理监事宣誓就职。

1. 报告事项

（1）主席报告：①出席理事人数，宣告开会。②主席报告第一届会员大会开会情形。

（2）秘书报告：来文。

2. 讨论事项

（1）依照本会章程第十七条之规定，应于理事中用无记名连选法，互送（选）常务理事五人，理合提请讨论案。

选举结果：骆清华、黄逸农、潘迪功、娄凤韶、吴星槎等五位先生当选常务理事。

（2）依照本会章程第十八条之规定，常务理事用无记名单选法，选任理事长一人，理合提请讨论案。

选举结果：当选骆清华先生为理事长。

（3）理事会拟分总务、财务、组织、调查四科，各科主任拟由理事兼任，是否有当，请予讨论案。

议决：总务科主任沈济恩，副主任汪仰真，财务科丁翔熊，副主任沈子槎，组织科主任张子泉，副主任沈榴邨。

（4）本会工作人员应请决定。又，汪秘书剑平为兼营商业，恳请辞职案，酌案合并讨论。

议决：①照整委会时所有职员继续任用。②汪秘书辞职挽留。

（5）上海市商会议决三十五年度会费暂行办法，自本年二月份起按月收，本会按照甲级垫缴，计每月应纳五万元，理合提请讨论案。

议决：照办。

（6）三十五年度一月份起，本会经费由整理委员黄逸农、骆清华、娄凤韶三君分别垫付，共计三百三十万元，现在本会业已成立，征收会费办法应即决定，以便将上项垫款发还，理合提请讨论案。

议决：交财务科会同常务理事会，编制预算定下届理事会讨论。

（7）请决定本会会员日期案。

议决：理事会决定每月十五日举行，例假顺延。

　　　　常务理事会每月第三星期三举行，例假顺延。

　　　　监事会每隔一月之五日举行，例假顺延。

（8）本市有少数同业未加入本会，应依法登报公告，限期履行入会手续案。

议决：照办。

3. 临时动议

主席提议，《上海商报》在上海有悠久历史，战时停刊，现为唤起工商界舆论起见，故拟即日在沪复刊并扩大改组。现由该报社筹备处来函，征募服务，用特提出讨论案。

议决：通函各会员认募。

下午七时散会。

主席：骆清华

第一次常务理事会会议记录

日期：民国三十五年四月三日下午四时
地址：本会
出席理事：潘迪功、黄逸农、吴星槎、娄凤韶、骆清华
列席监事：宣萼荪、丁翔熊、张子泉、沈济恩
开会如仪
主席：骆清华

1. 报告事项

（1）主席报告：①报告第一次理事会记录。②报告财务科审查征收会费办法结果。

（2）秘书报告：报告来文。本周来文共计四件。

2. 讨论事项

（1）关于会费问题，现经财务科决定征收办法，用特提出讨论案。

议决：修正通过。

（2）本会经费，应请指定存放银行及决定签盖印章人送案。

议决：①指定绸业、新华、通商三行。②除秘书及财务科图章外，加推娄常务凤韶及潘常务迪功二人中一人盖章，即生效力。

（3）本会出席上海市商会代表尚未推定，应请推定案。

议决：推骆清华、黄逸农、潘迪功、娄凤韶、吴星槎等五君代表出席。

（4）本会组织规则办事细则、会议规定等，均已拟就，用特提出讨论案。

议决：草案通过，提交理事会讨论。

（5）关于上海商报筹募股份一事，拟分函各会员认募，理合提出讨论案。

议决：通过。

（6）本会职员薪津膳费，拟根据生活指数，自三月份起予以调整，俾安生活而利工作，理合提请讨论案。

议决：自本年三月份起薪津膳费，陈辅劻、张鸿荪二君每月暂定十五万元，张仲平、沈庆民、谢如渊三君每月暂定于十三万元，茶役每人每月暂定九万元，汪秘书剑平暂不规定，由下届常务理事会再予讨论。

3. 临时动议

财务科提议，本市直接税局对于三十四年冬季营业税及印花税，分别抽查□，迳行苛扰，应传公函市商会迅行纠正，俾维同业案。

议决：联络本市各公会共同进行。

下午六时散会。

主席：骆清华

第二次理事会会议记录

日期：民国三十五年四月十五日下午四时
地址：本会会议室
出席理事：沈济恩、丁翔熊、沈榴邨、吴星槎、沈子槎、汪仰真、黄逸农、娄凤韶、骆清华（娄凤韶代）、李继襄、钮介臣、宣萼荪
缺席理事：丁趾祥、张子泉、潘迪功
列席人员：汪剑平

开会如仪。

主席：骆清华（娄凤韶代）

1. 报告事项

（1）主席报告：报告第一次常务理事会记录。

（2）秘书报告：①报告来文及收文。②报告第一次理事会议决案执行情形。③报告整理委员会自三十四年十一月五日至三十五年三月三十一日财务收支状况。④报告整理委员会时期遗留器具清册及档案册。

2. 讨论事项

（1）常务理事会提出本会组织规则办事细则及会议规则等草案，均已拟就并经修正通过，理合提请讨论案。

　　议决：①分送各理事会签注意见，限五天内送会。

　　　　　②推丁翔熊、娄凤韶、吴星槎、宣萼苏、汪仰真五位理事审查，提交下届理事会讨论。

（2）同业协典、祥大瑞记、公益、千里和记、三泰公司、勤生、天中、源泰祥、莨星、保昌、景华等十一家申请入会，理合提请讨论案。

　　议决：准予入会。

（3）据调查科报告，本会整理委员会登记以来，其中有已登记而退会之会员，共计二十八家，其退会时间均在本会通知缴付会费之时候。退会之会员，其会费应否追补及如何补征法，理合提请讨论案。

　　议决：①因改组声请退会之会员，请其继续付费，应以推出日为止。

　　　　　②其他交调查科调查是否确系停业，如确为停业者，应补收会费至声请退会时止。

（4）商报服款，本业除辛典绸厂沈榴邨君认股一百五十万元已迳交通银行外，尚有各会员，截至今日为已缴到四十三万正，拟请交总务科沈主任济恩保管，于满足五十万元时，即行解运银行，是否有当，理合提出讨论案。

　　议决：通过。

（5）关于未入各组之会员如何联络及加强组织问题，与今后推进尤具深切利害，应请研究起组织方法案。

　　议决：交组织科详细研究制成方案后再行提会讨论。

下午六时二十分散会。

主席：骆清华

第二次常务理事会会议记录

日期：民国三十五年四月十七日下午五时

地址：本会会议室

出席理事：吴星槎、黄逸农、娄凤韶、潘迪功
缺席理事：骆清华
列席人员：汪仰真、沈榴邨、汪剑平
主席：骆清华（娄凤韶代）
开会如仪。

1. 报告事项
　　（1）主席报告：报告第二次常务理事会记录。
　　（2）秘书报告：报告来文。

2. 讨论事项
　　（1）据盛泾组办事处来函，本月十九日下午二时举行组员大会，同时选举委员，函请本会届期派员指导，应推派何人出席，理合提请讨论案。
　　议决：推组织科副主任丁趾祥君代表出席。
　　（2）本会职员薪津膳费，兹再调整为陈辅勋、张鸿荪二君每月十五万元，张仲平、谢如渊、沈庆民三君每月十三万五千元，茶役杨康每月九万元，史赓法每月八万元，汪秘书剑平应如何支给法，理合提请讨论案。
　　议决：汪剑平君定为每月十八万元。
下午六时散会。

第三次常务理事会会议记录

日期：民国三十五年五月一日下午四时
地址：本会会议室
出席理事：吴星槎、娄凤韶、潘迪功、骆清华
缺席理事：黄逸农
列席人员：沈济恩、沈榴邨、张子泉、沈子槎
主席：骆清华
开会如仪。

1. 报告事项
　　（1）主席报告：报告第二次常务理事会记录。
　　（2）秘书报告：①报告来文。②报告本会三十五年四月份财政收支情形。

2. 讨论事项
　　（1）为奉财政部上海直接税局训令，实施本年度所得税简化稽征办法令，即转知所属会员迅即依限申报，并即造具会员名册送局备查等因，如何办理，请予讨论案。
　　议决：①组织小组委员会推张子泉、潘迪功、娄凤韶、沈榴邨、吴星槎、
　　　　　　沈子槎、李继襄、黄逸农、沈济恩等九人为委员专案办理。

②聘李文杰会计师为顾问。

（2）据同业协源兴公记、华昌元记、大盛、锦昌、闳祥、振康、万新，上海长康、同记盛、九昶新记，未填资本，应以补填后再行办理外，其余协源公记等八家均准予入会。

下午六时散会。

主席：骆清华（吴星槎代）

第三次理事会暨第四次常务理事会会议记录

日期：民国三十五年五月十五日下午五时

地址：本会

出席理事：潘迪功、沈榴邨、沈济恩、娄凤韶、张子泉、汪仰真、丁趾祥、沈子槎、吴星槎、黄逸农、李继襄、丁祥熊

缺席理事：宣萼荪、钮介臣、骆清华

列席人员：汪剑平

主席：骆清华（吴星槎代）

开会如仪。

1. 报告事项

（1）主席报告：宣读第三次常务理事会记录。

（2）秘书报告：①报告来文。②报告上海商报股款已代收到五百，另五万元均已送交商报馆，但此外尚有会员直接送交代收银行者，其数不详。

2. 讨论事项

（1）关于营业牌照税事，接奉市商会来函，已被市财政局将绸缎呢绒工业列入，现本会已会同呢绒公会再函上海市商会，请求转呈财政部纠正，理合提请追认案。

议决：准予追认。

（2）查三十年中央战时公债劝募委员会在沪所募美金公债等，现由认购公债保管委员会公告，在沪换领。拟函各会员自行前去领换，理合提出讨论案。

议决：通知各会员。

（3）本会应付上海市商会会费，依据该会征收会费办法，照各公会实收会费额，征收百分之十五，在尚未收齐之前，暂分三级办法垫付。本会照甲级垫缴每月应垫付五百万元。自三月份七至六月份止，计四个月共需垫付会费三十万元，已由市商会数次派员来会催缴，应如何办理，请予讨论案。

议决：照付。

（4）同业庆元白记、金龙支店、德馀仁、顺兴泰记、永兴昌申庄、同吉、美华民记、九昶新记、升记祥、星华、介昶等十一家申请入会，尚无不合，理

合提请讨论案。

议决：准予入会。

下午七时散会。

第五次常务理事会会议记录

日期：民国三十五年五月二十九日下午四时

地址：本会

出席理事：吴星槎、娄凤韶、潘迪功

缺席理事：骆清华、黄逸农

列席人员：丁翔熊、张子泉、沈济恩、汪剑平

主席：骆清华（吴星槎代）

开会如仪。

1. 报告事项

（1）主席报告：第三次常务理事会记录及第四次常务理事会记录。

（2）秘书报告：①报告来文。②宣读为盛绸特产税致行政院、财政部、江苏省政府、吴江县政府暨上海市商会函。

2. 讨论事项

（1）市商会公告为转发社会局规定，各公会代办商业登记暂行办法，应如何办理，请予讨论案。

议决：派员赴该局领取表格，送交第四次理事会讨论。

（2）同业天一、元成、源新利记、益昌佩记等四家申请入会，理合提出讨论案。

议决：准予入会。

（3）行政院五字供应局公告各同业公会，领取登记表并填报事，本会应如何办理，请予讨论案。

议决：先向他业公会探询，送交第四次理事会讨论案。

（4）本会同仁为生活指数日高，请予酌加薪给，应请提出讨论案。

议决：提付下届理事会讨论调整。

3. 临时动议

据会员明典绸庄李明俊（善祥）来函，为接获上海高等法院检察处票传，有汉奸嫌疑，传案侦查。恳为证明等由来会，理合提出讨论案。

议决：交调查科查明核报，再行提会核议。

下午六时散会。

第六次常务理事会会议记录

日期：民国三十五年六月十二日下午四时
地址：本会
出席理事：黄逸农、潘迪功、娄凤韶、吴星槎
缺席理事：骆清华
列席人员：沈济恩、张子泉、汪剑平
主席：骆清华（娄凤韶代）
开会如仪。

1. 报告事项
　　（1）主席报告：报告上届常务理事会会议记录。
　　（2）秘书报告：报告来文。

2. 讨论事项
　　（1）汪秘书剑平报告，会员明典绸庄核李明俊（善祥）为汉奸嫌疑，奉上海高等法院票传侦查，恳为证明。经调查科查明，李明俊确为正当商人，似可准予证明等情，惟因该案亟待证明，不及召集常会，故临时分送理事长、各常务理事签字，先行发给证明文件。事属应付，临时权宜，理合提出追认案。
　　　　议决：准予追认。
　　（2）据庆成绸庄徐立民为奉上海高等法院检察处票传侦查，应为商派员调查，应发给证明文件等由，理合提出讨论案。
　　　　议决：交调查科详细调查具报后，再行提交常会议扩议。
　　（3）上海市商会来函，为定于六月二十三日召开第九届会员大会，函嘱于六月十五日前推定出席代表及提出议案等由到会。查本会出席代表，后经推定，骆清华、黄逸农、娄凤韶、潘迪功、吴星槎等五君，是否应行变更及有无提出提案，理合一并提出讨论案。
　　　　议决：①提案提交本月十五日理事会并讨论后，再行提出。②黄逸农先生拟请将其出席代表改推王延松先生，其余四位仍推骆清华、娄凤韶、潘迪功、吴星槎四君。
　　（4）据杭绸组办事处来函，为适应该组会员需要，成立联合评价处（即绸货市场），函请本会准予备案等情，应如何办理，请予讨论案。
　　　　议决：暂准备案。
　　（5）据同业万里新记、厚典、大典信记、安声、恒大、祥麓、典义祥、同泰丝绸商行等八家申请入会，理合提出讨论案。
　　　　议决：准予入会。
　　（6）中国蚕丝公司登报公告，自六月九日起开始，绸缎营业请本外埠各绸商莅临该公司业务处接洽登记，似与本会所属同业竞争营业。值前丝绸物资缺乏之时，本业营运季度困难之际，若续任该公司漫无限制之公开出售，必致本

业更加困难，理合提出讨论案。

议决：致函中蚕公司，请根据《商业同业公会法》之规定，限制只许售卖于本会会员，俾免业外人囤积居奇，并另函送公司，请其依法加入本会为会员。

下午七时散会。

第四次理事会会议记录

日期：民国三十五年六月十五日下午四时
地址：本会会议室
出席理事：丁翔熊、宣萼荪、吴星槎、李继襄、张子泉、骆清华、潘迪功、汪仰真、沈榴邨、丁趾祥、黄逸农、娄凤韶、沈子槎
缺席理事：钮介臣、沈济恩
列席人员：杨选青、吴彭年、汪少邨、陆孟然、王延松
主席：骆清华
开会如仪。

1. 报告事项
   （1）主席报告：报告第六次常务理事会会议记录。
   （2）秘书报告：报告吴江县政府为开征盛产□□代电文。
2. 讨论事项
   （1）据会员晋大绸庄来函，为该庄经理钮植滋被人检举有汉奸嫌疑，奉上海高等法院检察处票传。应如何办理，请予讨论案。

   议决：交调查科查复。
   （2）组织科主任张子泉先生提拟将本会散会员分别依营业性质划并入各组，以本会务之事，理合提请讨论案。

   议决：交组织科张子泉先生会，同各组详细研究，制成方案，提交下届理事会讨论。
   （3）本会同仁向极清苦，兹以生活指数日高，更难维持，曾于上届常务会请求酌加。经决议，提付本届理事会讨论审行调查，今有汪秘书签呈。究应如何调整法，请予决定，籍维生活而安工作案。

   议决：照现支额一律增加百分之五十。
   （4）上海市商会来函，为市政府今请认缴三十三年同盟胜利公债，规定本会认销该项公债八十万元，并附三十三年同盟胜利公债条例到会。应如何办理，理合提请讨论案。

   议决：有本会认购。
   （5）《中央日报》告为尊师联动发起送报义卖货及中国航空协会上海分会，

征求会员两案，特提出一并讨论案。

议决：①《中央日报》尊师联动案，暂缓办理。

②航空协会征求会员，分函各会员，征求入会。

（6）据同业元泰绸布商行、益大绸庄、同盛正记绸庄三家申请入会，理合提请讨论案。

议决：①准予入会。

②以后入会条件应提交组织科登记后提出。

下午六时散会。

第七次常务理事会会议记录

日期：民国三十五年六月二十七日下午四时

地址：本会

出席理事：吴星槎、潘迪功、娄凤韶

缺席理事：骆清华、黄逸农

列席人员：沈子槎、沈榴邨、张子泉、汪剑平

主席：骆清华（娄凤韶代）

开会如仪。

1. 报告事项

（1）主席报告：报告第四次理事会会议记录。

（2）秘书报告：报告来文。

2. 讨论事项

（1）上届理事会由组织科张子泉先生提议，将本会散会员归并各组。经决议，交其会同各组详细研究，制成方案后提交下届常会讨论。兹其已将组织办法拟成，提送来会，理合提请讨论案。

议决：通过，提交下届理事会审议。

（2）同业象和同、大祥绸业两家申请入会，请予讨论案。

议决：准予入会。

3. 理事长又议

（1）会员庆成长中及晋大绸庄来函，请为证明等由，前经第四次理事会议决，交调查科查复。现据调查科主任宣萼苏及副主任沈榴邨查复，似尚可证明等请前来，除已有会备具证明书缮发外，理合提请追认案。

议决：准予追认。

（2）据社会局英局长来函，为协募筹建介寿堂事宜，附来戏券四十张，计三十万元，拟由会认募案。

议决：由会认购。

下午六时散会。

第八次常务理事会会议记录

日期：民国三十五年七月十日下午五时
地址：本会
出席理事：吴星槎、娄凤韶、黄逸农、潘迪功
缺席理事：无
列席人员：沈榴邨、吴彭年、汪仰真、沈济恩、陆孟然、沈子槎、杨选青、张子泉、李继襄
主席：骆清华
开会如仪。

1. 报告事项
　　（1）主席报告：报告第七次理事会会议记录。
　　（2）秘书报告：报告来文。

2. 讨论事项
　　（1）组织科张子泉先生提，拟将本会未入组会员划并各组，并已将其拟成办法，提送来会，应如何办理，合再提请讨论案。
　　议决：照所拟计划办理。
　　（2）同业古龙丝线厂发行所申请入会，理合提出讨论案。
　　议决：准予入会。
　　（3）国货产销协会等，因鉴于吾国出口贸易已面临经济大危机，拟联合各工商业团体筹备一大规模中国出口货展览会，并定于本月十二日八仙桥青年会召开首次筹备委员会，函请本会拟派代表二八出席参加，应派何人出席，请予讨论案。
　　议决：推娄凤韶、沈榴邨二位先生代表参加。
　　（4）商报股款，本会认募一千万元，截至今日为止，共收集七百八十八万元，尚缺三百一十三万元未有着落，兹以后报定于本月一日召开股东会，为期甚迫，对所缺股款，应如何募足法，理合提请讨论案。
　　议决：由本会全体监事认募，计沈济恩三十万元，张子泉三十万元，潘迪功十万元，黄逸农十万元，沈子槎五万元，吴彭年五万元，陆孟然十万元，汪仰真十万元，李继襄二十万元，杨选青十万元，娄凤韶十万元，吴星槎五万元，丁趾祥十万元，王延松三十万元，钮介臣十万元，汪少邨十万元，徐立民十万元，共为三百三十万元，即日照齐送请，以资结束。
　　（5）三十四年度所利得税送缴财政部，上海直接税局通知，嘱转函各会员从速填报，由本会汇转应如何办理请提付讨论案。

议决：先由本会制定假申报表分送各会员，限期填送来会，以后参考办理。下午七时半散会。

第五次理事会会议记录

日期：民国三十五年七月十五日下午五时
地址：本会
出席理事：吴星槎、沈榴邨、钮介臣、沈济恩、张子泉、娄凤韶、沈子槎、宣萼荪、潘迪功
缺席理事：骆清华、黄逸农、丁翔熊、 汪仰真、李继襄、丁趾祥
列席人员：沈榴邨、吴彭年、汪仰真、沈济恩、陆孟然、沈子槎、杨选青、张子泉、李继襄
主席：骆清华（吴星槎代）
开会如仪。

1. 报告事项

（1）主席报告：报告第八次常务理事会会议记录。

（2）秘书报告：报告来文。

2. 讨论事项

（1）据苏北难民救济协会上海市筹募委员会来函，为苏北灾情惨重，难民遍野，函请本会劝募救济，并请本会担任第七六九劝募分队，附来捐册五本，嘱代为呼吁，应如何办理请予讨论案。

议决：转函各会员，量力捐助。

（2）据辛亥首义铁血伤军实业工厂来函，因该工厂复员基金缺乏，拟将制品牙刷五十厘售于本会，每厘计国币一万三千元，应如何处置，理合提出讨论案。

议决：婉言谢复，由会捐款一十万元，不予置之。

（3）市社会局商业登记业已开始办理，本会前奉该局令，即遵办并附业商业登记申请书到会，自应遵照办理。兹拟依照本市各公会代办商业登记暂行办法，将声请书一式二张分发各会员，并函知限于本月底前填送来会，并将征收之登记费一并付来会，汇转核办，是否有当，理合提请讨论案。

议决：通过。

（4）同业美来绸庄申请入会，理合提出讨论案。

议决：准予入会。

（5）据会员大典绸庄函称，该庄于三十年十二月八日前，装运烟台绸货七十五匹，因战事影响，该货迄无下落。函请本会转函市商会向太古公司查询，并将当时装货之太古公司提单，及保险单各一份附送来会，应如何办理，理合

提请讨论案。

　　议决：函请市商会向太古公司查询后，候复办理。

临时动议：

　　（6）张子泉先生提议：为谋推进本会会务起见，拟请推定值日常务理事一人，每日轮复到会办公，以利会务。是否有当，请公决案。

　　议决：除骆常务清华，因公务繁忙，恐无暇到会轮值外，其余四位依次排定，每一常务连值一星期，应分函通知之。

下午七时散会。

第九次常务理事会会议记录

日期：民国三十五年七月二十四日下午五时

地址：本会

出席常务理事：吴星槎、娄凤韶、潘迪功

缺席常务理事：骆清华、黄逸农

列席人员：张子泉、丁翔熊、沈济恩

主席：骆清华（吴星槎代）

开会如仪。

1. 报告事项

　　（1）主席报告：报告第五次理事会会议记录。

　　（2）秘书报告：报告来文。

2. 讨论事项

　　（1）据上海市公训同学联谊会通知，为筹募捐款，请本会自由捐认，惟公会至少认担六十万元。本会应否捐认，理合提请讨论案。

　　议决：由会捐款一百万元。

　　（2）本会认募同盟胜利公债共计八十万元正，业将公债票领到，计自零零三六一五至零零三六二二号止，共计八张，每张十万元，应请推定保管委员案。

　　议决：交总务科沈济恩先生保管。

　　（3）据市商会通知，为三十四年所利得税事，定于本月二十八日下午二时在该会召集各业公司代表谈话，每一公会可推代表一人至三人，本会推请何人代表出席，理合提请讨论案。

　　议决：推娄凤韶、吴星槎、李继襄三位代表出席。

　　（4）三十四年所利得税假申报表，现正催报来会，兹拟组织审查委员会专员负责办理审核事宜，其委员人选应请推定案。

　　议决：推定张子泉、娄凤韶、潘迪功、李继襄、黄逸农、吴星槎、沈子槎等七人为委员，并定于本月二十七日下午在本会举行首次会议。

（5）同业富农丝绸、联营企业公司申请加入本会，理合提出讨论案。

　　议决：准予入会。

下午七时散会。

第十次常务理事会暨第六次理事会会议记录

日期：民国三十五年八月十五日下午五时

地址：本会

出席理事：潘迪功、吴星槎、娄凤韶、黄逸农、沈济恩、宣萼苏（钮介臣代）、钮介臣、丁翔熊、沈榴邨、汪仲真、李继襄、沈子槎、张子泉、骆清华

缺席理事：丁趾祥

列席人员：汪剑平

主席：骆清华

开会如仪。

1. 报告事项

　　（1）主席报告：报告上次理事会会议记录。

　　（2）秘书报告：报告来文。

2. 讨论事项

　　（1）据奉市商会来函，为湘省灾情惨重，由上海湘灾情急赈委员会发起，开始筹募捐款，请本市各同业公会协助劝募，函请本会寄予同情，向各会员呼吁，并附捐册五十本到会。惟查湘灾赈款，已由新一军政治部运来印缅作战参观券四百七十张，计票价一百六十七万元，其中一部分作为湘灾赈款之用，本会已将此项券数分别送交各组认募，是否再要认担，理合提请讨论案。

　　议决：交常务理事会酌办。

　　（2）为丝绸贷款，本会前曾会同电机丝织工业同业公司致函市商会，转请中、交两行及中心邮汇两局，请其指派专员与两业洽商办理。兹据市商会复函，为此事已准中央信托局函知，允准推派该局信托处郑襄理通知参加洽商，其洽商地点及日期希预见洽定等云。本会商讨一切，惟事不宜延，对洽商地点及日期暨本会代表人选，应请讨论决定案。

　　议决：推沈济恩、娄凤韶、吴星槎、黄逸农、潘迪功五君为代表。

　　（3）据同业宏昌、振新昌两绸庄申请入会，理合提出讨论案。

　　议决：准予入会。

下午七时散会。

主席

理监事会临时会议记录

日期：民国三十五年八月二十三日下午四时
地址：本会会议室
出席理事：吴星槎、沈榴邨、汪仰真、钮介臣、潘迪功、沈子槎、张子泉、宣
萼荪、李继襄、丁趾祥、黄逸农
出席监事：陆孟然、吴彭年
缺席理事：骆清华、娄凤韶、丁趾祥、沈济恩
缺席监事：徐立民、杨选青、王延松、卜烈清、汪少邨
列席人员：汪剑平
主席：骆清华（吴星槎代）
开会如仪。
1. 报告事项
　　（1）主席报告：开会事宜。
　　（2）吴常委星槎报告出席本月二十日市商会召集本市各同业公司代表会议
经过。
2. 讨论事项
　　（1）据会员瑞康远记绸庄来函，声请在胜利前向伟兴绸庄购进钢条两箱，
货存金城银行仓库，兹拟将该项钢条提出，函请本会具函保证，并附正义兴记
绸厂转保函一件到会。应如何办理，请予讨论案。
　　　　议决：所请提保证明之物品逾越本会业务范围，碍难办理。
　　（2）律师毛云来函，前因战事内徙，兹抗战已复胜利，现已申恢复执行律
师业务，函请本会洽照，应否置理，理合提请讨论案。
　　　　议决：由会聘任为常年法律顾问，致送常年公费国币三十万元正。
下午六时散会。

第十一次常务理监事会会议记录

日期：民国三十五年八月二十八日下午五时
地址：本会
出席常务理事：吴星槎、娄凤韶、潘迪功、黄逸农
缺席常务理事：骆清华
列席人员：沈济恩、张子泉、汪剑平
主席：骆清华（娄凤韶代）
开会如仪。
1. 报告事项
　　（1）主席报告：上届会议记录。
　　（2）秘书报告：来文。

2. 讨论事项

（1）本会所属会员之资本额大都均已调整，其会员证书亟待分发，惟证书之式样，须先拟定以便付印，理合提请讨论案。

议决：照社会局规定式样、尺寸，另行刊印。

（2）同业振兴绸庄及纯原绸厂发行所申请入会，理合提出讨论案。

议决：准予入会。

（3）据本会同仁签呈薪津膳，自五月份调整，为物价指数高涨不回，生活维持难以为继，金请自九月份起，酌予调整藉维生活等云。应如何调整法，理合提请讨论案。

议决：照原支数一律增加百分之四十，自九月份加起。

（4）本会三十五年下半年度应收会费，现在会员续由交来，为谋补救支出预算之不足，拟将所收成数随时放出，藉可生息，对存放掌管人员，理合提请讨论案。

议决：推吴常务理事星槎、黄常务理事逸农及总务科沈主任济恩会同存放，在本会需用之时随时提取。

下午七时散会。

第十二次常务理事会暨第七次理事会会议记录

日期：民国三十五年九月十七日下午五时

地址：本会

出席理事：吴星槎、宣萼荪、汪仰真、沈榴邨、沈济恩、张子泉、钮介臣、潘迪功、丁翔熊、丁趾祥、娄凤韶、黄逸农（吴星槎代）

缺席理事：骆清华、沈子槎、李继襄

列席人员：汪剑平

主席：骆清华（吴星槎代）

开会如仪。

1. 报告事项

（1）主席报告：报告第十一次常务理事会会议记录。

（2）秘书报告：来文；本会代收苏北难民救济捐款收支情形。

（3）财务科报告：本会七八两月份财政收支情形。

2. 讨论事项

（1）组织科张主任子泉提：为本会门市散会员划组问题不能顺利进行，经于八月三十一日召集各该会员代表谈话会，并向之解释一切，每由大昌祥代表曹凤声君提议，全体出席代表一致赞同，拟将本会门市绪纶及门市联益形组合并为一，统称为门市组，原有"绪纶""联益"名义应予取消，以示一律，俾利会务案。

议决：关于门市组事，由组织科函商绪纶，联益二组谈话后，再行决定。

（2）本会向绸业银行信托部重订组约案。

议决：谢绝签订。

（3）本业有未加入本会为会员之商号，为数必不在少数。兹奉社会局训令，嘱即劝导入会，籍资一致。倘有玩忽法令，故意观望者，可准照条文严予执行，并附抄有关条文到会。本会应用何种方式调查及执行办法，理合提出讨论案。

议决：先行劝导后，再行核办。

（4）据会员公馀绸庄来函，为在盛泽地区设有料机，用丝浩繁，近来人丝黑市高涨，抑且搜购困难，函请本会转呈经济部暨函中纺公司，援照工厂配给原料办法，准予按月配给人丝及棉纱用量案。

议决：准予转函中纺公司。

（5）同业中国富强丝织公司及瑞昌兴绸庄申请入会，理合提出讨论案。

议决：准予入会。

下午七时散会。

主席：骆清华（吴星槎代）

第十三次常务理监事会会议记录

日期：民国三十五年十月二日下午五时
地址：本会
出席常务理事：潘迪功、黄逸农、吴星槎
缺席常务理事：骆清华、娄凤韶
列席人员：沈济恩、张子泉、汪剑平
主席：骆清华（吴星槎代）
开会如仪。

1. 报告事项
　　（1）主席报告：上届会议记录。
　　（2）秘书报告：来文。

2. 讨论事项
　　（1）中国文物股份有限公式（司）来函，为筹组中国文物研究会基金，举办中国古代名书展览于中国书苑，附来参观券三百张，每张售价三千九，嘱本会设法推销。兹以推销殊有困难，而本会经费又属有限，拟由会认购五十张。是否有当，理合提请讨论案。

议决：认购五十张，其余退还。

（2）据同业久纶绸庄、国际绸店、昌义记发行所，三家申请入会，理合提出讨论案。

议决：通过，准予入会。

下午七时散会。

第十四次常务理事会暨第八次理事会会议记录

日期：民国三十五年十月十五日下午四时

地址：本会

出席理事：张子泉、沈榴邨、吴星槎、汪仰真、沈济恩、丁翔熊、李继襄、娄凤韶、黄逸农、宣蕚荪

缺席理事：骆清华、潘迪功、丁趾祥、钮介臣、沈子槎

列席人员：王延松、陆孟然、卜烈清、吴彭年、杨选青

主席：骆清华（吴星槎代）

开会如仪。

1. 报告事项

（1）主席报告：上届会议记录。

（2）秘书报告：来文。

（3）财务科报告：本会三十五年九月份财政收支情形。

2. 讨论事项

（1）关于门市组会员划组问题，前经第七次理事会议决定，先由绪纶门市联益两组谈话后，再行决定。兹请提付决议，以便进行会务案。

议决：缓议。

（2）接准本市电机丝绸业公会来函，为联名本会呈请四联总处，请予贷款救济丝绸事业一案，业经四联总处函复略云，对电机丝线业贷款，可参照针织业贷款原则办理，并与本业贷款经陈奉核定其押汇部分，仍参照针织业贷款原则治办。原拟有本会组织联合承兑所办理贴现一节，因公会丝□□□现核与财政部领行票据承兑贴现办法不合，应连行呈转财政部请示为由到会，本会对此项请求尚无结果，应如何进一步之商讨达其目的，藉利同业而挽丝绸危机，理合提请讨论案。

议决：①组织公库部份（分），本业亦参加。②押汇一节，与本业情形不能办理，拟请改为商业承兑票据，为切合实际。③与电机工业公会举行联席会议，商讨工库问题，本会由五位常务理事代表参加。

（3）同业益华绸庄申请入会，尚无不合，理合提请讨论案。

议决：通过，准予入会。

下午六时半散会。

临时理监事联席会议记录

日期：民国三十五年十月二十一日下午三时
地址：本会会议室
出席理事：吴星槎、丁翔熊、汪仰真、沈榴邨、沈子槎、张子泉、潘迪功、娄
凤韶、黄逸农、沈济恩、李继襄
缺席理事：骆清华（请假）、钮介臣、丁趾祥、宣萼荪
出席监事：陆孟然、卜烈清、汪少邨、杨选青
缺席监事：徐立民
列席：汪剑平
主席：骆清华（娄凤韶代）
开会如仪。
1. 报告事项
　　（1）主席报告：上届会议记录。
　　（2）秘书报告：来文。
　　（3）吴常务理事星槎、娄常务理事凤韶报告：出席本月十七日市商会召集
各业公会，为三十四年度所利得税事谈话会经过。
2. 讨论事项
　　（1）本业三十四年度应征缴所利得税既有定数，应如何办理，请予讨论案。
　　议决：组织审查委员会推定沈济恩、张子泉、章定甫、钮介臣、潘迪功、
宣萼荪、吴星槎、汪仰真、汪少邨、娄凤韶、沈榴邨、杨选青、龚味庸、沈子
槎、吴彭年、庞仲麒、杨选青、王纶周、李继襄、黄逸农、汪立笙、陆孟然等二
十二人为审查委员并定于本月二十四日（星期四）下午三时，召开审查委员会。
　　（2）据同业泰生绸布庄申请入会，理合提出讨论案。
　　议决：准予入会。
下午六时散会。

第十五次常务理事会会议记录

日期：民国三十五年十一月六日下午四时
地址：本会
出席常务理事：吴星槎、娄凤韶、黄逸农
缺席常务理事：骆清华、潘迪功
列席人员：沈榴邨、沈济恩、汪仰真

主席：骆清华（吴星槎代）

开会如仪。

1. 报告事项

（1）主席报告：上届会议记录。

（2）秘书报告：来文。

2. 讨论事项

（1）接准市商会来函，为催缴会费充实预算，函请本会依照所收会费总额一百分之十五缴付，查本会本年度已经缴付至九月份止，尚应付十至十二月会费，计六十七万五千元，现拟于本月十五日解缴该会是否有当，理合提请讨论案。

议决：通过，照办。

（2）本业各会员三十四年度所利得税已有确数，并经本会审查委员会两次核议通过，其申报表已送各组办事处分转各会员，限于本月三日前填报汇送来会案。兹已限期已逾，而未见有送会，兹为求迅速办理起见，应如何推进法，请予提出讨论案。

议决：分函各组办事处，限本月十日前必须送会。

（3）同业泰昌绸庄申请入会，尚无不合，理会提出讨论案。

议决：准予入会。

下午六时半散会。

第九次理事会会议记录

日期：民国三十五年十一月十五日下午四时

地址：本会

出席理事：丁翔熊、潘迪功、沈榴邨、娄凤韶、吴星槎、钮介臣、张子泉、沈子槎、李继襄、黄逸农

缺席理事：骆清华、沈济恩、宣萼荪、丁趾祥、汪仰真

列席人员：汪剑平

主席：骆清华（吴星槎代）

开会如仪。

1. 报告事项

（1）主席报告：宣读上届会议记录。

（2）秘书报告：来文。

2. 讨论事项

（1）本会会员证书业已编制完竣，即日开始分发，惟每时应否收回印刷成

本费若干,请予讨论案。

议决:不另收费。

(2)本业各会员三十四年度所利得税调查表,早经送交各组办事处,分发各会员限期填报汇送来会在案。兹已两次逾限,除有绪纶及联益两组绸业已送会外,其余均在催送之中。惟以市商会一再函催,并对已经填送调查表之公会先后领购调查证,分发各会员揭贴,其有未送调查表之公会,限于本月十六日后,未便转报。兹以限期急迫,应如何办理,理合请予讨论案。

议决:请未交各组于十七日前交会,十八日下午四时再开审查委员会。

临时动议:

(3)丁理事翔熊提议:为本市抽征壮丁,现正雷厉风行,本会全体理监事中,有合格服役年龄者甚多,特以公职在身,实难被征,拟请本会出给身份证明书,以资证明藉免服役案。

议决:通过,准予分别证明。

下午七时散会。

第十六次常务理事会会议记录

日期:民国三十五年十一月二十日下午四时
地址:本会
出席常务理事:吴星槎、潘迪功、娄凤韶
缺席常务理事:骆清华、黄逸农
列席人员:沈榴邨、沈子槎、张子泉
主席:骆清华(娄凤韶代)
开会如仪。

1. 报告事项

(1)主席报告:宣读第九次理事会会议记录。

(2)秘书报告:来文。

2. 讨论事项

(1)据会员义昌春绸庄函称,为向中纺公司登记购买绸缎,经由本会证明去后,讵该公司一再推诿不予受理,函请本会向中纺公司据理交涉,藉维同业据利案。

议决:致函中纺公司并推请吴常务星槎、娄常务凤韶二位向请公司交涉后再议。

(2)上海市公训同学会来函,略谓谈会成立时期发行特刊之印刷费,经由该会筹备会常务干事会决议,此项经费由各曾爱训国体拟认函请,本会拟付十万元,应否当付,请予讨论案。

议决：依照其他公会如何支付后再行提会讨论核办。

（3）吴常务理事星槎提，本会同仁薪津膳因物价指数日高，拟于以调整，理合提出讨论案。

议决：汪剑平、张鸿荪，陈辅劻、张仲平、谢如渊、沈庆民六君照原支数一律加六万元，茶役每人加六万元再加膳费一万元。

下午七时散会。

临时常务理事会会议记录

日期：民国三十五年十一月二十八日下午五时

地址：本会

出席常务理事：吴星槎、潘迪功（吴星槎代）、娄凤韶、黄逸农

缺席常务理事：骆清华

列席：沈济恩、沈榴邨、汪剑平

主席：骆清华（娄凤韶代）

开会如仪。

1. 报告事项

（1）主席报告：上届会议记录。

（2）秘书报告：来文。

2. 讨论事项

（1）上海市公训同学会函请本会，拟认之成立时期特刊印刷经费十万元一案。业经探询棉布公会对此项费款确已认付，但本会应否照付，理合提请讨论案。

议决：准予照付。

（2）接获市财政局通知为使明了各业，本年秋季营业税查估程序，由各该同业公会指定熟悉本会情形之公正人士，三八至五八为各该业营业税申报表之审查人，并将审查人员开其名单报局备查七云，本会指定何人为审查人，应请讨论推定案。

议决：

①推定娄凤韶、沈济恩、吴星槎、黄逸农、潘迪功等五人为审查委员，函报财政局。

②函各组办事处自行推定分组审核委员三人于三日内报会备查，以为初步之审核。

③各会员申报营业税时，应填立具报营业税书以昭责任。

以上三项，除第一、二项外，第三项并应通知全体会员。

（3）据同业华北、同昇两会员来函声称，为填报三十四年所利得税申报表，

颇为翔实，今须依照填报之盈余实数，再加一百分之四十付税，殊有不胜负担之苦，函请本会维护同业，予以补救，转函直接税局，请求减少应缴之数，俾可依法适缴，理合提请讨论案。

议决：由本会函劝勉收缴，如不胜，可请按照所利得税法令之规定，依照法定手续申请直接税局核示。

下午六时半散会。

第十七次常务理事会会议记录

日期：民国三十五年十二月十一日下午四时
地址：本会
出席常务理事：潘迪功、吴星槎、黄逸农、娄凤韶
缺席常务理事：骆清华
列席人员：沈济恩、汪仰真、沈子槎、沈榴邨、张子泉
主席：骆清华（吴星槎代）
开会如仪。

1. 报告事项
  （1）主席报告：宣读上届会议记录。
  （2）秘书报告：来文及本会十月、十一月份财政收支情形。

2. 讨论事项
  （1）本会三十六年上半年度收支预算业已编造完竣，其间会费收入一项是否需要调整，理合提请讨论案。
    议决：
      ①三十六年上半年度预算照案通过。
      ②会费暂不调整，三十六年上半年度会费通知于十二月十五日以后发出，请于一月十日前缴付。
  （2）中纺公司配售绸货，不予同业便利，前曾催请常务理事吴星槎、娄凤韶二君持函向该公司交涉，兹据复函略谓如绸庄需购绢纺可由本会编造名册，申请登记，应如何办理，请予讨论，俾利同业案。
    议决：函各会员于函到三日内报会，编造名册送该公司。
  （3）据同业德新昌仁记、久华、申益二家绸庄，申请入会，尚无不合，理合讨论案。
    议决：通过，准予入会。

下午六时散会。

第十次理事会会议记录

日期：民国三十五年十二月十六日下午四时
地址：本会
出席理事：丁翔熊、吴星槎、黄逸农、汪仰真、沈榴邨、潘迪功、李继襄、娄
凤韶、沈子槎、张子泉
缺席理事：骆清华、沈济恩、钮介臣、宣萼荪、丁趾祥
列席人员：汪剑平
主席：骆清华（娄凤韶代）
开会如仪。
1. 报告事项
　　（1）主席报告：宣读第十七次常务理事会议记录。
　　（2）秘书报告：来文。
2. 讨论事项
　　（1）本会三十六年上半年度收支预算记征收会费表，经于本月十一日第十
七次常务理事会决议，预算照案通过，会费暂不调整，记录在卷，理合提请追
认案。
　　议决：准予追认。
　　（2）关于秋季营业税申报表审查宜前，经推定吴星槎、娄凤韶、黄逸农、
潘迪功、沈济恩等五人为审查人呈报财政局备查，兹奉市财政局通知略云：如
该业因业务繁剧，其审查一人可推至九人。本会需否加推，理合提请讨论案。
　　议决：加推理事李继襄、沈子槎、张子泉、沈榴邨等四人为审查人连钱推
定五人，共九人，备报财政局备查。
　　（3）同业金门商店申请加入本会，理合提出讨论案。
　　议决：通过，准予入会。
下午六时三十分散会。

主席：骆清华（娄凤韶代）

附 表

附表 1 府绸公所组织表

任次	选举日期	姓名	职位	任期	备注
第一任	民国元年壬子八月二十五日	朱鉴塘	正会长	3 年，自被选日起历壬子、癸丑、甲寅，至乙卯九月十五日止	议长一席，于民国三年甲寅二月初一日补选
		周祯祥	副会长		
		庞藻	议长		
		王在源、赵肇甫、李文彬、叶伯怡、罗坤祥	评议员		
		倪志亭	纠察员		
		程凤笙	查账员		
第二任	民国四年乙卯九月十五日	朱鉴塘	正会长	3 年，历乙卯、丙辰、丁巳，至戊午九月初八日止	用书面记名式挽留会长，或改选票子乙卯九月十五日检视揭晓，多数主挽留，表决连任
		周祯祥	副会长		
		庞藻	议长		
第三任	民国七年戊午九月初八日	朱鉴塘、庞藻	正会长	3 年，历戊午、己未、庚申，至辛酉九月十三日止	当年十一月十三日朱公逝世，由周副会长代执会政，至翌年正月二十五日补选正会长庞，又加选副会长程
		周祯祥、程凤生	副会长		
第四任	民国十年辛酉九月十三日	程凤笙	正会长	经本年九月二十八日会议决议，改为 1 年制，至戊戌九月十三日止	议决恢复评议制，议定评议员八年，互选正副议长各一人，纠察员删，查账员议定两人
		骆吉昌	副会长		
		罗坤祥	正议长		
		沈子桂	次议长		

续表

任次	选举日期	姓名	职位	任期	备注
第四任	民国十年辛酉九月十三日	罗坤祥、朱梅亭、赵馨甫、孟百川、沈子楼、□□□、张融斋、王旭堂	评议员	经本年九月二十八日会议决议，改为1年制，至壬戌九月十三日止	议决恢复评议制，议定评议员八年，互选正副议长各一人，纠察员删，查账员议定两人
		郭禹臣、王鸣乡	查账员		
第五任	民国十一年壬戌九月十三日	沈子楼	正会长		
		谭宗荣	副会长		
		罗坤祥	正议长	经开会议决，重行更定任期为2年，自壬戌，历癸亥，至甲子九月十三日任满	
		朱梅亭	副议长		
		罗坤祥、朱梅亭、倪志϶、张时和、孟百川、罗钧培、王旭堂、蔡春堂	评议员		
		郭禹臣、王鸣乡	查账员		
第六任	民国十三年甲子九月十三日	沈子楼	正会长		甲子五月十三日，夏季常会议决，本届选举更定名称，正副议长改为总协议董，评议员改议董，正副会长改为正副议长，并于甲子九月二十七日会议协议。初选议董十一人、复选总、董各一人及查账董事两人
		谭宗荣	副会长		
		罗坤祥	总议董		
		朱梅亭	协议董	2年，自甲子，历乙丑，至丙寅黄九月十三日任满	
		朱梅亭、罗坤祥、骆吉昌、程凤堃、罗钧培、罗守成、朱馥堂、蔡春堂、金醴泉、潘病桂	议董		
		罗钧培、罗守成	查账董事		
第七任	民国十七年十一月九日	罗守成	总董		1928年10月25日大会，10月29日第一次董事会《山东河南府绸公所议案》Q116-1-12
		骆吉昌	协董	自1928年10月29日上任	
		罗守成、罗坤祥、孟百川、程凤堃、杨润林、金醴泉、谭宗荣、骆吉昌、罗钧培	董		

续表

任次	选举日期	姓名	职位	任期	备注
第七任	民国十七年十一月九日	张融斋、朱梅亭、潘炳桂、庞春生、孙树棠	候补董事	自1928年10月29日上任	1928年10月25日大会，10月29日第一次董事会（《山东河南府绸公所议案》，Q116-1-12）
		金锡斋、罗钧培	查账董事		
第八任	民国二十年七月二日	罗守成	主席	自1931年7月4日上任	"本所职员任期截止上年九月届满，经展缓至本年六月改选。"1931年7月2日初选执、纪委员会，7月4日复选会
		罗钧培	常务委员		
		沈子楼、谭宗荣、路吉昌、孟百川、罗坤祥、金锡斋、程凤笙、杨润林	执行委员		
		罗坤阳、张雯百	候补执行委员		
		庞志德、潘炳桂	纪律委员		
		金醴泉	候补纪律委员		
第十二任	廿五年十月廿五日	沈子楼	主席	自1936年10月31日上任	1936年10月25日圣诞节（古历九月十一日），1936年10月31日下午四时全体会
		沈子楼、罗坤祥、金锡斋	常务委员		
		沈子楼、罗坤祥、金锡斋、朱梅亭、谭宗荣、沈季安	执行委员		
		孟效苏、顾橘泉	候补执行委员		
		罗钧培、陆舜江	监察委员		
		庞竹卿、庞仲麒、陈锡辰	候补监察委员		
第口任	民国三十一年十月二十八日，夏历九月十三日	沈子楼	理事长	1年，自1942年10月28日上任	1942年10月22日秋季全体大会改选、理事长沈季安、理事陈淘都推辞不就，理监事名单遂经过28日调整后如此；1943年10月11日，曾振川辞职，由金锡斋接任
		庞仲麒、杨光裕	常务理事		
		吴彭年、沈初寿、孟效苏、沈季安	理事		

续表

任次	选举日期	姓名	职位	任期	备注
第□任	民国三十一年十月二十八日，夏历九月十三日	谭崇荣 朱梅亭、曾振川 金锡斋	候补理事 监事 候补监事	1年，自1942年10月28日上任	1942年10月22日秋季全体大会改选，理事长沈季安，理事陈洵都推辞不就，理监事名单遂经过28日调整后如此；1943年10月11日，曾振川辞职，由金锡斋接任

注：府绸公所的历次会长、主席、理事长的改选，因时代变迁，名称有所不同。由于资料限制，部分任期没有确切记载，姑存疑。

资料来源：《山东河南府绸公所历次会所会议录》，历代会长及职员表，杂载，历届会董及职员表，上海市档案馆藏：《山东河南府绸公所成立纪实》，英文补习夜校章程：《山东河南府绸公所会议案》，Q116-1-12；上海市档案馆藏：《山东河南府绸公所议案》，Q116-1-11；上海市档案馆藏：《历代会长及职员表》，Q116-1-38；上海市档案馆藏：《山东河南府绸公所议案》，Q116-1-28；上海市档案馆藏：《山东河南府绸公所议案》，Q116-1-40

附表 2　1924 年山东河南府绸公所同业牌号基本情况表

商号名称	地址	电话	经理	商标	开设年月	营业种类
久成协记	英租界河南路中和里442号	中央1547	罗坤祥、朱馥荣	双鹿牌、双豹牌、单豹牌、仙鹤牌，其中以双鹿、双豹二种为最，单豹二种次之，仙鹤又次之	光绪二十二年四月，于民国十三年七月加添协记	(1)运售山东河南本机自织各种府绸；(2)设厂创造铁机，改良白府绸
久昌	英租界河南路83号	中央1150	罗钧培	三羊牌、凤牌二种，三羊为最，凤次之	光绪三十二年八月	专售山东河南本机各种上号府绸，门市兼售丝绸、棉绸
三晋川一名川记	英租界"天津路致远街福利公栈内"北京路清远里内和昌里十三号半	中央545、9359	杨润林、张融斋	双手牌、单手牌、虎牌三种，双手特别，单手为最，虎次之		专售山东河南各种绸缎
怡成	英租界福州路怀远里内	中央4855	路吉昌、谭宗荣	府绸：双牛牌、单牛牌二种，双牛为最，单牛次之；国纺：元宝牌、宝塔牌、怡成牌三种	宣统三年	专售：(1)山东出口各种顶上府绸；(2)运销鲁产上号黄丝；(3)在沪自织爱国纺经
大丰	英租界汉口路兆福里	中央1703	沈子楼	双船牌、单船牌、马牌、弥陀牌四种，其中以双船为最，单船次之，马与弥陀又次之	中华民国纪元壬子年	专售山东河南本机自织各种府绸
协丰	英租界广东路公顺里七十四号	中央2856	朱梅亭	熊牌、飞熊牌、金鱼牌三种，飞熊为最，熊次之，金鱼又次之	中华民国纪元壬子年	专售山东河南各种绸缎

续表

商号名称	地址	经理	电话	商标	开设年月	营业种类
怡源仁记	英租界天津路致远街利和利公栈内	倪志亭、程凤笙	中央5914	地球牌、飞鹤牌、象牌三种，其中以地球牌为最，飞鹤与象次之	民国元年正月，于四年正月加添"仁记"	专售山东河南各种（宽狭经口）府绸
久成南号	英租界河南路（棋盘街）福州路口九十八号	金锡斋	中央3772	金狮牌、鹰旗牌、蝴蝶牌、蜻蜓牌、鹰旗牌、星牌六种，金牌为正牌，其余五种皆属附牌	清光绪二十年，于中华民国二年入所	(1) 运销山东河南本机各种府绸；(2) 门市兼售湖产丝绵绸缎；(3) 兼售本机华丝葛
和聚栈	公共租界汉口路新闻报馆隔壁	郑良卿	中央	金蝙蝠牌、金鹿牌二种，金蝙蝠牌为最，金鹿牌次之	民国五年	运销山东各种府绸
春记	公共租界山东路（麦家圈）普爱坊	綦春堂	中央5711（春源转）		民国九年	专售山东各种府绸
源大长	公共租界山东路麦家圈当仁里	王茂斋	中央2958		民国九年	专售河南本机各种府绸
天丰	法租界公馆马路六十三号	陈竹庵、王旭堂	中央6104	双孔雀牌、单孔雀牌、狮子牌、鹰牌四种，以双孔雀牌为最，余则次之。	民国十年	(1) 专销河南各种府绸；(2) 兼售（丝纱花口）
春源	公共租界山东路广东路口普爱坊	孟百川	中央5711	鸡球牌	民国十年	(1) 专销山东河南各种府绸；(2) 兼售本机改良白府绸
聚记	公共租界河南路望云里	罗坤祥、于子安	中央2938		民国十三年正月	专售山东各种府绸
协成庆	公共租界南京路（老旗昌）民昌里	严锦荣、孙成森	中央8094（恒兴公转）	金麒麟、五彩麒麟两种，金麒麟为最，五彩麒麟次之	民国十三年正月	(1) 运销山东河南各种府绸；(2) 兼营出口各种土货
久成忠记	公共租界威海卫路同孚路口108号	庞志德	西3993	双鹿牌、单鹿牌二种，双鹿牌为最，单鹿牌次之	民国八年七月，于十三年七月入所	(1) 销售山东河南本机绸；(2) 本机改良白府绸；(3) 兼营各种国产出口土货；(4) 国产各种丝织品原料
祥泰	英租界宁波路颐记栈	郭禹臣	中央3136		民国十二年	专售河南各种绸疋

资料来源：《山东河南府绸公所关于同业牌号录》（1924年），上海市档案馆馆藏，Q116-1-15、Q116-1-24

附表 3　1932—1934 年各通商口岸出口山东茧绸数量与价值表

年份	1932 年		1933 年		1934 年	
输出口岸	数量（担）	值国币（元）	数量（担）	值国币（元）	数量（公担）	值国币（元）
大连	3	1 458				
天津	8	4 426	3	1 690	4	2 512
龙口	2	564		126		
烟台	5 418	3 986 053	2 902	1 677 442	2 027	1 730 885
胶州	229	77 888	114	32 273	40	31 279
上海	2 437	1 775 372	2 470	1 465 447	1 764	1 542 028
广州	5	7 572	11	12 882		
琼州		3				

资料来源：《1932—1934 年各海关出口商品统计表》，中国第二历史档案馆编：《中国旧海关史料》第 115 册，北京：京华出版社，2001 页，第 117，364—367，386—388 页